BESET BUT NOT BEWILDERED

DISCERNING AND ANALYZING DOUBTS OVER CHINA'S INVESTMENT AND FINANCE

困而不惑
辨析中国投资与金融疑虑

黄志凌 著

BESET BUT NOT BEWILDERED
DISCERNING AND ANALYZING DOUBTS OVER CHINA'S INVESTMENT AND FINANCE

人民出版社

目　录

中　篇　辨识中国金融困惑宜专业思考

下　篇　有待验证的思考

绪　论

基于全球视野的市场忧虑辨识

　　中国经济体量位居全球第二，经济增速在大型经济体中位居前列，如此巨大的成绩让人备受鼓舞，但经济总体质量不高，抗风险能力较弱，外部环境稍微变化就可能形成巨大冲击，这些因素经常干扰经济的稳定发展。先看外部环境的变化：2008年金融危机后，个别发达经济体对于中国经济快速增长的压力与日俱增，对于中国的外向拓展能力保持"集体警觉"，过去曾经相对宽松的发达市场空间突然收紧，对于中国经济发展形成明显制约；新冠肺炎疫情引发世界经济增长衰退预期，中国作为高度国际化的经济体不可能独善其身。再看内部发展的挑战：看似资本充裕乃至过剩，但实体经济普遍饥渴，资源无法有效输送到需要的地方，存量金融风险也到了释放周期，货币政策传导机制亟待优化；启动投资又面临杠杆过高的矛盾，而且传统的投资拉动思路还面临产能过剩约束；低端落后产能过剩、战略支撑产业集中度低、整体产业结构层次低和技术水平低等深层次问题还比较突出；除市场供需结构性矛盾日渐突出外，营商环境和消费环境的"老毛病"使得庞大的市场优势难以真正发挥。如果简单地看现象，中国经济发展面临外部环境逐渐趋紧和内部高质量发展的很多挑战，存在太多的不确定性，似乎无解，但如果基于全球视野进行战略考量，运用本原思维方法，则可能辨识困惑之中的变化趋势，把握住升级发展的战略机遇。

一、全球市场忧虑的实质是治理结构忧虑

2020 年年初，新冠肺炎疫情叠加原油价格大战，首先引发了国际金融市场剧烈波动，随之市场分析师和经济学家不断降低世界经济增长预期。当地时间 2020 年 4 月 14 日上午，国际货币基金组织（IMF）在美国华盛顿发布最新一期《世界经济展望报告》，表示世界经济增长正在遭遇 20 世纪 30 年代大萧条以来最严重的打击，预计 2020 年全球 GDP 增长将萎缩 3%，这是大萧条以来全球第一次面临发达经济体和新兴经济体同时进入衰退。在发达经济体，IMF 预计 2020 年经济增速为-6.1%，2021 年复苏至 4.5%。其中对美国 2020 年经济增速预期为-5.9%，2021 年为 4.7%。在新兴市场和发展中经济体，IMF 预计 2020 年经济增速将为-1%。其中，IMF 对 2020 年中国经济增长预期为 1.2%，2021 年为 9.2%。

以 IMF 为代表的业界专家对于世界经济前景的悲观预期，只是反映了统计推论的结果，而金融市场与大宗商品市场的悲观情绪，则反映了人们担忧世界经济很难再回到过去的轨道。基于对全球政治与市场情绪的持续观察与分析，我们认为市场担忧是有道理的，此次经济衰退并非经济周期使然，而是全球治理功能突然紊乱带来全球供应链中断或者混乱，而重建全球供应链、重构全球治理结构，绝非一日之功。

为什么这么说？特朗普政府的逆全球化偏好导致第二次世界大战以后形成的传统全球治理很难发挥应有作用，欧盟分裂进一步弱化了西方对于全球经济和地缘政治的协调能力，而中国现有实力与经验在中短期内难以阻止、也无法填补美国搅局和欧盟难作为的国际治理能力缺失。

这种国际治理结构缺陷将给全球经济和金融市场带来更大的不确定性。2020 年年初开始的全球金融市场剧烈波动，直观上看是疫情扩散与石油价格冲击，但透过现象看本质，这些只是诱因，根本问题是 2008 年金融危机之后美国出于国家战略利益考虑主动改变现有国际治理结构，引起市场对于未来经济不确定性的极度担忧。

不仅金融市场担忧这种全球治理结构变化带来的不确定性，生产商（供应商）也在担忧第二次世界大战以后尤其是 20 世纪 80 年代以后形成的全球供应链体系将被美国政府所颠覆，而新的供应链重构需要时日，且方向不明，全球经济发展面临极大的不确定性。回顾 2018 年以来全球贸易摩擦及其影响，全球供应链被迫重构及其困难与不确定性，传统的国际经贸与金融治理能力严重弱化，地缘政治冲突的国际协调缺失，等等，投资者恐慌是不可避免的。

真正影响未来金融市场方向的是全球治理结构及其治理效能，而中美关系则是决定全球治理结构及其治理效能的关键。如果美国一意孤行，中国被迫还击，且双方力度不断加码，则全球供应链必定受到日益严重的冲击，而且还会以中美划线重构全球供应链，不确定性是前所未有的，成本也是巨大的，国际资本市场不恐慌是没道理的。

不难发现，现行全球化道路走不下去的主要原因是第二次世界大战以后的有效的全球治理结构被美国废除了，而无论是中国还是欧盟都无力在短期内构建新的有效的全球治理结构。未来混乱是常态，不确定性必须充分估计。

如果美国能够及时认识到自身行为带来的严重后果，即使是从自身的长远利益来考虑也应该及时调整一下，问题还是有回旋余地的。但是，美国一些政治家却一意孤行，种种迹象表明他们热衷于"重打锣鼓另开张"。在这种情况下，巨大的经济体量和高科技领域垄断地位，加上美元霸权与军事强权，就如同疯牛闯进瓷器店，刚开始美国还在不断试探，世界各国都在防着，问题还不大，然而一旦有意外刺激（譬如新冠肺炎疫情或石油价格战等），将很快就乱了套，所有人都恐慌了。

我们必须直面现行全球治理结构被美国自私战略强制打乱，到底会带来什么样的后果，尤其是对中国经济现实和长远发展到底会带来什么样的影响。在疫情尚可控制时，各国都在努力适应逐渐变化的全球经济结构调整，试图通过不断让步来满足美国主导的"重构新体系"要求，金融市场虽有波动，但总体向上。然而，当欧洲尤其是美国新增确认病例呈现快速增长之后，不得不"隔离"的防疫政策导致全球供应链紊乱，引发金融市场极度不安，甚至是严重的金融恐慌。股汇债市场陷入极度悲观的市场趋势之中。更令人不安的是，过去全球经济金融出现问题，会借助有效的全球治理结构予以化解，现在全球治理结构陷入混乱无序状态，美国在全球灾难面前丝毫没有表现出应有的大国责任，使全球行动变得更加不确定。

比较此次世界各国应对疫情的效果，我们不难发现，国家治理结构与治理能力是关键因素。与此相关的全球经济与市场表现也是如此，如果全球治理结构完善有效，市场波动可能很大，但只是短期波动，不影响长期趋势；如果全球治理机制紊乱，主要经济体不承担起相应的国际责任，甚至根本就不想负责，或者打算浑水摸鱼，则波动不仅剧烈，而且会演变成下行趋势，最终开启危机模式。这是我们真正担忧的。

在新的有效全球治理结构建立之前，或者美国停止损伤现有全球治理结构并采取实际行动逐步恢复传统治理结构功能之前，全球市场剧烈波动可能会经常发生，战略投资者尽量不要博弈这种短期市场波动，而是立足于产业革命规律把握战略投资机遇。全球智库专家也应深入评估治理结构受损的程度与潜在影响，尽可能及时向有影响力的国际政治家提供评估报告和修复或重建全球治理结构的理性建议，尽量避免短期市场情绪发酵成远期战略悲剧。

二、破解外部干扰的核心举措是努力办好自己的事情

2019 年 10 月上中旬的第十三轮高级别经贸磋商谈判，中美双方就贸易纠纷达成阶段性共识，并已明确表示愿意就此进一步达成阶段性协定。之后，又不断有各种"利好"与"利空"消息出现。作为短期因素，"利好"消息使中美持续紧张的经贸关系暂做缓和，对于下行压力持续增大的全球经济和紧张的全球市场情绪而言，无疑是真利好。但深入分析不难发现，包括经贸问题在内的中美摩擦还将进一步延续，而且摩擦的范围还会向其他领域进一步扩大和延伸，方式也在不断变化，原因就在于美国对华的战略已经发生了根本性变化，而传统贸易战只是其战略实施中的一步棋。尤其是"美国—墨西哥—加拿大协定"修订版的签订，无论是对于中国还是对于世界贸易的前景，都是真正的"利空"。观察美国针对中国经贸等领域的一系列问题"打打停停""起起伏伏"，实际上就是美国对华战略调整后的不断试探、动态评估，并及时调整策略的具体反映。准确把握中美战略关系的走向，必须深刻理解美国对华战略关切的本质，应对美国的战略调整也必须立足于中国长远目标，短期谋略与长期战略并举。

透过美日、美欧曾经发生的贸易摩擦背景以及美国对苏联和俄罗斯的战略遏制意图，我们不难发现美国最不能容忍的是，中国长时期快速经济增长之后出现的巨大经济总量和日益高端化的经济结构，使之日益坚固和强大。中国市场引力变得强大起来了，对于许多国家来说，中国市场不是可有可无，而是不可或缺。在美国看来，中国经济增速与升级趋势已经成为危及美国国家安全的大事情，这是过去美国所没有的忧虑。

基于这些战略关切，美国战略选择的重点必然是抑制中国经济增长

与结构升级的势头，其手段也是立足于美国自身优势。

几年前，日益增多的国际贸易纠纷让中国企业家和政府十分头疼，我们当时也将相当多的精力放在处理这种纠纷上。应当说，那个时候大家都还在国际规则范围内"打架"，谁的水平高，或者说谁在国际规则制定方面的话语权大（包括解释权），以及左右仲裁机构的能力强，谁对国际规则的理解和运用技巧娴熟，谁就主动。也正是因此，许多新兴市场国家在应对国际贸易纠纷时往往很被动，包括中国在内的发展中国家要求改革国际贸易治理结构的呼声很高。那个时候也有人建议中国要立足于做好自己的事情，靠产品和服务质量说话，但这种建议明显不符合当时的市场状况。然而，2018 年之后情况发生了急剧变化。中美贸易摩擦几乎抛开了现有国际贸易规则体系，"打官司"不灵了，这个时候实力似乎成为解决问题的唯一标准。因此，"努力做好自己的事情"，不断增强自己的实力，再次提出并被各界尤其是决策层所重视。

从这几年的实践来看，对于"努力做好自己的事情"的醒悟有一个过程，意识到醒悟到真正醒悟也有一个过程。问题的关键还在于必须明确什么才是自己要做的事情，当下最重要的必须立即要做的事情是什么。

一是必须清醒认识中美战略博弈最终聚焦于经济。这就是美国一部分人主张不惜牺牲美国经济增长也要遏制中国崛起的原因。因为中美经济总量差距尚在，人均差距更大，美国为了拉大或至少保持这种差距而采取的一些极端措施，虽然会使美国与中国同时遭受损失，但因为我们的经济基础（总量、人均、结构层级）比美国落后，美国现存的各种对华优势的基础就不会动摇，中美战略博弈的最终相对结果是我们处于被动状态。反过来，如果中国经济继续保持中高速，经济结构不断升级，就可以支撑国防实力继续提升，人民生活水平继续提高，市场引力继续增大，将有效改变这种被动状态。这就是我们曾经判断的那样，未来我国可能处于特殊战略机遇期，对于这样的特殊战略机遇期，考验的是我们战略判断力、战略抉择力，以及应变的策略，相信我们有这些政治智慧。我从 2014 年开始关注中美经济地位变化后，就中国可能面临的美国战略调整及其贸易摩擦的不可避免性提出，要前瞻性地构筑中国经济的战略纵深。①

二是应对美国对华战略调整，我们需要"迂回 + 直面"策略。即迂回应对美国频繁发起的政治挑战，该说的还是要说，但重点放在揭露其"虚伪性"与"双重价值标准"上，争取更广泛的国际理解与支持；与此同时，直面美国经济竞争，有效启动内需，加大研发投入，努力将中期（2021—2030 年）经济增速稳定在中高速通道（5%—7%），坚定推进经济结构升级，继续扩大开放以增强中国市场的吸引力，以此打破美国的国际政治联盟。只要中国经济增速足够高，市场足够大且开放，结构升级且与主要经济体形成错位竞争，就不难打破美国的遏制战略。

三是充分把握我们正在形成的全球系统性重要影响。2008 年全球金融危机爆发后，中国经济获得了难能可贵的"机遇超车"（主要经济体增长陷于停滞甚至负增长，而中国在主动应对危机的基础上一直保持了较高的增速）窗口期，经济总量快速升至全球第二，制造业产值跃居全球第一，已经是全球第一大货物贸易国、第二大对外投资国和第三大外资流入国。过去美国经济一打喷嚏，全球经济就感冒；现在中国经济增速 0.1 个百分点幅度的波动、财政金融与产业政策每次调整，都会引起全球市场的剧烈反应。由此，国际社会越来越高度关注中国对全球系统性的重要影响，同时国际社会对中国应承担的国际责任的诉求也在逐渐变化。对此我们应充分理解，也要积极回应国际社会的关切，不再过分强调"发展中国家"身份，以负责任经济大国的形象去维护并自觉遵

---

① 黄志凌：《加大经济战略纵深研究，增强中国抗冲击韧性》，《全球化》2015 年第 8 期；《经济升级的大国思维》，人民出版社 2016 年版，第 21—39 页。

守国际社会普遍认可的国际规则。当然，更重要的是努力做好自己的事情，保持中国经济平稳快速发展，加大开放力度，增强经济引力，降低风险溢出效应，至少避免中国成为国际经济危机的策源地，夯实中国作为全球经济稳定基石的地位。

四是妥善处理好与其他经济体的关系，拓宽国际合作基础。我们要发挥自己在基建、电商、移动支付，以及部分处于全球领先地位装备制造领域等方面的竞争优势，积极拓展全球市场，降低对美国的依赖性。尤其是突出中欧间的经济价值观基本吻合，结构互补性很强，应借助官方与民间多种途径，进一步增强内在联系，同时兼顾社会价值观的差异，尽量减少不必要的冲突；侧重实施与东盟的错位发展策略，以及与日韩的产业链耦合策略；增强在西亚和中东地区资源产能与基础设施建设上的合作；加深与中东欧的中高端产品技术合作；加强对大洋洲矿产、农业和海洋资源的合作；拓宽与拉丁美洲在资源和市场开放方面的合作空间。

五是正确理解中美博弈过程中的"中国被动论"。我过去也思考在中美博弈中我们为什么总是处被动状态，一直想怎样变被动为主动。随着2019年以来各种幻想不断被特朗普政府"不按常理出牌"所击破，我开始了冷静思考：其一，博弈中"被动"与"主动"的感觉，既是第三方（别人）的评价，也是博弈者自己的感觉。我们的问题是，我们自己的感觉是由第三方的舆论来左右的，我们没有考虑博弈对手是什么感觉。其实美国的感受并不好，否则它不会持续加码。所以，"总是被动"的感觉可能不正确。其二，"被动"还是"主动"取决于你手里是否有牌，如果有牌，虽然被迫应战但不会被动；如果无牌可打，虽然主动挑起事端，最终还是被动。所以，自我感觉"被动"是因为没有研究自己的"牌情"和对方的"牌情"，盲然必定恐慌，持续恐慌就带来了"被动"情绪。我们要深入研究美国有什么牌，我们有什么牌，设计不同的组合应对预案。其三，我们的对手比较强大，短期改变不了，而且这个对手可能没有底线。因此，我们的当务之急是多做一些牌，做一些好牌，只要我们有牌，对手就会慎重，坏结局的概率就会降低。所以，变被动为主动，不是想方设法"把战火引向蒋管区"，而是努力壮大自己，增强中国市场引力，培育领先产业优势增加话语权，用市场的力量打破美国的"围追堵截"。所以，不要太在意美国和西方政客的胡搅蛮缠的"甩锅"行为，还是要集中精力认清我们自己应该做的事情，想办法尽快做好。持续的"甩锅"行为只会丧失美国的短期自我修复能力和长期国际竞争力，对于他们的谎言点破即可，不必花费大量精力劝他"悬崖勒马"；对于他们自己遇到的社会与经济问题，也不去扇风助火，也不去揭示其制度缺陷与内外矛盾使然。必须抓住一切难得的全球经济变革机遇，实现我一直强调的"机遇超车"，即别人停步我前进的超车，而不是"弯道超车"，即走捷径。

三、摆脱"两难选择"的关键在于抓住主要矛盾

2018 年以来，中国经济呈现一些前所未有的特点，我们在研究中特别关注到这些中短期的经济特点可能具有阶段性特征，其中许多特征有可能持续到 2020 年以后，应该引起政策制定者的高度重视。一是世界经济整体走势趋缓（美日欧，尤其是作为制造业信号标的德国数据和作为"国际贸易金丝雀"的韩国统计数据，以及国际组织预期都充分印证了这一趋势），考虑到国际经济危机的周期性，这次全球经济下行走势可能会持续较长时间，中国经济不可能独善其身。虽然近年来出口占 GDP 的比重有所下降，但由于出口结构中加工贸易迅速减少，一般贸易迅速提升，世界经济下行引致中国出口困难对于中国 GDP 增长的影响明显大于过去。因为加工贸易在国内的产业链条较短，

一般贸易在国内的产业链条很长，前者变动对 GDP 影响的乘数效应明显小于后者。与此同时，过去中国进出口的主要难点是出口，当前的困难是既有出口问题，也有进口问题，因为西方发达国家对于中国的结构升级越来越担忧，越是经济困难，它们越想保持高技术垄断优势，高端装备与高技术产品对华出口管制就越来越多，对于中国经济结构升级形成一定制约。考虑这种因素，中国宏观政策制定的难度比过去要大得多，既要实现出口对于 GDP 的足够拉动力，又要实现进口对于经济结构升级的支撑力，不能简单使用过去的政策工具。二是 2011 年以来虽然中国经济波动率很低，经济运行整体平稳，但长期处于下行趋势，形成了较强的市场预期，严重制约了消费与投资，又反过来对经济增长形成趋势性压力。怎样打破这种预期的循环，没有成功的经验可以借鉴，考验宏观经济政策的创新能力。三是中国经济结构调整仍然处在寻找方向阶段，经济结构的供给侧和需求侧都存在着市场与行业热点迅速变换问题，很难形成过去的"经济增长红利效应"。同时，经济找方向时期，不确定性很大，意味着风险很大，微观主体的投资决策很谨慎，宏观政策制定与操作如果简单化或草率行事，也会留下很多难以消化的"后遗症"。

由此，经济观察不仅要分析季度的经济数据，更要看中国经济现在和未来一段时间内阶段性特点。要特别重视我国中长期宏观经济政策的制定。要关注一些已经出台的、过去很有效的政策在目前环境下作用效果几乎不是那么明显的问题。首先，关于区域经济分化问题。实际观察表明，区域经济分化的直接原因是资金流向变了，根本原因是决定资金流向的区域环境变化了。已经出台的一些区域经济振兴战略及其政策措施，不可谓力度不大，项目安排也不少，配套资金亦很多，但事后观察基本上没有起到预期的引导资金流向的效果。因此，解决区域分化问题，不能再寄托加大区域政策倾斜，要想办法改变某些地区的营商环境，这才是问题的根本所在。其次，民营企业投资疲弱问题。虽然有供给侧的原因，但根本原因在于需求端。对于民营企业而言，资金短缺或政策不公平等，都是应对政府工作人员"劝说投资"的借口，而不想投资的根本原因是缺少可预期的好项目。宏观上推动供给侧的改革，许多方面是必要的，尤其是对国有企业是必要的，但是民营企业更多关注点是需求侧，只要有需求就有效益和利润，就会有投资的跟进。再次，经济增长疲弱问题。要加大金融支持力度，尤其是银行支持的力度，但要考虑银行体系的承受能力，要采用正确的金融方式。从中国改革开放40多年的情况来看，金融在中国经济快速发展中发挥重要的作用，这是有目共睹的。但未来经济政策在强调金融重要性的时候，必须要考虑金融发展规律，金融不是无所不能，总量上也是有"天花板"的。一方面，要关注金融体系的总体承受能力，意在主动防范系统性金融风险；另一方面，微观金融改革的重点是增强金融机构服务实体经济的能力，加大结构调整力度，而不是简单考核放款进度。最后，产业政策问题。应从中国经济发展阶段着手考虑。对于中国未来的结构调整，不能过分理想化。设计结构调整目标时，既要考虑高收入群体升级需求，也要考虑中低收入群体的基础需求，要立足于中国市场需求特点来把握调整结构的节奏，不仅基础需求要立足于中国自身供给能力来满足，高端商品也不能够过度依赖进口。

正是因为中国经济发展呈现前所未有的阶段性特征，传统宏观政策思维面临一系列两难选择，但市场最担心的是这种两难选择背景下政策行为出现扭曲：一是畏难情绪，因左右为难而不作为，被外部牵着鼻子走，听任市场自发调整，有可能在剧烈波动中引发经济危机而逆转经济趋势；二是无视经济质变的现实，过分相信过去的宏观调控经验，不顾后果地"放水"，致使矛盾不断积累，政策空间不断收窄，最终是通货膨胀与经济停滞并存即滞胀；三是面面俱到，眉毛胡子一把抓，抽象理念替代具体措施，以至于市场无所适从。针对当前的经济阶段性特征，战略重点与政策重心围绕破解两难选择与恶性循环，抓住主要矛盾和矛盾的主要方面，立足自身积极作为，通过重点领域改革突破，避免落入"中等收入陷阱"，尽快实现经济结构升级，资源配置模式升级，宏观调控方式升级。

第一，坚定结构升级战略，明确战略重心。在产业结构升级方面，改革开放推动了我国制造业的发展，实现了国民经济的全面工业化，使我们成为全球制造业门类最全的国家。考察发达国家的发展经验，欧美、日本等国在第二次世界大战后基本完成了工业化进程，经济发展的重点逐渐由工业向服务业转变。但欧洲发达国家在发展服务业的同时，并没有放弃工业的发展，使本国产业空心化，反而是在20世纪70年代后进行了"再工业化"，推动高端制造业的发展。中国推动产业结构升级，不仅要加快第三产业的发展，更应该推进第二产业内部的结构升级，建立起强大的高端制造业。为此，有三个战略重心不可忽视：一是在科研方面，当前主要集中于应用研究，对于基础科学的研究还不够，但未来要想摆脱欧美等发达国家的制约，必须加大对基础研究的投入；二是在人才培养方面，教育改革是根本，应当继续推进高校去行政化，维护高校自由开放的学术环境；三是在消费升级方面，既要采取措施促进消费，也要加强消费引导，避免消费升级中出现奢靡成风的现象。事实上，我们长期忽视了消费升级过程中人力资本积累的重要性。引导居民消费向人力资本积累倾斜，鼓励相关文化、教育产业的发展，能够将我国的劳动力优势转化为人力资本优势，推动经济的长期发展。

第二，激活微观经济活力，重树微观市场经济基础。企业是市场经济的微观主体，企业活则市场经济兴，企业的改革一直是经济改革的重中之重。一是对于国有企业，应该根据中国的改革开放经验和具体行业、企业的实际情况，持续优化治理结构，改进激励机制，大幅度增加技术研发投入，激活创新能力。二是对于民营企业，紧扣完善治理结构和培养契约精神两大核心。建立完善的现代公司治理是中国民营企业的当务之急。早一批民营企业家作为创业者，披荆斩棘在市场上占据一席之地。创业的艰辛让他们倍加珍惜来之不易的成果，企业中的重要位置也往往由其家庭成员担任，因此，大多数民营企业都有着浓厚的家族色彩。在企业发展的早期，以血缘为纽带进行公司治理无可厚非，但随着企业做强做大，建立现代公司治理结构就显得尤为重要。家族企业中企业经营决策完全取决于企业主一人，企业主有限的经验和能力可能使企业面临巨大的决策风险。此外，过去国有企业的产权不清问题也同样出现在民营的家族企业中，共同创业的家庭成员之间的人伦纲常也成为建立明晰产权关系的障碍。民营企业的信用约束也是一个需要强化的问题。要加强契约精神的引导，鼓励民营企业诚信守法，对不诚信的民营企业要及时予以处罚惩戒。民营企业的信用“软约束”和金融机构“不敢贷”已经形成一个恶性循环：由于部分民营企业不透明、不真实的财务数据以及贷后不诚信的经营行为，金融机构不愿向民营企业放贷，而民营企业在无法取得正常信贷资金的情况下，也只有寻求高成本资金并将这些资金投资于高风险的项目，扭曲了正常的经营行为。三是对于“僵尸企业”，应当鼓励“僵尸企业”出清和市场重组。“僵尸企业”的存在不利于市场效率的提高，大量低效的“僵尸企业”占有金融资源，僵而不死，而一些有发展潜力的企业却难以获得有效的金融支持。应当鼓励企业出清和重组，打破市场对“僵尸企业”隐形担保的认识，恢复市场机制的运行，将信贷资源合理配置到更加高效的领域。

　　第三，健全金融机制，增强宏观政策可预期性。一是中央银行作为货币当局，其货币政策具有众多目标，稳货币、稳就业、稳增长、稳金融不可偏废。不可否认，央行的众多货币政策目标之间的确存在矛盾。例如，相对紧缩的货币政策尽管能够稳定人民币币值，但也会推升失业，影响经济增长。复杂经济形势要求央行创新使用货币政策工具进行货币政策调控。从早期进行冲销干预而使用的央行票据，再到当前使用的常备借贷便利（Standing Lending Facility，SLF）、中期借贷便利（Medium-Term Lending Facility，MLF）等。新的货币政策工具有助于实现多重货币政策目标的协调。除货币政策目标外，央行也应该回归传统央行的三大职能。作为发行货币的银行，央行应该稳定币值。截至 2019 年 12 月末，中国广义货币（M2）余额 198.65 万亿元人民币。[①] 稳定币值的压力是前所未有的。作为银行的银行，央行应当正确认识自身作为商业银行和其他金融机构最后贷款人的地位，保持自身政策的连贯性和稳定性，避免人为地造成流动性恐慌。作为政府的银行，央行应当管好国库，和财政部门配合做好政府的收支工作。二是商业银行是我国金融体系的最重要组成部分，目前依然存在较高的行业进入壁垒。相较欧美等发达国家的银行，我国银行的市场定位不清晰，市场活力和创新热情也没有完全激发。未来应当精准定位不同商业银行的功能，增强商业银行运营效率，同时强化资本约束严控商业银行经营风险，疏通商业银行的货币传导机制。三是多元化、多层次的市场主体，金融服务需求也必然呈现多元和多层次的特点，金融服务供给也必须是多元和多层次的。过分倚重银行尤其是大型银行，难以满足多元化多层次的金融需求。因此，加快推进多元化多层次资本市场建设就显得尤为重要。

第四，深入推进政府职能转换，优化营商环境。首先，中央和地方政府应当继续推进简政放权，减少行政审批事项，减少政府对市场机制

---

① 《人民银行：2019 年末 M2 余额 198.65 万亿元》，2020 年 1 月 16 日，见 http://www.cfbond.com/zclb/detail/20200116/10002000000/8451579159753419415173_1.htm。

的直接干预。中央政府要强化机制建设，落实各项法律法规，强化监督管理；地方政府要维护良好的营商环境，积极引导民营企业和外资企业投资，做好企业的各项服务工作。其次，在政府和企业的关系上，减少税收和行政费用，做小审批政府，减少行政干预，增强微观经济主体活力和投资意愿。最后，在简政放权，加强对地方政府约束的同时，中央政府也应鼓励地方政府官员干事创业的积极性，保护地方政府发展区域经济的兴趣。

第五，顺应国际经贸格局变化，培养成熟大国思维。改革开放后，尤其是加入世界贸易组织（WTO）后，我国实际是全球化的受益者，我们应当深刻理解并充分运用好现有国际规则，积极处理好与主要经济体的经济贸易关系。我们还需要深入观察、认真分析研究世界经济环境变化，对于现有国际经济治理结构的缺陷和改革方向提出建设性的意见，以彰显经济大国的责任与智慧。更重要的是努力做好自己的事情，保持中国经济平稳快速发展，努力降低风险溢出效应，最终使中国真正成为全球经济稳定基石。

第六，适时调整国际化策略，变优势资源的被动推销效应为优势资源的市场吸引效应。2017 年以来，美国挑动所谓"战略盟友"集体围攻中国海外投资的案例不断增加，印证了我对于过去一段时间中国急于走出去并迅速占领国际市场的国际化策略的担忧。高铁、5G 等如果真是好东西，会对社会经济运行带来革命性的影响，就应该自己先悄悄运用，不必对外宣传，更不必花费精力对外推销。这种社会经济运行效果出来之后，外国人会分析研究中国为什么会有这样大的变化，他们很快会找到是由于高铁、5G 广泛运用带来的这一革命性原因。然后，他们会要求转让分享，中国就可以顺水推舟，甚至还可以有选择的支持，类似美国的做法。

中国与日本甚至大部分欧洲国家不同的是经济纵深大（自身市场容

量巨大，14 亿人口，人均 GDP 达到 1 万美元的水平，目前的消费与投资规模在全球可能都是最大的），有条件将市场优势转化成推动技术革命的优势，更有条件将我们认为具有革命性的技术发现在国内先行运用。这本来也是一般经济体增强核心竞争力的普遍策略。我们不能有一个好东西就马上全球炫耀，然后动用各种力量去推销，试图迅速占领并垄断国际市场。事实证明不成功，事倍功半，甚至带来了一系列副作用。

四、未来中国经济能否走出"独立行情"

消费的重要性不言而喻，尤其是在出口受外部环境影响不确定性增大，投资增速受产能过剩约束日益趋缓的情况下，怎样从政策层面保持必要的持续消费动力，就成为未来中国经济能否走出"独立行情"的重中之重。我们也看到，以促消费为重点的政策措施 2018 年以来持续加码，例如促进汽车消费的 20 项意见，发展假日和夜间经济的 9 条意见，促进文旅消费的意见，加强市场监管确保消费安全，等等，都希望进一步优化消费环境，激发国内消费潜力。尤其是新冠肺炎疫情缓解之后，中央和地方政府出台了一系列促进收入和鼓励消费的政策措施，培育经济增长基础动能的战略思路日益清晰。

但是从数据看，居民消费增长仍面临较大挑战[1]。扣除价格因素后，居民人均消费累计支出增长率从 2015 年 7% 以上下滑到 2019 年三季度的 5.7%，连续三个季度在 6% 以下。进一步观察，2019 年三季度城镇

---

[1] 中国人民银行《2020 年第一季度城镇储户问卷调查报告》显示，对收入和就业的不确定，直接导致居民倾向于储蓄。一季度倾向于"更多消费"的居民占 22.0%，比上季下降 6.0 个百分点；倾向于"更多储蓄"的居民占 53.0%，比上季上升 7.3 个百分点；倾向于"更多投资"的居民占 25.0%，比上季下降 1.3 个百分点。

居民人均消费累计支出增长 4.7%，比 2018 年三季度上升 0.4 个百分点；而同期农村居民人均消费累计支出增长 6.7%，比 2018 年三季度下降 3.1 个百分点。在消费已经成为经济增长最大动力源的背景下，城镇和农村居民人均消费支出持续下滑应引起高度关注。居民收入对消费滞后影响在一定程度上会影响消费后续增长。统计显示，收入增速与一个季度后的消费增速呈现高度正相关。2019 年三季度居民人均收入增速比二季度下降 0.4 个百分点，比 2018 年同期下降 0.5 个百分点，收入增速下降将对之后的消费增长形成一定的制约作用。尤其是居民收支出现了一些新的特点，将会带来一系列新的变化，包括经济活动、生产活动、城镇化进程等方面都会出现与以往不同的变化，有必要从经济增长动能的角度对消费变化趋势及其影响进行深入分析，寻找消费变化规律，并采取相适合的稳增长政策措施。

数据显示，我国连续四年居民人均消费支出增长都弱于可支配收入增长。2019 年前三季度，全国居民人均可支配收入增速比人均消费支出增速分别高出 1.4、1.3 和 0.4 个百分点。不仅如此，2018 年三季度以来，人均可支配收入中位数增速逐渐快于人均可支配收入增速，至 2019 年三季度人均可支配收入中位数累计增速高出人均可支配收入增速 2.9 个百分点。考虑到消费边际倾向随着收入的增长而下降，低收入群体收入增长放缓将对消费增长产生强力收缩效应。城镇居民和农村居民的统计数据也证实了这一点。2019 年前三季度，城镇居民人均可支配收入累计增速比人均消费支出增速高 0.7 个百分点，农村居民人均可支配收入累计增速则比人均消费支出增速低 0.3 个百分点。同期城镇居民人均可支配收入为 31939 元，农村居民人均可支配收入为 11622 元，城镇居民消费收入比为 63.8%，农村居民消费收入比达 80.5%。

我们还注意到，家庭收入的不同结构也会影响消费水平。人的收入可以划分为固定收入（如工资）和其他收入（如财产收入、临时收入），后者的边际消费倾向要高于前者。比较中美两国收入结构，美国人来自财产的收入水平远高于中国居民。近几年来，股市增长低迷，作为中国居民财富主要配置对象的房地产价格走向理性，国人收入结构中来自财产的收入相对较少，直接后果是居民对未来财富和收入增长预期降低，再加上与老龄社会趋势叠加，导致居民消费倾向和消费能力出现下降趋势。

我们还注意到，2017 年以来居民人均可支配收入的增长速度虽然有所下降，但仍保持相对稳定，消费支出增长乏力在一定程度上反映的不完全是收入下降效应，而是居民消费倾向(或消费预期) 趋紧的产物。中国虽然按月公布消费者信心指数以及就业、收入、消费意愿三个分项指数，但官方发布的指数水平往往与实际感受的消费支出水平存在明显背离，在消费者信心指数编制方面还需要更科学的方法。

分析居民消费趋势变化还要考虑整体消费结构发生的显著变化，特别需要关注服务消费的显著增长。一直以来，观察消费的参考指标和统计指标都是社会消费品零售总额，但这一指标并没有包含很多服务类的消费，由于以教育、医疗、文化、金融中介等不包含在社会消费品零售总额的服务性消费增速显著上升，中国服务消费的增长越来越显著，带动了整个消费支出的增长。自 2012 年以来，社会零售总额增速就一直处于下行通道中，与 GDP 增速趋缓一致。与此同时，最终消费对 GDP 增长的贡献呈现稳步上升趋势，主要原因在于服务性消费增速显著上升。因此，整体消费结构的调整之下，即使社会零售总额逐年下滑，但消费支出的增速并未放缓。商务部数据显示，2018 年，服务型消费约增长 35%，比 2017 年的 9%增速高出 26 个百分点。2019 年前三季度，在居民最终消费支出中，服务消费占比达到 50.6%，超过"半壁江山"。商务部也曾指出，中国恩格尔系数目前已经降到了 30%以下，居民消费呈现"升级"趋势，食品类、衣着等生活必需品比重下降明显。消费更多向服务性消费转变，像教育、健康、文化、旅游等这样的消费增长非常快，在服务消费方面发展空间非常大。

居民消费模式的变化也会对消费趋势产生影响。随着电子商务和移动支付的发展，网上消费的比重越来越大。以 2018 年的社会零售数据（不包括一些服务消费）为例，2018 年，全国网上零售额 90065 亿元，比 2017 年增长 23.9%。其中，实物商品网上零售额 70198 亿元，增长 25.4%，占社会消费品零售总额的比重为 18.4%。而同期，限额以上零售业单位中的超市、百货店、专业店和专卖店零售额比 2017 年分别增长 6.8%、3.2%、6.2% 和 1.8%。[①]2019 年 1—10 月，全国网上零售额 82307 亿元，同比增长 16.4%。其中，实物商品网上零售额 65172 亿元，增长 19.8%，占社会消费品零售总额的比重已达到 19.5%。[②]

在观察消费结构变化时，我们也注意到了居民住房按揭贷款快速增长对消费产生的抑制作用。有研究显示，家庭债务与个人购房贷款余额增速呈正相关，与即期消费呈现负相关。2018 年年末，我国家庭债务超过 43 万亿元（约为可支配收入 90%）。从 2008 年到 2018 年，我国居民负债率增长了 33 个百分点。目前我国个人购房贷款余额超过 25 万亿元，利率一般在 5%—6% 之间，仅此一项就挤占家庭消费支出 1.25 万亿—1.5 万亿元，如果考虑到贷款首付因素，实际影响会更大。因此，积极培育住房租赁市场，不仅是贯彻"房住不炒"战略意图的重要举措，更是恢复甚至重新激活居民消费动能的重要举措。

为了改善居民消费倾向，进一步增强经济增长的消费驱动力，有几个问题需要决策层重视。

---

① 《统计局：2018 年社会消费品零售总额同比增长 9.0%》，2019 年 1 月 21 日，见 http://finance.people.com.cn/n1/2019/0121/c1004-30580791.html。

② 《国家统计局：1—10 月全国网上零售额 82307 亿元　同比增长 16.4%》，2019 年 11 月 14 日，见 http://news.china.com.cn/txt/2019-11/14/content_75407077.htm。

一是准确判断消费信心，前瞻性引导居民消费预期。我们注意到，2017 年以来居民人均可支配收入的增长速度虽然有所下降，但仍保持相对稳定，消费支出增长乏力在一定程度上反映的不完全是收入下降效应，而是居民消费倾向（或消费预期）趋紧的产物。中国虽然按月公布消费者信心指数以及就业、收入、消费意愿三个分项指数，但官方发布的指数水平往往与实际感受的消费支出水平存在明显背离。因此，怎样借鉴国际经验，鼓励有能力的高校与智库在探讨消费者信心指数编制方面发挥更大作用，还需要政府有关部门更加开放。

二是财富效应与即期消费高度相关，资本市场不仅直接影响投资，更是间接影响消费的重要因素。理论分析和实证观察都表明，增强资本市场的投资价值，努力保持资本市场稳定与健康发展，有助于改善居民财富预期。一个持续稳定、健康发展的资本市场，既有助于促进投资，也会改善消费信心。与美国等发达国家相比，中国居民来自资本性收益明显偏低，尤其是近年来资本市场表现不佳，财富效应严重制约居民消费倾向。部分居民的财富增长效应被迫依赖于流动性极差的住房投资，也在很大程度上限制了消费预期，甚至由于大量使用住房按揭贷款而积压现实消费。在经历激烈资本市场波动、市场信心不足的情况下，监管部门更应该小心谨慎，认真倾听市场声音，及时回应市场关切，积极引导市场预期。监管者要明确监管初衷，提高融资效率与防止市场欺诈，始终是证券与期货监管的核心。只有不偏离这个"监管初心"，才能方得资本市场健康繁荣的始终。对于所谓的"泡沫"问题，要有一定的容忍度，要分析具体原因，不要轻率提出"挤泡沫"政策措施。新的监管政策出台必须把握时机与力度，同时还要及时调整不合时宜的监管政策，努力恢复和呵护市场信心。决策部门需要合理地引导市场，避免金融市场长期处于疲软状态。

三是适当调整就业政策，提升居民未来的收入预期。譬如，鼓励符合条件的居民开拓第二职业，扩大居民收入来源；鼓励合适的离退休人员通过再就业或再创业的形式扩大家庭收入来源，对冲老年化社会带来的影响。据统计，日本 60 岁到 70 岁人员仍在参与生产的比例达 43%，在一些行业甚至成为主流从业人员，而中国这类人员的比例远低于这一水平。政府还应该通过深化"放管服"改革，为居民从事小商品经济等创造条件。回顾改革开放的历史，各种形式的小商品经济在增加百姓收入、孵化多种市场主体方面起到了巨大作用，即使在发达国家各种形式的小商品市场在经济生活中也扮演重要角色。近年来，我国部分城市管理者对此认识出现偏差，不仅使城市活力严重受损，也使一部分低收入群体的收入来源丧失，对于社会消费水平产生了一定负面影响。

四是进一步调整所得税起征点，改善中等收入群体消费倾向。中国已经进入中等偏上收入国家，随着全球规模最大的扶贫攻坚战成效不断显现，统计意义上的橄榄型消费结构已经初步形成，数据庞大的中等收入群体已经成为消费的主力军。这一群体的主要组成部分是有稳定收入的白领和专业技术人员，这些人员一个重要特征是会将未来收入预期与当前消费进行挂钩，一旦对未来收入增长预期下降，会迅速调整自己的消费水平。因此，稳步提升这一群体的收入预期水平，是提高其消费倾向的关键。建议适当提高中等收入群体的所得税起征点，同时对于提升人力资本积累的教育和职业技能培训等消费支出，予以全额或减半应税扣除。

五是优化技术方案，提升假期消费效应。假期消费在居民消费支出中扮演着重要角色，目前法定小长假的技术安排限制了假日消费效应，又人为加大了短期劳动强度波动。实际上，3 天以上的假期对百姓旅游消费的吸引力远远大于 3 天假期。据统计，2019 年"五一"4 天假期期间有 1.95 亿人外出旅游，比 2018 年（3 天假期）增加了 4800 万人，增速达 33%；2019 年"五一"期间跨省长途旅游比例提高了 15 个百分点。中国银联发布的"五一"假日交易数据也显示，2019年"五一"小长假首次由3天调整为4天，5月1日至4日银联网络交易总金额达到1.29万亿元，相比2018年"五一"假日（2018年4月29日至5月1日）日均增长42%。[①] 为有效利用假期消费效应，建议在假期制度安排方面进行一些技术调整。例如，法定节假日在周二，可以将周一的工作日与之后的周六互换，形成周六到周二的四天小长假，周三到周六为工作日；若法定节假日在周四，可以将周五的工作日与之前的周日互换，形成周四到周日的四天小长假。这样既不增加法定节假日天数，又可以均衡工作强度，还可以有效提升节假日消费水平。

六是推动消费升级、投资升级与经济升级同步叠加，应重视信息消费效应。2019年，我国信息消费规模持续扩大，前三季度规模近4万亿元。[②] 大数据、人工智能、云计算等新一代信息技术以更快的速度全面融入消费的各个领域。从2019年前三季度发展情况来看，生活类、公共服务类、行业类和新型信息产品等四大信息消费领域发展势头迅猛。信息消费持续扩大，从快速增长的互联网服务业可见一斑。2019年前10月，规模以上互联网和相关服务企业完成业务收入9902亿元，同比增长21%，增速同比提高3个百分点。其中，生产服务、生活服务和公共服务平台规模不断扩大，收入同比增长22.4%；包括网络音视频、网络游戏在内的信息服务收入规模达6561亿元，同比增长22.7%。[③] 从动态角度观察，一方面，随着数字化、网络化、智能化进程不断加速，培育出诸多新业态，推动信息消费需求加速释放；另一方

---

① 《银联发布"五一"假期交易数据：网络日均交易增长超四成》，2019年5月6日，见 https://www.sohu.com/a/312122273_465942。

② 《前三季度我国信息消费规模近4万亿元》，2019年12月12日，见 http://js.people.com.cn/n2/2019/1212/c360301-33624940.html。

③ 《2019年前10月中国规模以上互联网和相关服务企业完成业务收入9902亿元，同比增长21%》，2019年12月12日，见 http://www.qqjjsj.com/show69a109329。

面，随着信息消费新场景、新业态得以不断涌现，信息基础设施投资需求也在快速增长，从而对经济增长形成强有力支撑，能力的不断提升。

"大变革时代"已经来临，国际经济结构和国际治理体系的深刻变化将是不可避免的；中国改革开放态度坚定，但我们已经习惯的内外部环境正在发生重大变化，未来战略选择与政策制定的一系列难题考验决策者和智库专家的智慧。面对世界百年未有之大变局，唯有全球视野，把握本原思维的实质，保持战略定力，管控"成长的烦恼"，才能实现中华民族的伟大复兴。这，既是你我的希望，更是你我的职责。

上篇

辨识中国投资疑虑须本原思维

高技术产业资本的知识产权忧虑
破解投资困惑须深度观察市场
区域经济分化考验地方政府智慧

第一章

高技术产业资本的知识产权忧虑[①]

回顾 40 多年改革开放，中国的综合国力与日俱增。客观地说，改变中国经济面貌的因素很多，但以利用外资为重心的改革开放是不容忽视的重要因素。改革开放前期，中国凭借着政策优惠、人口红利以及"缺口"巨大的市场吸引了大量的外商投资，推动了经济近 20 年的高速发展。伴随新一轮科技革命和信息技术革命，高端技术成为国家竞争力的核心，而随着国内人口红利消失、国民消费升级、工业制造升级，传统吸引外资的税收优惠、廉价劳动力、土地政策等不足以吸引拥有高端技术的外商投资。国内虽然拥有庞大市场，然而携带高端技术的外资对营商环境和知识产权保护的担忧却成为它们在华投资的掣肘。由此我们认为，经济升级格局下的利用外资策略亟待改变，知识产权保护和营商环境改善可能是新的"杀手锏"。

---

① 2018 年以来中美贸易摩擦的一个深层次问题是知识产权保护，在这个问题上美国得到了发达经济体的一致呼应，对中国的国际谈判、市场环境和经济发展外部动能形成了很大压力。我在 2008 年国际金融危机之后注意到中国地方政府招商引资高端化倾向日趋明显，但效果并不如预期的那样好。深入调研之后发现，高技术产业资本对于市场环境的关切点与中低端技术产业资本完全不同，政策研究与战略制定必须直面不同资本的真实关切。

一、新一轮吸引外资政策力度空前

2012 年以后，国家推出新一轮的改革开放战略，发布了一系列有利于利用外资、促进经济高质量发展的税收政策，同时不断推进国内税收管理"放管服"改革，为外商提供良好的投资发展环境。

在税收政策方面，税务及相关部门出台针对外资的减税降负政策，推动外资企业投资便利化、贸易自由化。尤其在近两年，进一步完善外资的税收抵免政策。2017 年 8 月，国务院印发《关于促进外资增长若干措施的通知》，一是完善企业境外所得税收抵免政策，增加不分地区不分项的综合抵免方法，使得纳税人抵免更加充分，从而有效降低企业境外所得总体税收负担，进一步促进利用外资与对外投资相结合；二是针对境外投资者从境内企业分配到的利润直接投资于鼓励类项目实行递延纳税政策，鼓励境外投资扩大在华投资。2018 年，我国将递延纳税政策的适用范围扩大至所有非禁止外商投资的项目和领域；同时，暂时对外资在境内获得的债券利息免征企业所得税和增值税，鼓励外资直接投资和间接投资相结合。据国家税务总局统计，2018 年度享受递延纳税政策的企业近 500 户次，涉及股息约 480 亿元，延迟缴纳或退税金额超过 47 亿元。

在税收服务方面，政府简化办税程序，提高管理效率，搭建互联网信息平台，为外资企业提供精准高效的税务服务。近来，国家税务部门开启新一轮办税便利化改革，辅助减税降费政策的实施。首先，扎实"便民办税春风行动"部署，2019 年对包括外资企业等在内的纳税人向税务机关报送的资料将再精简 25% 以上，实现 70% 以上涉税事项一次办结。事实上，我国减税降费政策实施效果良好，2019 年全年减税降费总额超过 2.3 万亿元。① 其次，税务部门搭建互联网信息平台，提供网上税收业务办理服务，比如，在全国"12366"纳税服务热线开通服务"一带一路"专席，建设"12366"上海（国际）纳税服务中心，针对跨境纳税人提供涉外税收的咨询和办理服务。此外，我国逐渐完善重点领域税收支持服务，简化认定高新技术企业的程序，切实降低高新技术类外资企业的办税成本，降低外资进入高新技术产业的制度门槛。这一系列举措，扩充了外资的税收优惠政策内涵，从实施单一的低税率税收优惠政策，到全方位优化税收营商环境，推动了外资企业贸易自由化，投资便利化。

与此同时，各地政府也在不断加大土地政策优惠力度。全国范围已形成多个经典的招商引资用地模式，优惠政策也多种多样。比如，昆山市按不同类别项目给予资金扶持，太原市产品出口和先进技术企业 5 年内免缴，东营经济技术开发区最高可补贴所缴纳土地使用税的 30%，准东经济技术开发区符合条件可免交土地出让金，等等。以往招商引资的土地优惠政策主要是针对产业园区的工业用途，比如在前期的拿地开发中，工业用地的土地出让金大大低于居住用地，甚至零出让金。后期建成后，产业园区为帮助入园的企业更好的发展，给予一定面积的房租补贴或者减免。新一轮改革开放的背景下，为了引导外资由低端制造进入产业链高端研发设计环节，各地纷纷出台针对高端技术的土地政策。如上海市发布《关于进一步支持外资研发中心参与上海具有全球影响力的科技创新中心建设的若干意见》，为支持外资研发中心升级为全球研发中心，给予 500 万元人民币开办资助，按照租金的 30% 给予三年租房资助。多个城市从不同方面加强了用地保障：

---

① 《2019 年减税降费超 2.3 万亿，全国税收收入同比仅增 1%》，2020 年 2 月 28 日，见 http://finance.sina.com.cn/wm/2020-02-18/doc-iimxyqvz3964832.shtml。

用地指标适当倾斜、用地成本适当降低、用地方式保持多样。

深圳市对符合 2018 年出台的《广东省重大产业项目计划指标奖励办法》奖励条件的重大外资项目，按照相应标准给予用地指标奖励，其中对投资 20 亿元以上、符合投资强度要求并完成供地手续的重大外资项目，全额奖励用地指标，对世界 500 强企业、全球行业龙头企业总部或地区总部自建办公物业用地，全市统筹安排土地利用计划指标，等等。在用地成本上，深圳市支持外商投资企业开展"三旧"改造，并对其进行补偿。对外商投资优先发展产业且用地集约的工业项目，土地出让底价可按所在地土地等别对应全国工业用地最低价标准的 70% 确定。对外商与政府共同投资建设的医疗、教育、文化、养老、体育等公共服务项目，可使用划拨土地的，允许采用国有建设用地作价出资或入股方式供应土地。在用地方式上，支持外资项目采用租赁方式用地。在租赁期内，地上建筑物、构筑物及其附属设施可以转租和抵押。

二、地方政府以开发区为平台打造吸引高技术产业资本"政策洼地"

自 1984 年设立首批国家级经济技术开发区以来，我国各类开发区发展迅速，成为推动我国工业化、城镇化快速发展和对外开放的重要平台。截至 2018 年，全国共有 219 家国家级经开区，156 家国家级高新区。2013 年开始，上海建立首个自贸试验区开启了中国新一轮的对外开放，至 2019 年 8 月 26 日国务院印发《中国（山东）、（江苏）、（广西）、（河北）、（云南）、（黑龙江）自由贸易试验区总体方案》，意味着沿海省份自贸区实现全覆盖；而广西、云南、黑龙江新设自贸区，则让自贸区在沿边地区首次落地生根。至此，我国的自贸试验区达到了 18 个。短短 6 年时间，中国自贸区成片连线，勾勒出层次多元的自贸区版图，新一轮高水平对外开放的顶层设计正在稳步推进。

在新一轮改革开放中，各地政府致力于将开发区、自贸区建设成为优惠政策"洼地"和制度创新"高地"。譬如，广州开发区成立于1984年，是首批国际级经济技术开发区之一，在广州开发区建设中，地方政府投入大量资金进行开发区建设，并发布一系列"优惠政策"吸引各方企业、资金、技术入驻。2013年，为了强化开发区招商引资的政策"洼地"效应，广州开发区针对重点企业给予200万元的一次性奖励；按照企业的年销售收入给予经营贡献奖；对重点企业的高级管理人员给予奖励。近几年，广州开发区相继发布了关于先进制造业、现代服务业、总部经济和高新技术产业四个产业的一系列实施办法和发展政策，涉及科技、金融、知识产权、人才等各个方面，统称四个"黄金10条"；在加强知识产权运用和保护黄埔人才两方面，分别发布10条扶持政策，统称两个"美玉10条"。

由此可见，新一轮改革开放的重要特征是从过去简单招商引资过渡到以政策导向为手段、自贸试验区为平台引导外资持续向高质量发展。2013年发布《商务部关于2013年全国吸收外商投资工作的指导意见》，2017年发布《国务院关于扩大对外开放积极利用外资若干措施的通知》等政策放宽外资在高端制造业和服务业准入范围，引导外资流向"高端化""智能化""绿色化"领域。事实上，外资投资领域也从以第二产业为主，逐渐过渡到以第三产业为主，而且在第二产业内部，以劳动密集型产业为主的基础工业产业在第二产业中的比重逐渐减少，而以资本、技术密集型产业为主的高新技术产业比重显著递增，外资逐渐从低端向高端迈进。"引资"阶段外资高度集中于第二产业，年平均占比达89.2%，其中高新技术产业占比仅5.3%；"择资"阶段外资第三产业占比超过50%，年平均占比达53.3%，高新技术产业占比上升至46.7%；"导资"阶段外资在第三产业的占比持续上升，年平均占比达65.9%，高新技术产业比重达 60.8%。

在对外资以"高端化""绿色化""智能化"标准进行引导的外资利用政策背景下，技术落后、产能过剩领域的外资生存压力也会越来越大，各地的地方政府开始逐步减少为低端技术的外资提供税收、土地、投资、外汇管理等各方的"超国民待遇"。在产业结构升级调整的趋势下，只有技术先进、研发能力强、占据价值链高端的外资才能获得更多市场机会。

三、准确理解国际高端产业资本的市场需求特点

我国高端技术产业发展已取得巨大成效，但吸引高端技术产业资本的能力仍显不足。四十多年的改革开放过程中，我们通过减税降费、提供补贴等传统手段，吸引外资流入促进经济高速发展。现阶段，我国已基本完成工业化，低端制造业已经趋向饱和。随着经济走向高质量发展阶段，国内对引进外资提出更高的要求。但地方政府仍然习惯于通过设立开发区、加大税收政策优惠和土地政策优惠等传统做法，以政策洼地打造招商引资优势。在产业升级、经济转型、供给侧结构性改革的大环境下，这些优惠政策的红利优势趋于弱化，吸引高技术产业资本的效果不佳。从外资企业数、从业人数和引进技术经费支出看，我国高端技术产业利用外资能力亟待改善。尤其是自 2013 年以来，大中型外资企业引进技术经费支出逐年下降，从 2013 年的 27.2 亿元下降到 2016 年的 15.6 亿元，减少了四成。一些开发区的专业人士反映，在华经营的许多高技术垄断优势的跨国公司，核心材料和研发中心等都在国外，所谓的外资企业技术引进经费支出包括了大量的"内部交易"，说明外资企业在引进技术方面的投入并没有对外宣传的那样大，怎样才能吸引国际高端技术产业资本死心塌地进入中

国，需要认真研究。值得关注的是，2018 年我国实际使用外资（FDI）金额约 8644 亿元人民币，2019 年 FDI 为 9415 亿元人民币，同比增长 5.8%，仍保持全球第二大外资流入国地位，但其中相当大一部分体现在金融市场方面。汇总市场数据也表明，2019 年境外投资者净增持我国债券 4577 亿元人民币，净增持上市股票 3517 亿元人民币；外资持有中国股票、债券规模分别达 9935 亿元人民币、2.19 万亿元人民币，双双创出新高，较 2018 年底持仓增幅分别达 55%、26%。

改革开放初期，我国居民物质生活水平较低，对于物质需求的层次比较低，引入低端制造业居多，外资进入我国市场的主要关注点在于税收政策、土地政策和资本安全。由于高技术产业资本，特别是欧美高端技术企业，核心资产是先进技术和品牌价值，它们能通过技术垄断获得高额利润。对于一些技术垄断型外资来说，尤其是医药、化学、精密设备、信息技术等更依赖于核心技术的企业，其前期研发投入的成本巨大。正是因为这些高技术行业前期研发投入巨大，后期也希望通过尽可能延长核心技术垄断优势获取高额利润，因此它们非常注重知识产权的保护。以高通为例，仅仅借助与华为签署临时协议，在 2019 年前三个季度中，华为每个季度向高通支付 1.5 亿美元的专利费，而关于这项专利费的谈判还在继续，如果华为和高通达成和解正式签署协议，那么每年华为将向高通支付的专利费超过 5 亿美元。

随着国内对外资的需求结构升级，引资偏好也转向拥有高端技术的外资。然而，高端技术外资关注的不再是土地、税收等优惠政策，对他们来说，企业的主要资产是核心技术，传统招商引资优惠政策对他们吸引力不大。尤其是一些地方在知识产权保护上存在的问题令它们对中国市场望而却步。中国欧盟商会指出，中国除了作出详细承诺，也要有明确的改革落实时间表。欧盟中国商会上海分会调查显示，在中国国际进口博览会接受调查的交易中，有一半是在 2018 年完成的，但其中 47%

的交易从未执行过。上海美国商会会长季恺文（Ker Gibbs）则表示，中国近期的开放和改革举措有积极意义，特别是中国国务院宣布会逐步改善营商环境，促进平等待遇，"但和以往一样，关键在于落实"。因此，怎样加强对知识产权保护、《外资法》等政策法规的落实力度，解决外资关注的核心问题，是涉及营商环境的比较"高级"的问题，不仅对于吸引外资有利，也有利于国内的投资和创新。

我国从新世纪伊始就加大了对知识产权的保护力度，对知识产权保护的措施不断完善，但迄今为止外资特别是来自欧美的外资对我国知识产权问题仍然存在担忧。一方面，外资企业担心将先进技术带入国内市场后，会迅速被模仿、被消化吸收甚至被超越，或者担心会存在用行政手段"强制技术转让"，这是外资对我国"山寨"能力的固有印象；另一方面，国内知识产权侵权行为时有发生，加剧了外资对国内知识产权保护的担忧。2018 年，在国内提起公诉的涉及侵犯知识产权犯罪案件数达 5627 件，同比增长 31.7%；提起公诉的涉及侵犯知识产权犯罪人数达 8325 人，同比增长 16.3%。[1]2013 年以后，国内受理的侵权纠纷专利案件受理数越来越多，在中美贸易摩擦日益加剧的背景下，短短一年内，来自美国的专利权人侵权纠纷受理案件数从 2017 年的 249 件增加到 2018 年的 1375 件，增加了 4 倍多。涉及英国、德国、韩国等其他国家的案件数增幅也比较明显。[2] 数据显示，美国"337 调查"中 80.32% 的案件存在侵权事实，这些存在侵权事实的案件中，专利侵权案件占 92.09%，说明我国知识产权保护确实存在问题。

我们通过调研也了解到，一些地方对侵权的惩罚力度不够。由于国内对于知识产权主导存在以司法主导还是以行政执法主导的争议，导致

---

[1]　国家知识产权局知识产权发展研究中心：《2018 年中国知识产权发展状况评价报告》，2019 年 6 月。

[2]　数据来源：《国家知识产权局统计年报》。

我国在知识产权纠纷上没有明确的维权途径。打个比方，在专利侵权纠纷案中，行政执行部门没有经济处罚权限，缺乏执法威慑力，反而担忧是否有面临行政诉讼的风险，直接导致侵权人对判决结果有恃无恐，甚至公然抗诉判决结果。另外，我国的司法维权途径耗时太长，效率过低。除最高人民法院知识产权法庭以外，全国各地只有屈指可数的知识产权法院及知识产权法庭，难以满足如今越来越多专利权人的立案需求。尤其是知识产权司法保护立案的调查取证难度大，条件严格，立案处理流程时间长，加之权利人的举证意识、能力和技巧不足，无法对知识产权侵害损害进行有效证明，法院在判决时往往以证据不充分减少判罚金额，更由于侵权企业或个人经济实力有限，难以支付足额损失，时常处于打赢官司无法执行的尴尬局面。

四、保护知识产权可以改善投资环境

我们注意到，为了严格知识产权保护，国家不断完善《专利法》《商标法》《著作权法》《反不正当竞争法》等法律法规，健全侵权惩罚性制度，提高侵权成本，基本构建起"严保护、大保护、快保护、同保护"于一体的知识产权体系。2019 年上半年，国外在华申请的专利和商标的数量分别增长了 8.6% 和 15.4%，[①] 表明全球创新主体对中国知识产权保护信心有所提升。我们在调研中也发现了一些地方积极尝试以加强知识产权保护为抓手，有效提升利用高端产业资本的做法，值得借鉴和参考。

一是充分利用法律武器严厉打击知识产权侵害行为，对知识产权形

---

① 《上半年国外在华申请专利数量增长 8.6%　商标增长 15.4%》，2019 年 7 月 24 日，见 http://www.chinanews.com/cj/2019/07-24/8905835.shtml。

成严密的保护。随着知识产权全球化保护趋势的不断深入，我国必须顺应这一形势，加快完善保护知识产权的法律制度，从法律层面上严厉打击侵害企业知识产权、对企业知识产权保护不力等的行为。从实践上看，一些地方已经将侵害知识产权的个体列入"黑名单"，限制其经济活动，最大限度提高侵权成本，促使经济个体主动关注、遵守相关知识产权法律法规，尊重他人的成果。从执法角度来看，重视对知识产权制度的实施及实施效果的评估，才能从中发现缺陷，促进行政执法制度的完善。国家行政机关也针对相关法律或规章进一步完善，制定实施细则或指南，并加大法律宣传，使企业能够灵活运用它们。当然，针对知识产权制度实施效果的评估也需要有具体的制度或措施，以便能够客观真实地了解实施效果并根据情况进行调整。比如从司法角度加强知识产权保护力度，为促进知识产权健康发展提供重要保障。政府也需要发挥作用，积极引导企业，使企业树立正确的知识产权保护观念，营造良好的法治环境，促进国际国内竞争的公平公正，解决外资企业的后顾之忧。

二是联合国内外和社会各级力量，从信息、宣传、服务等方面形成对知识产权的全面保护。一方面，组织行业协会，搭建集培训、维权、调解于一体的知识产权大平台。正所谓"众人拾柴火焰高"，知识产权保护体系成熟化还需要行业协会的共同努力，借助行业协会为各个行业提供信息服务的便利，建立知识产权信息数据库，使企业成员更好更快地得到数据服务，推动知识产业建设。一些地方鼓励各行业协会、地方商会等社会组织成立知识产权管理小组，开展知识产权宣传，依法开展知识产权咨询、培训、维权、调解等活动。通过社会组织健全行业知识产权自律规范，发挥自我约束、共同维权作用。另一方面，随着国际交流的日渐频繁，特别是国际贸易发展，知识产权国际保护变得愈发重要。一些地方政府意识到，伴随知识经济的到来，知识产权已经成为推动经济发展的重要因素，对知识产权的保护也成为市场开放的必然趋势。

　　三是通过成立知识产权维权中心等专业机构，从提升维权效率等多方面对知识产权提供便利快捷的保护。2018 年 2 月，潮州（餐具炊具）知识产权快速维权中心揭牌运行，集审查、确权、维权于一体，兼具审查确权、行政执法、维权援助、仲裁调解、司法衔接等功能，将繁杂的各类各项知识产权业务集中一处快速处理。

　　我们很高兴地看到，2020 年 5 月国务院知识产权战略实施工作部际联席会议办公室印发了《2020 年深入实施国家知识产权战略加快建设知识产权强国推进计划》，提出改革完善知识产权政策，包括制定出台促进知识产权服务业高质量发展的政策文件，复制推广全面创新改革试验中的知识产权保护举措；深化知识产权领域"放管服"改革，推进业务服务、政务服务和信息服务"一网通办"等。要求各地和相关部门完善法律法规规章，起草相关司法解释；加强保护长效机制建设，优化知识产权保护中心建设布局，深入推进"互联网＋"知识产权保护；强化知识产权行政保护，加快出台商标侵权判断标准，健全知识产权行政执法保护业务指导体系，继续开展各类专项行动；加强知识产权司法保护，深入推进知识产权审判"三合一"工作，完善知识产权案件监督机制等。对于我国而言，建立知识产权保护体系的重要性不仅体现在招商引资，更体现在对国内企业创新动能方面。对国际专利制度的理解，深刻影响着一国在国际贸易谈判能力，进而影响本国跨国企业经营发展前景。基于经济升级实际探索建立接轨国际的专利保护制度，不仅具有现实意义，更具有战略意义。

　　不仅招商引资需要重视知识产权保护，中国企业自身连续多年的高强度研发投入之后形成了大量的知识专利，也亟须加强知识产权保护。2020 年 4 月 7 日，世界知识产权组织（WIPO）官方网站公布 2019 年国际专利申请情况。中国首次超越美国，成为通过 WIPO 提交国际专利申请（PCT）的最大来源国。

五、优化营商环境不能局限于减少审批或提高审批效率

招商引资工作需要格外注重投资环境的优化和管理效益的提升，需要加快政府职能转变，实现简政放权改革，以"放管服"改革为抓手，强化高效率政府服务职能。比如，简化行政审批手续，优化获得信贷的办理环节、缩短办理时间，还有，提高货物的通关效率，缩短进出口单证的办理时间，等等。然而，国际化营商环境不能局限于减少审批或提高审批效率，必须树立一个"言而有信、言出必行"的政府形象，营造出公平、公正、宽松、开放的投资营商环境，让外商敢于放心投资。

充分发挥市场"这只看不见的手"的作用，遵循市场决定资源配置的客观规律，完善市场体系，促进公平竞争，维护市场良好秩序。例如，进一步明晰外商直接投资的整体准入条件，全面落实外商投资国民待遇和最惠国待遇，营造良好的市场氛围。一方面，最大限度地收缩行政手段，大力清理废除妨碍统一市场和公平竞争的各种规定和做法，实现国有企业、民营企业和外资企业等各类经济主体享有同等的市场竞争，把市场主体的活力激发出来；另一方面，进一步缩减和更具体地界定负面清单领域，以权利公平、机会公平、规则公平保障公平准入，加强负面清单管理制度的实施机制建设，不断缩减清单事项，推动"非禁即入"普遍落实。负面清单以外的领域向各类市场主体开放，民营企业、国有企业和外资企业享有同等准入条件，确保任何市场主体不受歧视性对待。

以加强知识产权保护为原点，进一步强化法治化营商环境。首先，以加强知识产权保护为重点，依法保护各类市场主体产权和合法权益，为激励万众创新提供有力的司法保障。一是加快推进《著作权法》等修改进程，以及《专利法实施细则》等行政法规的修订，为激励各类市场主体创新提供完善的制度和法律体系保障；二是加强各市场主体特别是

科技型中小企业在创业创新过程中的知识产权保护，充分保障知识产权权利人的合法权益；三是推动建立知识产权侵权惩罚性赔偿制度，进一步强化知识产权执法，依法严厉惩治侵犯知识产权的违法犯罪行为。其次，用法治来规范政府和市场的边界，推进规则公开透明。规则体系应尊重市场经济规律，尽可能完整覆盖市场主体的全部生命周期，对市场主体在市场准入、生产经营、退出市场等过程中的相关行为作出明确规范，清晰界定政府和市场的边界，确保规则的边界清晰、内容明确、公开透明。最后，创新监管方式，推进监管公平公正。一是抓紧完善相关制度和工作机制，推动"双随机、一公开"监管模式在日常监管领域中全覆盖；二是依法建立权威、统一、可查询的市场主体信用记录，建立以信用为基础的新监管机制；三是加快互联网、大数据和人工智能等前沿技术在市场监管领域的推广应用，逐步推行"互联网＋监管""人工智能＋监管"等新监管模式。

以加强市场的维护为支点，形成国际化的市场环境。市场经济秩序是国家或地区竞争力的重要组成部分，良好的、与国际标准对接的市场环境对于吸引投资、提升创新能力等方面都具有重大的意义。一方面，形成国际化的市场环境重点在于推动专业服务国际化，进一步扩大开放领域，降低准入门槛，简化审批程序，大力引进国外会计、法律、医疗卫生、教育培训、管理咨询等专业服务机构，积极为以外资为独资经营模式开展经营活动提供政策支持；另一方面，形成国际化的市场环境应大力推动培育社会组织，进一步完善培育扶持行业协会、商会等社会组织的政策，大力培育社会组织。建立健全社会组织参与制定政府重大决策的工作机制，形成社会组织参与社会管理的固定渠道，发挥好社会组织对政府决策的参谋作用。推动社会组织去行政化，形成行政单位与社会组织"功能对接，能力互补"的工作体制机制，继续推进政府职能转移和向社会组织购买服务，强化社会组织的社会服务功能。

第二章

破解投资困惑须深度观察市场

中国经济走势一直是困扰投资者决策的首要问题。由于 2008 年国际金融危机之后中国经济结构发生了急剧变化，GDP 增速并不能准确反映中国经济的真实情况，因而投资者很难按照过去的经验，根据 GDP 增速进行投资决策。作为经济学家和专业人士，笔者认为投资者在中国市场的决策不仅要考虑中国经济增速，更应深入观察这种增速变化的原因，即到底是什么因素驱动才发生这种变化。尤其是在经济结构快速变化的宏观环境下，投资决策不能只关注总量变化，还应深入分析经济结构变化规律，尤其应该深入分析主要行业内部更加细分的小类行业盈利与投资变化趋势，合理使用市场并购工具，才能真正把握有效的投资机遇。

一、中国经济升级来自于经济结构变化

受内外部需求因素影响，2010 年以来中国经济呈现下行趋势，直至目前仍然存在下行压力。但深入分析不难发现，结构问题仍然是拉低中国经济发展速度的主要问题。值得注意的是，中国经济结构正在发生

积极变化，高新技术行业、高端制造业快速发展，在一定程度上对冲和缓解了下行压力；低端制造业、高污染行业的低速增长甚至负增长，对于经济转型升级、提质增效也起到了积极作用。这种产业结构调整方向符合工业社会向后工业社会转型的规律。

（一）中国经济结构一直在变，而经济观察的注意力集中在三大产业结构变化趋势上，忽略了行业内部甚至是细分行业的变化

如果动态观察，自改革开放以来，我国三大产业占 GDP 的比重不断调整，分别经历了从农业大国向工业大国，从工业主导向服务业主导两次重大产业调整。进入 21 世纪以后，第一产业占比趋向合理，第二产业一直发挥着支柱作用，于 2006 年达到了工业化的高峰，之后几年工业占比逐年下降，而第三产业占比开始稳步上升，2013 年超过第二产业（1985 年超过第一产业），2018 年第三产业占比按现价计算在 GDP 中占比达到 52.2% 的历史峰值，成为目前经济发展的最大驱动力。因此，在近年 GDP 结构变化过程中，第一产业占比趋向稳定，第二产业逐年下降，第三产业增速稳健，经济结构正由工业为主转向服务业为主，产业结构正在发生前所未有的变化。

从各行业门类对 GDP 的拉动来看，农林牧渔业维持稳定，历年来对 GDP 的拉动保持在 0.2—0.4 个百分点区间内；第二产业中工业对 GDP 的拉动从 2012 年的 3.8 个百分点一路下滑，但是自 2016 年一季度起已经连续 12 个季度稳定在 2.1—2.2 个百分点的狭窄区间内，可以说企稳的迹象非常明显；第三产业已经超越第二产业，成为推动经济发展的最大贡献力量，第三产业内部交通运输、批发零售、住宿餐饮对 GDP 的拉动长期保持稳定，金融业和房地产业虽然在 2015—2016 年有过起伏，但随着宏观政策的调整，2019 年以后逐步回归合理区间。特别值得一提的是，自 2016 年起国家统计局将信息传输、软件、信息技

术服务业和租赁商务服务业等两个行业从其他服务业中剥离出来，单独统计，这两个行业中的子行业，如互联网、集成电路、商务服务等，大多代表着现代服务业的发展方向，短短两年内对 GDP 的拉动从 0.8 个百分点已经上升至 1.3 个百分点，发展势头迅猛。

从行业门类对 GDP 的拉动及贡献率来看，经济结构变化的战略意义更加明显。工业对于 GDP 的影响逐渐减弱，但贡献率明显企稳。与此同时，农业对 GDP 的影响基本保持稳定，对 GDP 的拉动在 0.2—0.3 个百分点之间波动，贡献率稳定在 4% 左右。

第三产业结构占比迅速上升，并不完全是工业和农业的一降一平的统计学效应，而是现代服务业快速崛起的宏观经济反映。2018 年四季度服务业对 GDP 的拉动达到 4.0%，对 GDP 的贡献率达到 59.3%，具体看服务业内部，信息传输、软件和信息技术服务业贡献率达 15.2%，成为对 GDP 贡献率最高的服务业门类。此外，交通运输、住宿餐饮、批发零售起伏不大，金融业出现小幅下降。中国经济的产业结构在跌宕起伏中逐渐趋向合理及稳定。

从行业门类来看，信息传输、软件和信息技术服务业 2018 年累计产值增速高达 30.7%，对 GDP 的贡献率达到 15.2%，傲居所有行业门类之首。此外，租赁和商务服务业，交通运输、仓储和邮政业全年增速均高于整体 GDP 增速。

服务业内部同样发生积极的结构变化。信息传输、软件和信息技术服务业、租赁和商务服务业持续保持高速增长，两者在第三产业中的合计占比已经接近房地产业的规模，2018 年四季度，信息传输、软件和信息技术服务业与租赁和商务服务业两个门类的产值增速分别达到 29.1% 和 7.3%，过去 16 个季度的平均增速分别为 21% 和 9.7%，未来几年继续保持高速增长的预期很高；需求端刺激使得交通运输保持中高速增长；批发和零售业，住宿与餐饮业保持在中速发展平台内，未来受消费带动刺激，有望企稳回升；其他服务业发展势头迅猛，旅游、电影等行业增速领先整体服务业。明显低于 GDP 增速的服务业有两个，分别是金融业和房地产业，这两个行业受到外部环境的影响较大，金融业的占比和增速回归到符合我国国情的合理区间内；房地产业中长期拐点已现，转向中低速，符合还原住房"居住属性"的政策导向。

（二）中国工业行业内部的变化不仅剧烈，而且呈现出结构升级趋势，符合市场与政策预期

从 2018 年中国工业数据来看，规模以上工业增加值累计同比增速 6.2%，创 23 个月以来的新低，低于整体 GDP 增速，但是在 41 个工业大类中，有 19 个增速高于 6.2% 的整体工业增速，这 19 个行业大类可以分成四类，分别是以计算机、通信和其他电子设备制造业、医药制造业、仪器仪表制造业为代表的高技术制造业，以燃气生产和供应业、电力、热力的生产和供应业、水的生产和供应业为代表的水电气基础设施行业，以专业设备制造业、金属制品、电气机械及器材制造业、通用设备制造业为代表装备制造业，以有色金属冶炼、化学纤维制造、黑色金属冶炼为代表的去产能行业。前三类高增长的行业表明工业正在以高新技术产业和基建行业为引领，高技术制造业和装备制造业的中高速增长表明我国工业结构优化的进程正在开启，而第四类有色、钢铁等传统工业的高增则源于连续几年的去产能效应和低基数影响。41 个工业大类中位列末尾的行业以黑色金属矿采选业、非金属矿采选业、有色金属矿采选业为代表的采掘业和以造纸业、纺织业、橡胶塑料制品为代表的传统制造业为主，这些行业大类大多属于高能耗、高污染行业。这些行业的低速增长甚至负增长，对于经济转型升级也起到了积极作用。

总体来看，高能耗、高污染行业，采矿业，产能过剩行业，低端制造业持续性低速甚至萎缩性增长，对 GDP 增速产生了直接的影响，而高技术产业、高端装备制造业和部分服务业虽然总体向好，但其增长规模的正向贡献还不足以完全抵消前述低迷行业的负面影响，这些可能是GDP增速下行压力的主要原因。2018年全年规模以上工业增加值同比增长6.2%，高技术产业累计同比增速为11.7%，但在工业增加值的占比仅为13.9%；装备制造业占比为32.9%，但累计同比增速仅为8.1%。当然，从趋势上看，随着经济结构的进一步调整优化，高新技术等高附加值行业占比在逐渐增高，对经济增长的正向拉动日益增强。2018年高技术制造业工业增加值占比较2014年增加了31.13%，装备制造业占比增加了8.22%。2019年3月高技术产业累计同比增速为7.8%，比同期工业增速高1.3个百分点；通用设备制造业累计同比增速8.4%，比2018年同期高0.2个百分点；专用设备制造业累计同比增速12.6%，比2018年同期高1.9个百分点。

（三）横向比较发达国家经验，我国产业结构变化趋势符合现代经济升级规律

美国自20世纪中叶开始，以制造业为代表的第二产业占比开始明显下降，从28.3%下降至2017年的11.2%，同时第三产业中的金融、保险、房地产、商业服务、科学技术服务和保健医疗行业占比显著提升。

比较我国与美国的产业结构，虽然中美两国对于行业划分的口径和标准不尽相同，但是中美两国均是全球为数不多的行业种类丰富的产业大国，行业门类齐全，可以进行近似比较。横向对比我国2018年年末与美国2017年年末的产业产值占比可以发现，中美两国的产业结构具有较大的差异性。首先，美国比我国高的行业全部集中在第三产业，其中占比差较高的行业有科学研究和技术服务业、卫生和社会保障、租赁和商务服务业、房地产业、信息业、批发零售业、住宿餐饮业和文化、

体育娱乐业。其次，美国比我国占比低的行业大多集中在第一、第二产业，其中农业、制造业、采掘业、建筑业分别比我国低 6.3、18.2、0.5 和 2.9 个百分点。社会发展和人类社会的需求具有共性，发展中经济体的结构调整是不可避免的，未来我国潜在的投资机会就蕴藏在当前占比较低且在发达国家已经被证明具备发展潜力的行业之中。

从需求角度来看，随着我国居民收入的稳步增长，人们在食品、服装、居住等物质方面的需求有了很大的改善，需求层次不断提升，呈现出从追求温饱到追求更丰富的物质享受和精神满足的过程，消费需求的对象从衣食住行等生活必需品向非生活必需品转变，从农产品到工业化产品再到文化、娱乐、旅游、教育等服务类需求的升级，这些需求的变化过程对应着产业的发展和更替，体现为产业结构的细微变化。与美国相比，我国目前的相关供给与市场的需求还有很大的缺口，内部提升的空间巨大。理论研究和发达国家的实践经验显示，随着经济的发展，第三产业加速是大势所趋，但是第三产业的范围很广，内部行业发展的趋势各不相同，不同子行业发展空间和增长速度存在差异。我们必须高度关注美国第三产业中"科学研究和技术服务业"全球领先优势带来的国际竞争优势和源源不断的发展动力。

（四）经济升级趋势的可持续性取决于研究与试验发展（R&D）经费投入，中国的这一指标变化趋势引人注目

R&D 经费投入很难在短期内获得产值，却可以为产品改造升级、技术革新奠定基础，为经济增长注入新活力。2016 年的数据显示，中国研发费用占 GDP 比例已与发达国家平均水平比较接近（中国 2016 年比例为 2.11%，世界发达国家平均水平为 2.31%）。动态观察，2008 年这一比例为 1.47%，2018 年达到了 2.18%，增加了 48.3%。

R&D 经费投入驱动产业升级还表现在出口产品结构逐渐优化，高

新技术出口占出口比重逐年增加，已接近部分发达国家水平。据 World Development Indicators 统计，2017 年中国的高技术产品出口占比位居世界第二，仅次于新加坡。① 从动态出口结构来看，中国高技术产品出口占比已超过 30%，且在逐年提高。②

二、投资者应该增强结构敏感性

鉴于经济结构变化是推动中国经济运行主要动力，我们在观察中国经济形势时既要看增速的变化，还要看这种增长速度是由什么力量推动的，由什么增长结构组成的，增长是否可持续。分析国家统计局公布的 2018 年投资数据，很容易发现行业投资增速明显分化，符合产业结构调整方向的行业投资增速显著提高。从行业大类的角度观察，2018 年行业大类中投资增速高于整体固定资产投资增速的行业主要有生态保护和环境治理业（投资增速 43.0%），文化、体育和娱乐业（投资增速 21.2%），水的生产和供应业（投资增速 15.3%），租赁和商务服务业（投资增速 14.2%），科学研究、技术服务和地质勘探业（投资增速 13.6%），卫生（投资增速 10%），我们惊喜地发现投资高增长的行业与发达国家产业结构转型的趋势高度吻合。

2018 年固定资产投资同比增长 5.9%，制造业投资同比增长 9.5%，其中，制造业技改投资增长 14.9%，装备制造业投资增长 11.1%，设备更新换代、环保标准提升等因素拉动了制造业投资增速。2019 年 3 月固定资产投资同比增长 6.3%，比 2018 年增长 0.4 个百分点。制造业投

---

① World Development Indicators 关于高技术产业的定义与国家统计局不同，故出口占比数值不同，但横向比较国家间高技术出口占比数据仍具有一定意义。

② 高技术产品出口占货物出口总额的比重逐年提升，2014 年该比重为 28.2%，2018 年高技术产品出口占为 30%。

资同比增长 4.6%，高技术制造业投资同比增长 11.4%，增速高于其他投资 5.1 个百分点；高技术服务业投资同比增长 19.3%，比其他投资快 13.0 个百分点。

观察中国行业结构的变化趋势，除了要看增速变化，还要观察其在整体国民经济中所占的比重，以及单个行业对经济的影响力。由于动量由质量和速率决定。根据对国家统计局公布的 1288 个行业小类的投资总量和增速数据进行统计梳理，深入行业细分小类，计算细分子行业的投资累计增速（速率），以及其在所有行业投资累计总额中的占比（权重），计算出行业小类对整体投资的贡献，将所有行业小类置于统一的比较标准下。我们发现排名垫底的主要是去库存、高污染、高能耗等行业，例如，烟煤和无烟煤开采、铁矿采选、土砂石开采、酒和饮料制造、服饰制造、机制纸和纸板制造、有机化学原料制造、常用有色金属冶炼、采矿、冶金、建筑专用设备制造、火力发电、水力发电、矿产品、建材及化工产品批发。而对投资贡献度最高的行业小类主要集中在基础设施建设领域、房地产开发、道路运输、生态保护和环境治理、互利网、软件开发、通信、汽车零部件制造、电子元器件制造、教育、锂电池制造、旅游、卫生等领域。总体来看排名靠前的行业主要是基建、环保、高技术制造业、装备制造业以及和居民消费升级相关行业。

从细分行业的固定资产投资数据可以感受到新旧经济动能切换的脉搏，战略新兴产业、装备制造、环境治理、消费升级相关行业的崛起与高污染、低端制造业的衰落是经济结构深入调整的真实写照。

从产业生命周期看，中国制造业细分行业也在经历调整期，阵痛不可避免，但是新经济正在萌芽。处在萌芽期的行业具有很强的成长能力，有些甚至几年内体量就能翻番，但是收入能力较弱；处在成长期的行业兼具良好的成长能力和收入能力；成熟期的行业，由于竞争格局稳定，投入和收入开始趋缓；而衰退期的行业，由于市场需求收缩，资本投入呈现负增长的趋势，收入维持在中低水准。基于行业的成长能力和收入能力，构建中国制造行业的生命周期全景图。由于国家统计局不再公布行业小类的财务数据，本次选取了2018年年底中国制造行业中共117个细分小类的上市公司财务数据进行观察。

如果以行业近16个季度的资本支出复合增速为横坐标，而以行业近16个季度的营业收入复合增速为纵坐标，我们不难发现以下分布：

——成长期：锂、医疗服务、集成电路、光学元件、软件开发、低压设备、光伏设备、计量仪表、非金属新材料、储能设备、LED、电子零部件制造、显示器件、医疗器械、电子系统组装、风电设备、环保设备等。

——成熟期：工控自动化、印刷包装机械、电机、仪器仪表、汽车零部件、航空装备、轮胎、半导体材料、中药、生物制药、乘用车、高压设备、空调、计算机设备、铁路设备、彩电、机床工具、重型机械、造纸、船舶制造、路桥施工、火电设备、稀土、工程机械。

——衰退期：化学原料、油气钻采、玻璃制造、金属制品、水泥制造、炭黑、农用机械、普钢、特钢、石油开采、石油加工、煤炭开采、冶金矿采化工设备等。

从整体来看，处在成长期的行业大多属于高技术制造业、高端装备制造业，比如电子、通信、电气、医疗、新能源等"新"经济，这些行业已经成为驱动中国经济的主要动力；处在成熟期的行业大多属于中游的机械、化工、汽车、一般装备制造和下游的食品、服装等消费品制造，这些行业仍然具备一定的盈利能力；而处在衰退期的主要是钢铁、煤炭、石油、化工等高能耗、高污染行业。从细分行业的角度观察，能获得更全面、更细致的体验。

从研发投入看，行业研发投入数据揭示结构调整方向，新一代信息技术业、高端装备制造业、生物产业等新经济研发投入力度和增速持续保持较高水平。研发投入一直以来都是衡量企业或者行业创新能力的重要指标，也是决定行业未来高度的重要参考。深入行业小类，以行业研发投入占行业营业收入的比重来观察研发高投入的行业主要有：软件开发（18.87%）、显示器件（11.17%）、工控自动化（11.01%）、通信传输设备（10.96%）、终端设备（9.70%）、集成电路（8.95%）、移动互联网服务（8.38%）、机床工具（8.28%）、生物制品（7.73%）、通信配套服务（7.72%）等。

细分行业研发投入两极分化明显，经济结构调整已露端倪。以行业小类的颗粒度来观察产业结构调整的变化，可以发现两极分化现象明显。所有行业研发投入占营业收入的比重平均值为2.93%，新一代信息技术业、装备制造业、生物产业、高技术制造业、国防军工行业、基础设施建设领域行业等研发投入占比都在5%以上的高平台上，而传统制造业、高能耗、高污染行业，如水泥、化学原料、火电、普钢等研发投入占比都在1%以下。

高技术产业正成为驱动经济发展的正向推动力。高技术产业（制造业）是指国民经济行业中R&D投入强度（R&D经费支出与企业主营业务收入比）相对高的制造业行业，分别是医药制造业、航空、航天器及设备制造业、电子及通信设备制造业、计算机及办公设备制造业、医疗仪器及仪器仪表制造业、信息化学品制造。从历年高技术制造业项目施工情况来看，2017年施工项目数27891个，新开工项目数19270个，全部建成或投产项目数19270个。自2004年以来，施工项目一直保持较快增长，2011年高达23%，2014年降到4%后一路增长至18%。2012年以来，高技术制造业企业数保持4%左右的增速平稳增长，截至2017年企业数达到32027家，比2012年年末增长了30%。2017年高技术制造业R&D机构数7018家，比2012年增长了54%，增速高于企业数。

高技术产业是知识与资本相对密集的行业，研发经费的多寡关系到高技术产业的长足发展。2017 年高技术产业 R&D 经费为 2645 亿元，新产品开发经费为 3421 亿元，分别比 2012 年增长了 77%、87%。

高技术产业专利来看，截至 2017 年，高技术产业的有效发明专利数已达 30.64 万项，是 2012 年的 3 倍。

2014—2017 年，虽然制造业投资增速持续下滑近 10 个百分点，但高技术制造业投资增速依旧保持平稳增长。2017 年高技术制造业投资增速高于制造业增速 11.15 个百分点。2014—2017 年高技术制造业投资占制造业比重逐年提升，2017 年高技术制造业投资占制造业比重 13.18%，比 2014 年提升了近 3 个百分点。

2017 年固定资产投资完成额中，电子及通信设备制造业占比 58.14%，医药制造业占比 23.46%，医疗仪器设备及仪器仪表制造业占比 11.87%，计算机及办公设备制造业占比 4.63%，信息化学品制造业占比 1.61%，航空、航天器及设备制造业占比 0.29%。

从 2014—2017 年的投资增速来看，电子及通信设备制造业和医疗仪器设备及仪器仪表制造业的增速高于其他四个子项。

战略性新兴产业稳步增长，发展速度与效益均超传统行业。2018 年国家统计局发布《战略性新兴产业分类（2018）》，新的分类准则包括新一代信息技术产业、高端装备制造产业、新材料产业、生物产业、新能源汽车产业、新能源产业、节能环保产业、数字创意产业、相关服务业等九大领域。九大战略性新兴产业具有知识技术密集、物质资源消耗少、成长潜力大、综合效益好等特征，作为经济体系中最有发展活力、最具增长潜力的组成部分，对经济的长远发展和平稳增长具有强大的推动力。

对标战略新兴产业的行业分类，选取相应的产业概念中涵盖的上市公司（去除 ST、*ST）的财务数据来反映战略新兴产业的发展现状。

新兴产业概念中，有 10 个行业板块 2017 年利润总额相较 2016 年增速超过 20%，其中软件开发、人工智能、电子、大数据及航空航天五个板块 2017 年营业收入相较 2016 年增速超过 20%。

综上所述，通过行业小类的投资占比、投资增速、研发投入、利润增速等不同维度，综合考虑细分行业对经济的推动力，同时结合高技术产业和战略性新兴产业的内部结构发展特征，可以发现高能耗及产能过剩行业微观指标低位运行，高技术产业逐渐成为经济增长新动力，结构升级步伐已经启动。透过这样一些质的观察，来取代简单的观察 GDP 历史数据的推演，可能会得到更真实的中国经济现状。

三、推动企业并购重组有助于破解投资困惑

我国经济增长模式正处在由追求规模扩张转向追求高质量发展的关键时期，经济结构调整和经济升级虽然取得了积极进展，但现实经济运行存在的低端落后产能过剩、战略支撑产业集中度低、整体产业结构层次低和技术水平低等深层次问题还比较突出。尤其是在全球贸易摩擦不断升温的国际背景下，激活国内需求并使之成为经济增长的内生驱动力是一种必然的选择。然而，启动投资又面临杠杆过高的矛盾，而且传统的投资拉动思路还面临产能过剩约束，存量金融风险也到了释放周期；消费在经济增长中扮演着越来越重要的角色，但不断升级消费结构也面临着传统产业低端化的供给侧束缚，而结构升级又面临技术支撑不足的硬约束。解决这些问题，从根本上需要启动新一轮的改革开放，进一步解放生产力，继续释放改革开放红利，但同时也需要通过推动企业并购重组，充分发挥微观市场的资源配置功能，整合有效市场资源，激发市场活力，快速提升产业层级、产业行业集中度，提高产能利用率、企业经营管理效率和企业核心竞争力，迅速实现技术进步和产业升级换代的

战略目标。

（一）观察美国经济转型实践，有助于我们深刻理解企业并购重组战略意义

并购重组是指企业之间的兼并、收购和资产的重新整合，是企业在经营过程中出于自身发展的需要对于企业所拥有的股权、资产和负债进行收购、置换和重新整合的活动，它是目前许多企业发展过程中一种重要的经营战略行为。从法律上讲，企业并购重组的本质是企业并购重组交易主体之间就资产、股权买卖而发生的一种民事合同行为。并购重组包含了两个不同的企业行为概念：并购和重组。并购一般是指兼并（merger）和收购（acquisition）。兼并一般指两家或更多的公司合并为一家公司，通常是由一家占优势的公司吸收一家或更多家的公司。依照有关法律的规定，合并分为吸收合并与新设合并两类。吸收合并是指一家或多家企业被另一家企业吸收，兼并企业继续保留其合法地位，目标企业则不再作为一个独立的经营实体而存在，兼并企业收购目标企业的全部资产和负债。新设合并指两个或两个以上的企业组成一个新的实体，合并各方解散，原来的企业都不再以独立的经营实体而存在。从法律性质上讲，企业合并的本质是企业人格的合并。重组（restructuring）是指企业制定和控制的，将显著改变企业组织形式、经营范围或经营方式的一切计划实施行为，包括了资产和所有者权益的重组、金融债权的重组和其他战略这三类。

美国的第一次并购浪潮发生在 19 世纪末 20 世纪初，此时正是垄断资本主义形成时期，客观上要求企业依靠并购集中资本，迅速发展。此次并购主要涉及钢铁、石油化工、机器、食品等行业，以横向整合为主，垂直整合为辅，规模巨大，3000 多家企业被并购，全美大约四成的产业资本受 300 家最大的并购案控制。大规模横向并购的结果是行业

集中度大幅提升，很多行业产生了具有绝对影响力甚至垄断地位的行业巨头（如美国钢铁集团、杜邦公司、标准石油、通用电器等），使得美国工业具备了一定规模的现代结构，被认为是美国五次并购浪潮中最基础的一次。

美国的第二次并购浪潮发生在 20 世纪 20 年代，此时正是西方国家第一次世界大战后重建，企业并购活跃。由于反垄断法限制了企业的横向并购，此次并购浪潮的主要形式是纵向兼并，即产品生产过程中处于两个相邻生产阶段上的企业的兼并。最活跃的并购领域有钢铁、铝与铝制品、石油产品、食品、化工产品和运输设备行业等。数据显示，1926—1930 年有 4600 件并购案例，有超过 1 万家企业被并购，行业覆盖公共事业、石油化工、机器等领域，由于 1914 年《克莱顿法》的实施，横向整合得到遏制，垂直整合占据主导地位。总体来说，第二次并购浪潮比第一次并购浪潮的规模更大，产生不少垄断寡头企业，投资银行发挥了重要的中介作用。福特汽车公司就是在第二次并购浪潮中收购了众多企业，形成了一个庞大的生产联合体。

美国的第三次并购浪潮发生在 20 世纪 60 年代。此时美国经济快速发展，科技突飞猛进，企业并购数量增长迅猛，无论从数量上还是规模上都大大超过前两次并购浪潮。多元化并购是第三次并购浪潮的主要特征，投资银行没有太大的动作。60 年代是美国反托拉斯、反垄断最严厉的时期，导致横向和纵向并购的数量受到了限制，多元化并购成为企业扩张的唯一出路。经过这一时期的并购，美国出现了一批业务范围极其广泛的集团企业（conglomerate），包括利顿工业（Litton Industries）、美国国际电话电报公司（ITT）等。

美国的第四次并购浪潮从 20 世纪 70 年代中后期开始，持续到整个 80 年代。此时石油危机已经结束，经济进入复苏，美国传统的产业开始萎缩，新兴产业成为美国经济发展的新增长点。企业通过并购从传统产业向高科技产业转换。本次并购浪潮最突出的特点是杠杆收购快速增加以及垃圾债券的广泛应用。在投资银行的支持下，大量利用杠杆资金进行数额巨大的并购，导致小企业并购大企业的案例也时有发生。例如，资本金不足 20 亿美元的 KKR 借助大量垃圾债融资以 250 亿美元收购 RJR Nabisco，成为本次并购浪潮中规模最大的并购。同时，美国企业的并购目标开始扩展到世界各地，跨国并购开始崭露头角，并购重组成为美国企业抢占国际市场，保持国际竞争力的重要手段。

美国的第五次并购浪潮从 20 世纪 90 年代至今。随着全球经济一体化的发展，信息化革命的到来，金融工具的不断创新为企业并购提供了便利和动机。与之前的四次并购浪潮相比，此次并购浪潮的明显特点为数量最多，规模巨大，仅 20 世纪最后三年间，并购高达 2.9 万次，支付额接近 4 万亿美元，著名的案例包括波音并购麦道，花旗并购旅行者集团等。同时，跨国并购非常普遍，强强联合，跨国合作，造就了一批具有国际影响力的巨型寡头企业，巩固了美国的世界经济地位。

回顾美国企业的并购发展历程，不难发现美国企业并购重组呈现出如下特点：(1) 并购重组是美国企业迅速发展壮大的重要方式，整合型并购是产业转型升级的重要途径，同时资源的垄断集中有助于美国行业的发展，提高其国际竞争力；(2) 并购重组的规模越来越多，方式越来越多，动机也越来越多元化；(3) 跨国并购越来越普遍，成为美国企业扩展海外市场的重要手段；(4) 高效的资本市场和良好的法律环境是企业并购的助推器，投资银行等金融机构在美国企业并购重组中发挥了重要的中介作用。

(二) 中国经济改革开放以来，企业并购重组一直是激活市场的重要力量

1984 年，我国开始出现真正符合现代企业组织形式的企业并购重

组，掀起我国第一次企业并购浪潮。20世纪80年代中期，在"两权分离"原则的指导下全国企业广泛推行承包、租赁经营等方式，在保定和武汉两市首次出现企业兼并，有经营优势的企业有偿受让经营不善、效益差的企业产权，取得良好效果。1986年年末，深圳、沈阳、南京、成都、北京等地开始陆续出现企业并购。在整个80年代全国范围内被兼并企业有6966家，资产转移约82.25亿元，亏损企业减少了4095家。此次并购的特点有：政府在并购重组活动中的主导性较大，各地政府直接参与和干预了企业并购活动。并购活动都是在国有企业和集体企业之间进行，且并购局限于本地区之间。横向并购在这一时期的企业并购中占据主要地位。

我国企业的第二次并购浪潮是发生在1992年邓小平南方谈话后。中国经济飞速发展为第二次大规模企业并购提供了充足的动力。在中央确定了市场经济体制改革目标的情况下，部分优势企业产生了强烈的并购需求，而且我国的资本市场已经初步建立，并购开始走上法制化和证券化的道路。在证券市场初具规模之时发生的第二次企业并购浪潮的特点是：企业并购的规模、范围进一步扩大，大型收购和合并增加，强强联合增加。上市公司股权收购后来居上，占据主要地位，产权转让多样化，境外企业开始参与国内企业并购。并购范围上所有制和地区限制被突破，多种所有制、跨地区并购成为新方向。企业并购由过去的"政治任务"逐步发展为以企业作为主体，并开始迈向规范化的市场行为。

我国企业的第三次并购浪潮发生在20世纪末21世纪初。此时，全球性的企业并购如火如荼，随着我国企业的不断成熟，以及中国加入WTO后，国际竞争压力逐渐增大。同时，在并购活动中政府行政性干预逐渐减少，依据企业自身的愿望和市场的条件来实施的并购成为主流。我国第三次企业并购浪潮呈现出如下特点：强强联合，优势互补，作为企业的一项长期发展战略。企业通过强强联合，尤其是在高技术的交流与合作上，以形成优势互补，达到改善长远的经营环境和经营条件，既实现了资源的优化重组，又增加了市场占有率，提高企业的核心竞争能力。

2013 年"一带一路"倡议发出之后，中国兴起了新一轮并购浪潮，对并购的广度和深度产生重要影响。配合国企改革、多层次资本市场建设、中国经济升级等改革发展红利，中国第四轮企业并购浪潮方兴未艾。这一轮并购浪潮将呈现出如下新趋势新特点：（1）并购目的（提升企业国际竞争力）、并购数量与并购交易金额将出现质的飞越；（2）并购成为各个行业普遍存在的现象；（3）并购支付方式发生改变，股权和"股权＋现金"支付方式所占的并购金额比重正在上升；（4）在政策支持方面，我国政府对企业并购重组的政策支持力度前所未有；（5）在企业"走出去"的战略助推下，我国海外并购正处于蓬勃发展的黄金时期。

近年来，国家对企业并购重组的法制规范进一步明确，管制政策进一步放松，通过取消要约收购行政许可、丰富要约收购履约保证制度等，旨在简化审批环节、放松行政管制、加强事中事后监管、提高并购重组效率，进一步规范和促进并购重组快速发展，并购重组市场化程度进一步提高。2014 年，先后颁布了《国务院关于进一步优化企业兼并重组市场环境的意见》（国发〔2014〕14 号）、《国务院关于进一步促进资本市场健康发展的若干意见》（国发〔2014〕17 号），对并购重组审批制度简化、充分发挥资本市场作用、金融服务财税政策支持、体制机制完善等方面都提出了明确的要求和政策支持，强调应充分发挥资本市场在企业并购重组过程中的主渠道作用，强化资本市场的产权定价和交易功能，拓宽并购融资渠道，丰富并购支付方式，符合条件的企业可以通过发行股票、企业债券、非金融企业债务融资工具、可转换债券等方式融资；允许符合条件的企业发行优先股、定向发行可转换债券作为支付方式；鼓励证券公司开展兼并重组融资业务，各类财务投资主体可以通过设立股权投资基金、创业投资基金、产业投资基金、并购基金等形式参与兼并重组，并购支付工具逐渐丰富。在此基础上，证监会发布了新修订的《上市公司重大资产重组管理办法》和《上市公司收购管理办法》，以"放松管制、加强监管"为理念，采取多项举措，持续推进并购重组市场化改革，包括扩大配套募集资金比例、公开反馈审核意见、实行审核分道制、协调推动财税部门完善并购重组税收政策等。

从中国"南北车合并"案例来看，并购重组有利于提高国际竞争力，增进业务协同，提高国有资产盈利能力，对深化国企改革具有积极示范效应。2014年，中国南车通过换股形式完成了对中国北车的并购交易。一方面，有利于提高国际竞争力，避免恶性竞争，重组后的新公司将跻身世界500强之列，在全球轨道交通装备市场份额与行业地位上也将大大提高；同时，新公司还将对公司品牌形象、发展规范和整体经营的战略进行统一规划，力求从投资到生产到销售再到团队建设、全球市场布局予以整合。另一方面，有利于增强业务协同，一是优化了产品体系，为客户创造了更大价值；二是统筹了研发资源，加速实现了核心技术突破；三是统筹了规划，提高了生产和投资效率；四是整合了供应、销售体系，提高了品牌影响力，使得两家公司在研发、生产、采购、销售等领域充分发挥协同效应，资源合理配置，提升公司整体实力，实现"1+1>2"。

从微观上来看，企业并购重组的优势不仅使企业做大，而且使企业做强，证明了企业并购重组是企业由小到大、由弱到强的一种基本方式。从宏观上来看，推进企业并购重组则可集中优质资产，从而实现资源的合理配置，促进产业结构的升级。

在资本市场上，上市公司并购重组交易活跃度不断增强，交易数量从2006年的648起增长至2016年的2486起；交易金额从2006年的1641亿元增长至2016年的23910亿元，远高于国内同期GDP增长速度。

与此同时，平均每单交易规模也从 2006 年的 2.53 亿元上升至 2016 年的 9.62 亿元。在经济转型、行业整合加速的大环境中和促进并购重组政策的推动下，市场的成熟度和活跃度均实现了巨大提高，也为我国经济转型发展贡献了巨大作用。

（三）积极推进企业并购重组，有助于化解中国经济困境并促进经济升级

对于产能过剩的行业来说，并购重组是有效达到去产能、去杠杆的重要方法；对于新兴行业来说，强强联合、以强并弱等并购重组是实现规模和效率快速提升的有效手段；对于较为成熟、发展潜力较大的行业来说，并购重组也是扩大已有优势的有效方式。

首先，适度提高产业行业集中度，实现规模经济。

企业发展需要良好的产业环境，而合理的产业结构是十分重要的。产业内的大规模横向并购，可以适度提高产业集中度，防止国内产业行业内部的低层次无序竞争。企业通过并购可以降低固定成本；拥有更大的生产和销售规模，在与上下游供应商和经销商进行协商谈判时将具有更大的话语权；可以通过合并减少重复设置的部门，消减重叠的职能，进而降低支出，产生协同效应，最终可以获得规模经济。

当前，我国许多产业行业存在集中度过低，低层次无序竞争的问题，导致企业盈利能力低下，创新能力不强，技术水平不高，尤其在国际上竞争能力不强。典型的如汽车、钢铁行业。

我国钢铁产业曾经是高炉林立，能耗极高，我国有 2600 多家钢铁企业，前四大企业行业集中度仅为 20%，远低于欧盟的 90%、日本的 75%，以及美国的 53%。高度分散化还带来了环境污染、低层次产能过剩、创新能力不足等一系列问题。产能淘汰与产业整合成为我国经济转型升级中的关键一环。

　　美国早在 20 世纪初，就通过产业内的企业之间的并购为主，以达到规模扩张和垄断形成的效果。如 1901 年，J.P. 摩根收购卡耐基钢铁公司及其他 780 多家独立小钢铁厂，组建美国钢铁集团，其产量曾占到美国钢铁行业总产量的 65％。行业集中度的提高一度使美国钢铁行业的全球竞争力大大提升。

　　并购重组是产能过剩行业消化、转移和淘汰过剩产能的重要手段，对于传统产业，产业间的并购、重组、整合可以有效控制行业内市场竞争者的数量，减少无序和恶性的竞争，企业可以借此机会调节产能，提高全要素生产率。最终，市场供需失衡的状况将会得到缓解，过剩的产能将会得到有效释放，整个社会的经济结构也将会调整平衡。同时，并购重组对于新兴产业而言，横向并购可以帮助企业拓宽产品线，进入新市场；纵向并购可以帮助企业延伸产业链，进入细分行业。目前，传统产业和新兴产业也都在充分利用并购重组来实现自身的转型升级和快速发展，并购重组无疑是快速整合过剩产能、优化资金与技术的配置、开拓新领域、实现规模经济、提升资本效率的有效途径。

　　其次，清晰制定并购战略，促进整合型并购，实现技术进步，提升企业经营效率。

　　清晰制定并购战略，通过一系列境内外横向一体化、纵向一体化、跨界、转型等并购重组，使得相关产业的企业在内生发展的基础上，能够通过外生动力，在短期内积累资源、人才、技术、产品、渠道等优势，淘汰落后产能，提升生产力和竞争力，实现规模效应和协同效应，进一步有效推动实体经济进行必要的转型和发展。横向并购能够推动企业多元化、业务转型，实现规模效应，确立市场优势地位；纵向并购能够推动产业链向上下游延伸，提升企业利润水平和竞争力；跨界并购能够推动企业跨行业协同发展，产业转型升级。

　　实体经济、企业赖以发展壮大的根基是技术研发能力，企业战略性并购可以获得被并购方的高端技术和品牌，实现产业链、价值链由低层次向高层次的逆袭；也可以通过并购其他产业行业的具有高端技术的企业，趁机进入新兴行业。基于此类并购具有明确的战略目的，一旦收购成功，企业将获得高端技术和品牌，竞争能力将大大增强。但近些年来，西方各国出于政治、意识形态、国家安全、技术流失等原因，对我国企业发起的跨境并购交易非常警惕，经常以国家安全、反垄断审查为名加以阻止和否决，使我国企业走出去，参与和融入国际市场面临诸多困难。为此，我们必须注意并购的策略，遵循国际惯例与规则，使用国际上通行的方法。

企业并购通过产权交换、市场协同和内部契约等全面整合后，降低了企业之间通过市场讨价还价的交易成本，横向并购实现了规模经济，纵向并购实现了协同效应。美国在 20 世纪二三十年代，通过纵向并购形成了两大汽车行业寡头福特汽车和通用汽车。福特汽车形成了庞大的联合生产群，其产品范围极其广泛，从焦炭、生铁、钢材到汽车零部件甚至是皮革、玻璃、橡胶等。国内中粮集团打造"从田间到餐桌"食物产业链，实现了整个粮油食品链条从种植到食品营销的畅通无阻。

最后，活跃资本市场，激活直接融资。

资本市场是产业并购的重要平台，在并购重组、盘活存量上发挥重要作用，为国企国资改革、化解过剩产能、僵尸企业市场出清、创新催化等方面提供专业化服务，加快对产业升级的支持力度。上市公司并购重组既是企业做大、做强的有效途径，同时产业并购所需的资金、尽职调查、咨询等服务，可有效促进资本市场参与者（如券商等专业化融资机构）服务能力，提高市场股权交易活跃度，为市场发展注入活力，充分发挥市场对资源整合的基础作用。从估值指标来看，并购重组有利于上市公司市值的提升，短期效果优于长期；从成长能力指标来看，并购重组对于上市公司加速发展具有助推器的效用；从盈利能力指标来看，并购重组使上市公司增量又提效；从营运能力指标来看，虽然整合困难不容小觑，但整体资源运转效率肯定会有所提高；从偿债能力指标来看，虽然短期无影响，但长期有改善趋势。

（四）加快推进我国企业并购的政策建议

为加快推进我国企业并购重组，充分发挥并购重组在供给侧结构性改革中的重大作用，亟须在政策、法律法规、融资、财税、人才等方面采取综合配套措施，有效解决企业并购中存在的障碍。

1.准确把握企业并购重组趋势，并使之成为国家战略指引

针对中国市场企业并购重组面临的突出问题，借鉴国际成功经验，国家战略层面要把握好企业并购重组趋势：一是过剩行业企业之间的横向并购趋势。产能过剩是经济结构调整的瓶颈之一，通过企业之间的横向重组，可以提高行业集中度，促进规模化、集约化经营，提升单个企业和全行业的国际竞争力。因此，规模空前的横向并购应当成为过剩行业的发展方向和调控导向。二是产业链高端企业的纵向并购趋势。我国经济结构不合理的表现之一就是产业链不够完整，企业普遍处在产业链的价值低端，劳动密集、耗费资源、生产行为附加值低。纵向并购是同一产业链上下游企业之间的并购，通过纵向并购可以获得产品资源、销售资源、技术资源、品牌资源，甚至行业准入资源等，是解决我国当前经济结构中现存问题的有效策略。三是以上市公司为主导的市场重组趋势。上市公司已经成为我国企业的主体力量，同时上市公司的重组透明度相对较高，国际国内标准化程度高，更为规范，也更容易操作。我国近年来颁布了《上市公司收购管理办法》《上市公司重大资产重组管理办法》等法规，上市公司重组的规范程度日益提升。但上市公司重组过程中仍然面临要约收购制度不完善、定价机制市场化程度不高、行政管制过多等问题，需要逐步建立一种弱化实质审查、偏重信息披露和保护

小股东利益的监管机制，从而使上市公司真正成为并购重组和产业优化的主导力量。

总体而言，应坚持企业并购以提升企业技术水平、市场影响力和运营效率等综合实力为目的，避免单纯为扩大企业规模而开展并购。企业开展并购的最终目的应为提升企业的产品竞争力，通过与并购标的之间的协同效应，提高企业资本运营效率，为股东创造更大的回报。因此，我国企业并购重组应逐步摆脱前几年单纯以获取资源、扩充产能、扩大市场份额为目的的资产并购，向以弥补技术缺口、产业链整合、渠道获取为目的的产业并购转变，应鼓励部分有条件的企业积极尝试以获取技术为目标的对外直接投资。近年来，我国企业已经对这一点有所认识，市场并购热点已逐步从房地产、矿产资源等重资产行业逐步转向能源、信息技术、高端制造、医疗健康、文化传媒等重技术行业。对国有企业并购，尤其是海外并购的目标进行限制，还可以进一步防控海外投资因行业周期而大幅亏损的风险。

2. 充分尊重企业的市场主体地位，坚持市场化运作，减少政府的不合理直接干预

企业并购要充分尊重市场规律，应基于产业的发展逻辑，赋予企业足够的契约自由和选择空间，让市场主导型并购成为主流。政府的职责应当着眼于制定宏观政策、提供财政税收便利、简化审批流程、畅通信息渠道、落实社会保障等方面，要坚决避免那种拉郎配、瞎指挥、设关卡、拖程序的现象。要真正以市场为导向，以企业为主体，为企业并购重组提供支持服务而不是管制约束，激发市场活力。

地方政府转变发展战略和施政理念，打破"地区界限"桎梏，进一步破除市场分割和地区封锁。要认真清理废止各种不利于企业兼并重组和妨碍公平竞争的规定，尤其要坚决取消各地区自行出台的限制外地企业对本地企业实施兼并重组的规定。与此同时，地方政府可根据区域特

色积极引进符合当地产业特点的产业基金，参与到当地企业的对外并购项目当中，为当地企业对外并购提供多样化融资渠道。另外，要优化中央对地方政府考核制度，制订合理的地区间经济利益分配机制，进一步缩减审批事项，同时对那些短视做法施以责任追究和考核惩戒手段，使全国"一盘棋"、经济大布局的设想真正成为现实，在全国形成竞争有序的统一市场，而不是带有地方保护主义色彩的分割的市场。

进一步健全企业并购的法律法规体系，为企业并购重组活动提供良好的总体法制环境。完善法律制度，建立健全一整套法律保障体系，使得企业能够在并购等经济活动享有秩序化产权交易市场、明确的政策法规、规范的政府行为、法律化的国有资产管理方式、完善的金融体制和合理的收购程序等，才能使并购重组行为真正纳入法律轨道快速发展。

同时，还要完善操作规程，建立长效机制。在企业并购过程中，跨所有制的兼并在审批、税收、定价、社会认可度等方面都存在较大不确定性，民营企业兼并国有企业的操作流程存在制度设计不完善的缺陷。当前，我们需要借助并购实现国有企业"混改"，应当制定民营资本重组国有企业的详细操作流程，进一步完善国有资产定价机制，扩充建立信息平台，提高国有企业重组交易的透明度，斩断公权力寻租的空间，消除社会公众疑虑，真正为民间资本助力经济发展提供制度支持，争取借助重组手段既优化经济结构，也改善主体产权结构，推动建立经济发展的长效机制。在支持我国企业跨境并购的过程中，加快推进与外国政府的投资协定谈判，扫清我国企业跨境并购的法律障碍。

3.制定积极的企业并购重组融资政策，破解信贷动力瓶颈与高杠杆风险并存难题

企业并购重组的本质某种程度上完全可以归结为一种融资活动，融资方案必然是重组方案的核心部分。但在当前中国，促进并购的金融产品创新仍无法匹配市场需求，无论是贷款、股票、债券、信托产品，还

是金融机构的参与程度，均处于萌芽阶段。一是并购支付手段仍然相对匮乏，目前国内上市公司并购重组采用的支付手段主要有三种：现金支付、资产置换和股份支付，其中股份支付是境内并购重组交易中最主要的支付手段。但由于国内股票市场频频出现异常波动，这就使得以股份支付为主要手段的方式，往往会给交易对方带来不可确定的风险。另外，一些注重上市公司控制权的股东为了避免其持有的股份被稀释，或是防止控制权的丧失，往往并不愿意通过发行股票进行项目融资。二是与欧美等西方成熟资本市场相比，我国传统的并购融资支付工具，如普通股、贷款、中小企业融资等同样存在诸多因为体制机制设置不合理而带来的缺陷，无法给并购重组提供必要的融资支持。并购支付手段的匮乏已成为目前制约市场化并购交易的一个重大障碍。因此，中国推进并购重组，首先就要丰富融资工具、完善融资体系，为并购重组打造强有力的"发动机"。

首先是尽快制定优先股发行细则。优先股是国际资本市场上广为采用的一种融资方式，在企业并购重组过程中，发行优先股可以减少现金和股份占比，并且优先股风险收益机制简单，更受稳健投资者的欢迎，是资本市场上不可或缺的融资工具。我国金融和实业界近年来一直呼吁建立优先股制度。但我国《公司法》并未明确规定优先股，有关优先股的操作细则也尚未出台，因此这种融资方式仍然处在探索论证阶段，亟须通过国家出台发行细则的办法改观局面。

其次是逐步引入杠杆收购融资。杠杆收购是并购发起公司支付较少成本，而主要通过抵押贷款、目标公司未来收益质押借款、发行高风险债券等方式进行融资，并且最终完成收购的一种方式。杠杆收购是小公司收购大企业的常用方式，在投资能力不足或者并购市场低迷的情况下，完善的杠杆收购制度还具有激发市场活力的效果。针对我国当前中小企业融资能力不足、并购市场资金分配不合理的状况，杠杆收购融资方式意义重大。但我国并无完整意义上的杠杆收购融资机制，当前可从监管层面入手，培育理念、放松限制、鼓励尝试、逐步完善机制。在杠杆收购模式完善之前，可以从政策上鼓励商业银行给予中小企业并购贷款更多的支持。如在政策上引导产业基金发挥其对行业有更深入了解的优势，为中小企业的并购项目做增信，使其可以更快速获得更低成本的并购贷款。

最后是完善可转债发行审批制度，将可转债纳入并购融资体系。可转债兼具权益融资和债务融资的功能，在企业并购重组融资体系中属于混合工具。我国可转债制度虽已建立 20 余年，但发展迟缓，可转债目前在债券市场总量中的占比不足 0.3%，融资功能极大受限。形成这种局面的主要原因在于发行可转债的审批条件苛刻，与公开募股一致，发行成本远远高于银行贷款等方式，因而对企业缺乏吸引力。应当放宽可转券的审批条件，同时增加定向可转债品种，明确将可转债纳入并购交易融资体系，丰富并购融资工具。

4. 完善财税政策，实施精准化的企业并购重组的财税支持措施

并购重组的重要因素之一是税收安排。在美国的历次并购浪潮中，都存在利用财税杠杆调控和支持企业并购的导向。目前，我国企业并购重组既有税收成本较高的问题，也存在企业利用并购交易中的税收漏洞，逃税和转移利润的问题，而且不同地区的税收征管政策也不相同。为了解决这些问题，国家税务总局近几年连续出台文件明确了企业重组的所得税处理的一般原则及营业税的征收范围，但在无形资产计税方法、目标公司遗留税务处理、税收总体成本控制等方面还存在较多问题。除税收外，工商登记配套流程对重组过程中必然发生的资产转移也会形成阻碍。因此，从税收、工商层面进一步完善专门适用于企业并购重组的配套政策对调动企业实施并购的积极性具有重要意义。对于特殊行业或者特定领域，我国也可以借鉴西方国家做法，设立专项财政基

金，对企业的并购重组行为给予直接扶持，真正为企业创造一个畅通、效率、盈利的市场环境，服务于经济结构调整大战略。

同时，应完善并购重组中的反避税政策。特别从跨境并购交易的发展来看，现行并购税制还远未深入到并购交易的各个环节，未完全涉足并购交易中的其他避税领域。因此，应当结合我国有关反避税的政策规定，深入研究并购重组交易中的避税问题，制定相关的政策，从而有效阻止避税型并购重组交易行为的产生和蔓延。

5.进一步完善破产重组和主体退出制度，为结构调整扫清障碍

破产虽是一种相对微观的法律制度，但破产重组和破产清算在并购重组领域一直扮演着重要角色，我国上市公司重组交易中约 1/3 是通过破产重组完成的。对于结构调整的大战略而言，破产重组和清算退出制度具备有效资产再利用、信用恢复、消极主体清退等多重功能。当前制约我国企业进行破产重整和清算退出的因素主要包括：一是政府对破产案件干预过多，尤其是涉及国有企业的破产案件基本上是由政府工作组，而不是法院或债权人主导。二是有些地方政府抵制破产重组手段的使用，认为下属企业破产会影响当期政绩和施政声誉，阻碍落后淘汰企业申请破产。三是破产债权人利益保护的问题一直未能解决，破产程序的公正性一直备受质疑，被称为"逃债程序"，实践中多数债权人更倾向于抵制债务企业破产重组或清算等。

要想充分发挥破产重组和退出制度对于结构调整的巨大功效，必须对现有破产制度进行改造，同时更要对破产案件的配套环境进行整肃。首先，要尊重企业的破产自主权，让企业根据自身情况和市场规律决定是否申请破产；其次，要确保债权人对破产程序的主导权，保护破产债权，维护程序公正；再次，要优化破产财产转让和估价机制，使破产企业有效资产的处置走上透明、公开、保值增值的轨道，加速资产的流通和利用；最后，要加大对破产企业职工利益保障的倾斜力度，减少不

稳定因素，消除后患，真正使地方政府和企业敢于使用，并且能够有效利用破产重组和主体退出的手段，从而为经济结构调整清道扫障、加油助力。

6.加快并购人才培养

企业并购涉及战略设计、目标筛选、尽职调查、价值评估、方案制定、交易谈判、交割、并后整合等过程，需要各方面人才支持。在企业并购过程中，除企业本身外，还需要引进财务顾问公司、法律事务所、会计师事务所、税务顾问机构、资产评估机构、咨询公司、并购贷款提供方以及其他第三方服务机构，在企业并购活动中需要众多的人才共同合作才能完成任务。因此，当前我国迫切需要加强并购基础性人才队伍建设，为企业国内外并购提供融智服务。特别是引进培养熟悉国内外经济法律和监管法规、熟悉投行业务、相关产业发展等具有国际证照的复合型人才。

附录:

佛山民营企业调研实录

为了了解当前民营企业投资意愿的真实情况,我于 2018 年 11 月下旬到广东省佛山市进行专题调研。选取的两家民营企业具有一定的市场领先性,他们就我关心的问题,谈了真实的感受,提出了一些有价值的建议。

1. 目前,经济增长速度趋缓,企业投资意向减弱,您是怎么看待的?

××压铸股份有限公司:目前,企业需要适应经济环境变化,由于中国市场的集中度不够,小企业参差不齐,压铸行业就有 1 万多家企业,但这些企业将来大部分会被淘汰,预计 80% 的企业会被淘汰。未来的企业,或者规模做大,占领较大的市场份额;或者更加专业、精细,拥有不可替代的核心竞争力,才能在市场中立稳脚跟。

目前,行业内的上市企业,规模较大、有着发展潜力的先进制造企业都有着投资的需求,投资是增长的。但更多的低端落后中小企业没有资本投资,看不到发展的空间,导致没有意愿投资,所以总体的投资呈下降趋势,这是正常现象。

2. 目前您觉得影响企业投资的因素和方向是什么?

××压铸股份有限公司:我们行业内有些企业到国外投资工厂,但并没有成功。因为他们多是直接投资建设独资企业,没有真正借力国外市场和平台,成功机会自然会少一点。就如国外企业到中国投资,通常会通过与国内企业合资的方式来投资,融入本土化市场和平台。企业真正要做大做强,还是要走出国门,中国内部的市场竞争太激烈,竞争者太多,单纯靠中国市场,是无法满足企业的发展要求。目前国外市场,特别是欧美市场对压铸行业比较有利。虽然中美贸易摩擦导致社会上很多顾虑，但美国自身不生产压铸产品，必须从国外引进，即便是加征关税，仍然对出口影响不大。目前很多欧洲人、印度人都到美国投资压铸企业，满足美国市场需求。

还有一种说法是环保要求对企业的发展压力很大，实际上冶炼工厂的环保问题已经完全可以通过技术解决。但环保设备前期投入会比较大，这也使得只有有能力、有实力的企业才能做到，这是正常现象。达不到环保要求的企业被淘汰，对市场发展是有利的。国家环保要求高，有利于市场健康发展，但不能搞一刀切，需要建立一个合理的行业环保标准，使符合标准的企业有信心持续加大投资，不用担心和环保标准低的企业一起被关停或限产。

3. 如何看待劳动力成本的上升？

××压铸股份有限公司：对于企业来说，劳动力成本上升并不是主要问题，目前主要问题是企业的税费负担比较重。税费影响企业的经营成本，也影响员工的收入，也减少了投资与消费的意愿。如社会保险的缴纳，对员工的收入影响比较大。制造企业的员工大多出身贫困群体，急需更多的收入来改善目前的生活，而社会保险等的缴纳比例过高，反而减少了员工当前的实际收入。而企业要增加员工工资，还要覆盖社会保险等的缴纳额，进一步增加人力成本。例如，原来社会保险收缴职能在人力资源和社会保障局，企业是按最低工资为基数缴纳；现在移交税务局，企业须按缴纳个税的基数来缴纳，给企业增加了很大一块人力费用，加重了企业的负担，对企业用工意愿产生极大的影响，长期来说不利于缓解社会就业压力。

银行融资利息占企业成本比例是比较小的，关键是减轻税费与社保等费用的负担。税费、社会保险负担基本占了企业销售额的30%，减轻税费是企业非常希望得到的支持。同时建议，工资作为企业成本的主要部分，可否考虑作为增值税的进项抵扣，以此减轻企业负担。

目前国家减轻企业税费，实际上是税费名目减少了很多，但税费总额并没有减少很多，也具有一些不合理性。

如政府规定企业必须按比例提供残疾人就业岗位，否则就按差额缴纳残疾人保证金，实际情况上，市场上残疾人待业人数是不足的，企业很难招聘足够的残疾人达到规定比例，与政策初衷不符。且残疾人保证金以前按企业的最低工资（如 1800 元）为基数缴纳，现在按企业人均工资（约 6000 元）为基数缴纳，导致企业成本进一步增多。

4. 企业发展还有什么其他方面的需求？

××压铸股份有限公司：发达地区政府对企业的服务比较好，给予企业的帮助很多，希望这种优质的政府服务机制能够得到广泛地推广。

5. 当前，民营企业占据了中国经济的半壁江山，对中国经济影响很大，但从 2017 年下半年开始，民营企业的投资增速不断在下滑，尤其是制造业投资意愿不强，您是怎么看待的？

××新材料股份有限公司：现在投资收益率低、投资周期太长而且政策非常不稳定，企业用脚来投票，必然导致投资意向低迷。

目前企业家都不愿意投资制造业，主要是当前国内的制造业大多是低端制造业，盈利能力以及品牌形象远不及终端品牌，如 ×× 品牌等，它们的主要商业模式是现场设计—确定方案—消费者预付款项，付款到配装一般一个月到三个月时间，这段时间向工厂购买的家装产品是积压在工厂的，供货厂家的回报期很长。做终端品牌，收款快收益高，而供货的低端制造工厂，收款周期长，收益低，相比之下，投资者就更愿意选择终端品牌。

当然，企业家的投资，不能只看短期的回报。一年的投资周期，很难达到预期，而五年周期，规划就会很清晰。但因为市场环境影响，很多企业家不愿意看长期周期。就如企业研发了创新项目，但它的市场预期不明朗，投资者很谨慎，银行也谨慎，那企业要获得项目启动资金就很难。但一个企业还是要技术创新，还是要看长期的规划，就如五年的周期，即便其中一年盈利负增长，但五年的综合收益是增长的，那也是有很好回报的项目。

6.目前中国股市低迷，作为上市企业，是否感受到很大的压力？

××新材料股份有限公司：对于我们公司来说，压力并没有太大。作为上市企业，我们资产负债率比较低，也没有股权抵押，同时，我们的业绩保持前进。在经济下行的时候即便业绩没有任何变动，其实都是最好的。目前我们的资产负债率已经下降到30%左右了，我们还在主动下降，保持稳健经营。作为一个企业的董事长，我首先要研究宏观的经济周期，宏观的周期一般来讲就是四个阶段：滞胀期、衰退期、复苏期、成长期。我认为已经在衰退期了，我们公司上市的时候是滞胀期，我们没有必要在滞胀期和衰退期过于激进。在经济下行的时候，大家的心理预期都下降了，一定要等到有真正的投资价值的机会，才会去投资。

一个企业要生存，还是需要投资研发，特别是经济好的时候要想着转型，要想着研发新品，这样才能走向资本市场。企业要有三年、五年、八年的规划，要研究的整个国家的宏观经济、国家的基本政策、整个企业的运营质量等等，这是一个系统的工程。

7.最近一段时间，社会上一些人士预期经济进入了衰退期、下行期，也造成了部分企业家的投资意愿降低，那么您是如何看待这种预期的？

××新材料股份有限公司：第一，我个人觉得经济增速下行是正常现象。现在许多行业都是乱象丛生的，必须要洗牌。很多行业内的企业发展质量差、偷税漏税、环保也不达标，它们继续经营下去，不利于中国经济的健康发展，经济下行能够淘汰这些差的企业，让优质的企业发展下去。

第二，经济下行也要看政府的预期以及政策的调节。如果政府降低税负，加强收税监管与偷税漏税处罚，对经济回暖有良好的影响。低端制造业偷税漏税现象比较严重，如果不加强监管与处罚，这些制造企业的成本就会很低，也导致很多企业家不愿意做研发、设计、品牌、渠道。而通过 OEM 把低端生产环节下沉给低端制造企业，而不是直接投资支持它们转型升级，是不利于行业升级发展的。

可以看出，目前很多企业只是在商业模式上做文章，而不是真正推动制造业的转型升级，因为投资预期很难达到。我们公司 2013 年在安徽投资了一个工厂，直到 2015 年下半年才开始投产，其后 9 个月是亏损的，最后好不容易才扭亏为盈，然后又注资几亿元，但到现在销售额也才 3 亿元左右。这个工厂实现了信息化、智能化、现代化，成本低，产能很高。但我可能以后都不会考虑投资类似的工厂，这样的投资回报低、回报周期长，达不到投资的预期。

第三，我个人还有一个观点，中国的很多行业产能都是过剩的，不管是国际市场还是国内市场。因为中国的很多企业家都有一个思维误区，就是"规模效应"，他们永远认为"规模效应"是一个企业发展的利器。其实他没有想到，真正产能大到一定程度，企业营销已经是饥不择食了。企业饥不择食的时候，利润是不会高的。就如，企业投资工厂，工厂是转移不了的，固定资产是要折旧的，工人是需要工资的。如果有订单，还可以维持下去。如果没有订单，就会有企业通过偷工减料来降低成本，以非法的方式残存下去。这是中国绝大部分制造企业的思维。而欧美的企业家的思维，是更多是通过市场淘汰，将低端企业淘汰掉，留下高端的企业发展。

第四，中国职业经理人机制还很不成熟。目前，中国大多数的企业家年龄比较大，还是比较缺乏有朝气、有能力的年轻职业经理人。

第五，国家政策的不稳定。目前，企业家所担心的，是国家的政策具有不稳定性，包括金融政策的不稳定。在这样的背景下，企业家顾虑很多，宁愿做大轻资产，也不愿意投资重资产，以保证能够应对众多的不确定性。

第六，企业用工招人难，用工成本持续攀升。目前制造业用工主力是"90后"，但"90后"很少有人愿意投身制造业。他们不愿从事这么辛苦的工作，也不愿意受到约束。

第七，政策差异化倾斜有助于制造业发展。目前，很多企业正在从制造商向综合服务商转型，就是做强设计、服务、品牌、渠道，向低端制造业推行 OEM 模式。因为这样的模式投资相较低，且回报率高。如果政府通过税收差异化政策，降低制造业的税收，提高服务业税收，可能会对制造业有良性影响。因为资本都是向有资源优势的一方倾斜的。

8. 企业的发展，在很多时候是通过并购来实现的，对于并购，您更看重什么呢？

×× 新材料股份有限公司：面向欧美市场，我们看中的是并购品牌和技术，这也是我们努力寻找的标的。但在中国，技术标的不多，我更看重的是品牌、渠道。当然，并购也要看时机，会经过谨慎地分析，才会并购，否则，即便从银行贷到资金，也不会轻易使用。

很多中国企业贷到了款，就盲目投资扩张。这样可能在市场初期，在供不应求的时候，能够得到收益，能够成功。但企业自身市场能力和研发能力都没有提升，一旦市场不景气，供过于求，就全部变成了产能过剩。这时，为了生存企业就打起价格战，但治不了根本，最后企业还是还不上贷款。这就是企业家思维方式出现问题。

9. 目前，新零售业正在兴起，很多企业往着综合服务商的方向转型，您是怎么看待的？

×× 新材料股份有限公司：用新零售业和制造业做对比，在中国为什么会出现新零售业是高端，制造业是低端呢？从现金流的角度来讲，新零售业的现金流就比制造业充裕很多；从终端消费者来讲，中国是一个消费大国，消费者更多是认可终端的消费品牌。比如消费者购买橱柜，消费者会想到买欧派，但不会想到代工欧派产品的制造企业。企业最终看重的还是投资收益率，把品牌、渠道做好了，生产环节转移出去，交给低端制造业，所得到的收益率就会最优。

10.社会上有一种观点，企业家不愿意投资，就是银行的融资成本太高。影响企业收益的因素很多，您看来什么是主要因素？

××新材料股份有限公司：我觉得绝对不是银行的融资成本问题。如果从重要性来分析的话，这个因素顶多占5%，甚至3%，甚至更低一些。主要因素还有工资、社会保险，这些要素成本都在不断地上涨，还有人员招聘难，用人成本上升，这些都影响着企业经营成本。

11.据您的了解，在中国发展制造业和在美国、欧洲发展制造业的差别在哪里？

××新材料股份有限公司：欧美市场人力资源成本很高，是中国的6倍左右。但相较之下，其他要素是中国的成本高，中国的土地成本、交通运输成本等都比欧美高。欧美的企业人均效益（人均产值）大约是中国企业的1倍。所以并购欧美的企业有一个好处，并购后欧美企业总体效益即便对比并购前下降，打了折扣，那仍然比国内企业效益水平要高。未来中国制造要转型，一定是朝着欧美的研发、设计、品牌、渠道方向，这也是制造业的唯一出路。同时中国制造一定是要朝信息化、智能化这一方向迈进，制造业绝对不能再去做低端。

12.作为一家在制造业处于领先水平的企业，对金融的需求不再是过去传统的贷款，是否更倾向于并购贷款的需求，以及相应财务顾问、并购融资安排的金融服务？

××新材料股份有限公司：是的。而且，政府目前着力解决企业融资难的问题，解决担保、抵押的问题，更多的是解决低端制造业的融资问题，对于中高端制造业并没有太大的帮助。

13.并购作为企业未来商业模式的转换和升级的途径，银行能够在

哪一些方面进行服务优化，才能适应企业并购的需求？

××新材料股份有限公司：对于企业来说，并购项目需要提前规划，也需要对可支配资金的提前规划，目前很多并购融资都需要很长办理流程，可能企业谈好了并购项目，但融资流程时间太长而迟迟不能落实；或者有些企业无法估摸能够获得多少并购贷款，也没有底气去谈并购项目。故建议能否企业和银行先行协定一个并购框架协议，银行给予企业一定的并购贷款额度，并预设条件，在条件内企业可适时支用贷款用于并购项目，如果无法达成条件，协议就作废。这点对于企业有效实施并购，对于银行提前锁定业务和客户来说，都显得大为重要。希望银行能认真研究，推出更加符合并购行为特质的信贷品种。

您还有其他的建议吗？

××新材料股份有限公司：希望政府能够增加政策的连续性和可预期性，让企业家能够有坚定的信心规划发展方向。

第三章

区域经济分化考验地方政府智慧

区域经济分化是中国经济发展过程中始终说不完的话题。有人抱怨经济结构调整，有人抱怨发达地区的吸金效应，但进一步观察不难发现，改革开放以来的区域资金流向，并不完全遵循由不发达地区向发达地区流动的一般规律，而是出现了由经济不活跃地区向经济活跃地区流动的新趋势。逻辑上，经济活跃程度成为决定资本流向的关键，决定经济活跃程度的主要因素是营商环境，而主导营商环境的核心因子是政府行为。

一、从争取政策倾斜转向改善营商环境

从几年前东北地区经济下滑引起高度关注，到 2018 年全国开始讨论南北经济差距拉大，研究者的目光都很自然地聚焦在地方政府行为方式上。对比南北方的差异，地方政府介入经济发展的程度不是决定增长的关键，重要的是地方政府是否营造了良好的营商环境，以及通过何种方式优化营商环境。

2018 年以来，中国经济区域特点发生了明显变化，不仅继续维持

东部、中部、西部地区的经济水平阶梯特点，还叠加了南北方经济发展的差异，尤其是南北经济差异更是引起广泛关注。2019 年上半年各地经济数据陆续公布，城市 GDP 百强尘埃落定，GDP 排名前十的城市分别是：上海、北京、深圳、广州、天津、重庆、苏州、成都、武汉、杭州。前十城市中仅北京、天津两座北方城市，其余全部在南方。而前 20 城市中南北分布的比例是 15∶5，南北方经济发展分化的趋势十分显著。比数据差异更大的是市场主体的直观感觉，越来越多的投资者选择南方。2017 年上市企业投资项目资金分布中 69% 投向了南方地区，只有 31% 投资在北方。截至 2019 年一季度，南方城市上市公司的总市值是北方城市的两倍。

值得注意的是，近两年一些东北地区的企业投资也开始向南方倾斜，据统计东北地区上市企业投资中超过 30% 选择了南方地区。过去几年被广为讨论的东北现象，在北方地区不少省份有蔓延趋势。很多人将北方地区经济失速简单归结为速度换挡和产业转型的特殊时期所致，这样的观点虽然有些道理，但容易让人忽视区域经济分化背后的本质原因。显而易见，导致经济区域分化的最直接因素是投资。虽然近年来在驱动经济增长的"三驾马车"中消费的作用越来越重要，但数据分析显示，投资在驱动经济增长中的作用丝毫没有削弱。1978—2008 年，中国主要地级市的 GDP 增速与投资增速间的相关系数为 0.81，2018—2019 年这一相关系数增加到 0.84。表面上的现象是东北地区的年轻人"孔雀东南飞"，大量向北京、上海、广州迁移，背后更主要的原因是资金流动的吸引力。

我们注意到，改革开放以来中国地区间资金流向变化的驱动因素发生了显著变化。过去在行政配置资源为主的情况下，政府主导的项目投资可以在很大程度上影响地区间资金流向，例如中华人民共和国成立初期大量重点项目集中在东北地区，使东北地区经济在很长一段时间内领跑全国。随着经济体量的增加和市场化程度的不断提高，政府在资源配置中的地位逐渐下降，中央投资项目对地方经济的影响也越来越小。20世纪 90 年代后一系列区域发展政策，虽然也同步配置了大量中央政府投资资金，但无法从根本上改变区域资金流向。进一步观察还发现，改革开放以来的区域资金流向，并不完全遵循由不发达地区向发达地区流动的一般规律，而是出现了由经济不活跃地区向经济活跃地区流动的新趋势。自 1978 年十一届三中全会召开，改革开放加速了东南沿海地区经济发展步伐，逐渐形成了以京津冀、长三角、珠三角以及闽南三角为核心，向周边省（自治区、直辖市）辐射的经济密集区块。中国加入世界贸易组织后，这些地区的市场经济更具活力，城市聚集效应更加明显，经济发展模式也由依赖资源的传统重工业和利用廉价人力成本的劳动密集型轻工业逐步向高新技术产业、金融服务业和外向制造业转型。

影响区域市场活跃程度的根本原因到底是什么？诚然，区域政策很重要，区域经济总量（也就是通常所说的区域经济发达程度）也很重要，但归根结底都不是驱动资金流向根本因素。在与企业家和市场分析师广泛座谈和深入交流之后，我们发现资金流动与区域投资营商环境间的关系越来越密切，哪个地区营商环境好，资金就向哪儿集结。

对于各地方政府来说，营商环境是一个至关重要的问题。在市场经济条件下，没有良好的营商环境，很难吸引投资与人才，现代化经济体系无从谈起，高质量发展目标也就成了空中楼阁。从世界银行发布的《营商环境报告》、瑞士洛桑国际管理学院发布的《全球竞争力报告》和日本都市战略研究所发布的《世界都市综合竞争力排名》情况来看，能登上三大权威排名前列的国家和地区被公认为拥有国际一流的营商环境。其中，新加坡良好的营商环境具备"市场公平、政府高效、法律完善、社会稳定、载体完备"五大核心特征。好的营商环境，关系到城市对企业的吸引力和企业在城市的发展力，两者是一个螺旋式循环的过程，良好的营商环境能够增加城市吸引力，促进企业的发展，城市与企业发展形成良性向上循环发展；反之，差的营商环境导致企业发展受限，降低城市对企业的吸引力，吸引力下降又致使城市招商引资受阻，好企业流失，导致"劣币驱逐良币"。

虽然各地营商环境的好坏，不同的人有不同的评价方法，但广泛认可的优良营商环境或饱受诟病的恶劣营商环境，都有一个共同特点，地方政府都扮演着重要角色：好的营商环境往往与地方政府"有作为、会作为"高度相关，坏的营商环境也往往与地方政府"不作为、乱作为"高度相关。以东北地区为例，投资者反映突出的营商环境问题，都是与地方政府诚信行为有关问题。"新官不理旧事"在很多地方屡见不鲜，对于前一任政府或领导与企业签订的有关协议或出具的政府会议纪要所约定的事项或责任，现任政府、工作人员往往不承认效力、不接受请求、不履行责任，严重挫伤了投资者的积极性与感情，经过口口相传，造成了较差的口碑。不仅如此，即使是本届政府出台的政策，也存在朝令夕改、政出多门、无所适从的问题。部分政府机关执行国家政策方面随意性很强，给投资者留下了有章不循、有规不依的印象。为吸纳外来投资者，有关省、市、县政府纷纷出台各类招商引资优惠政策，承诺完善基础设施建设和相关公共服务举措，并在市场、产业、人才、税收等方面给予优惠条件，但在实际执行过程中政策兑现比较困难，口头政策比较多。一些地方政府很多承诺，但落地执行环节较为粗放，部分政策仍流于形式，未能正式落地。域外投资者反映强烈的"阎王好见、小鬼难缠"的现象时有发生。对域外投资企业的全程服务不够精细，存在大量的"一招了之、一签了之"现象，缺乏招商引资的全过程服务和管理。民营企业发展过程中面临的融资难、销售难、经营难、投资难、转型难、知识产权保护难、纠纷多诉讼难，都与政府政策执行有很大关系。长期来看，失信于企对地方营商环境造成了极大影响，许多地方政府被贴上"不诚信"标签。

我们在调研中发现，随着移动互联、人工智能、大数据等技术的快速发展，市场主体对政府的需求也在不断变化。一是对审批效率的要求越来越高；二是对政策执行透明度的容忍度变小；三是对政府服务便捷程度的要求也不同以往，对已经习惯于网上办事的百姓而言，反复跑到政府办事大厅办理事务正变得越来越不能接受。而很长时间以来，政府办事的方式没有太大改变，固守已有的流程，遵循各种各样的法律规程，官僚的组织架构、死板的数据保护、冗长的办事流程，越来越侵蚀着百姓对政府的期待。

由于政府改革速度跟不上市场主体需求的变化，传统的政府运作模式受到了很多质疑，"玻璃门""弹簧门""无信门""随机门"等现象在不同程度上困扰着投资者，一些地区投资环境的恶化很大程度是源于这些情况。以"放管服"改革为例，有些地方简单放权，下级的承接能力和办事水平直接影响了政府效能。调研发现，一些地方推行"一次办好"改革，七分是因为上级有考核，两分是因为涉及本部门利益，只有一分是为了方便群众，形式上的放权并没有让基层政府办事效率有根本上的提高。有些时候，固守本部门文件，则是不愿意让别人染指本部门的审批权以及其中的利益；有些时候，以批代管，重审批轻监管，设置多道关口，只为自己不出纰漏，权力不受影响，而营商环境好坏往往不太重视。

为优化营商环境，地方政府要做的事情很多，包括简政放权精简流程；加快推进各项政策的落地，确保政策落地有效，严格履行各项政策承诺；完善政府守信践诺机制，建立健全政务和行政承诺考核制度；突出政策落实有效的刚性约束力；优化市场准入机制，组织实施公平竞争审查制度，实现同规则、同待遇、降门槛；完善质量监管体系，加强质量技术标准、质量检验检测、质量预警和风险防范工作；等等。所有这些工作都需要有效手段。无论是精简材料、优化流程还是体制改革，最终效果都从与百姓办事的"界面"上体现出来，可能是政务大厅，也可能是一个手机 APP，它的服务质量决定改革的落地成效。因此，不能仅仅将现有的部门流程搬到政务大厅、搬到网上，还要按照流程优化的思路，从百姓和企业办事的角度对政府流程进行优化整合，能方便的方便，能共享的共享，能删除的删除。对于政府而言，真正树立服务人民的理念，必须要学会换位思考、积极主动。例如，某地政务大厅设计成让人心情容易平静的浅绿色，提供了饮水、复印等多项便民服务，把行政服务中心、网格化管理、大数据中心有机融合到一起，取得了良好效果。在政务大厅，针对办事指南过于烦琐、市民看不懂流程、不知道找谁的痛点问题，对所有面向百姓的行政事项进行梳理，形成标准化流程，将办事的近万种情形定义清晰，明确每种情形提供的材料，形成知识库，实行首接负责制，一个窗口人员负责把办事所有流程处理完成。这样久而久之，营商环境就会不断改善，经济活力就会不断增强，资金就会加速流入，区域经济吸引力就会越来越大。

通过对城市营商环境的结构分析，我们发现人力资本、政府服务、城市功能是影响营商环境的主要因素。提升城市营商环境也应从以下方面着手。

一是提升城市人才吸引力，优化人才市场供给，促进人才发展。城市能够提供的工作岗位、平均薪酬、科研院校、R&D 在政府预算占比、高等教育人才、职业技术人才、外来人口、劳工关系、劳动纠纷解决机制等都影响城市的人力资本。人才是城市经济创新转型发展的关键因素，人工智能、物联网、大数据、智能制造，产业转型升级、提质增效无不要求城市能够吸引人才、留住人才。近年来，不少城市的人才争夺战硝烟弥漫，如武汉、成都、南京、杭州等地，出台了一系列吸引人才、留住人才的政策，武汉甚至打出"大学生买房打 8 折"的口号。但是，在提升城市人力资本上，地方政府还得多管齐下，各种类型人才集聚，既要"乔木参天"，也要"灌木茂密、草坪葱绿"；同时做好服务人才的配套措施，构建人才市场智能信息体系。譬如，运用大数据技术构建大数据就业精准推送服务，精细化差异化实现人岗匹配，并进行后续就业用工效果评估。政府牵头整合居民信息、企业招聘信息、求职信息、政策法规库等数据，利用大数据获取匹配信息，对重点人才实现精准岗位推送，并对用工单位和求职人员进行后续跟踪评估；优化人才服务，完善人才服务体系。

二是政府深化"放管服"改革，提高公共服务水平，优化服务效能。重点是简政放权精简流程，大幅精简企业开办、纳税、施工许可、水电气报装、不动产登记等审批事项，压缩办理时间；清理行政事业性收费，规范非税收入的征管，对政府收费项目实行动态清单管理，及时公布收费项目调整情况，取缔"乱收费、乱罚款、乱摊派"的制度外收入；清理取消经营服务性收费和行业协会商会收费，降低通关环节费用，减轻企业负担；加快推进各项政策的落地，确保政策落地有效，严格履行各项政策承诺；完善政府守信践诺机制，建立健全政务和行政承诺考核制度；突出政策落实有效的刚性约束力；完善质量监管体系，加强质量技术标准、质量检验检测、质量预警和风险防范工作；推进"数字政府""智慧政务"，建设统一政务服务平台，优化企业办事流程，实现政务标准化、制度化、提高行政审批效率。

三是创建美好生活工作环境，完善城市功能，使人安居乐业。城市的医疗、文化、教育、交通通勤、办公环境、城市绿化等基础设施等软实力建设也是营商环境的重要抓手；运用大数据、人工智能等高科技技术创新智慧交通管理服务，打造个性化出行信息，提升出行效率；打造健康档案区域医疗信息平台，利用先进的物联网技术，实现患者与医务人员、医疗机构、医疗设备之间的互动，逐步达到信息化，推进健康城市建设，提升人们就医环境，缓解看病难问题。探索建立老年人长期护理需求认定和等级评定标准体系，促进老龄健康服务业发展，做到老有所医、老有所养；打造城市文化，有条件城市加强博物馆、展览馆、剧院、艺术中心建设，引导城市文化氛围。

二、智慧政务建设可以成为提升政府治理能力的突破口

作为全球最大的发展中国家，我国特殊国情决定地方政府在经济社会发展中承担更大的责任。政府不仅承担着提供公共服务职能，还直接和间接承担着经济建设功能。随着中国经济量变，政府现代化治理能力建设比以往任何时候都更为紧迫和重要。近年来，我国政府通过全面深化"放管服"改革，不断转变政府职能，取得了非常显著的进步。但政府传统供给服务不能适应社会经济快速变化的需求，政府治理、机构改革仍面临着一些突出矛盾和问题。我们通过各地调研发现，各地政府高度重视人民群众对政务需求升级和市场对于改善营商环境的迫切要求，正在通过一系列改革迅速提升政府治理能力。由于智慧政务涵盖了治理模式、治理结构、治理机制、治理工具、治理能力、治理评估等基本问题，与政府治理完全吻合；而互联网本身又具有扁平化的特性，高度契合了优化再造政府部门组织架构和业务流程的诉求。因此，融合了互联网、大数据技术的智慧政务建设正在成为助力政府精准把脉"放管服"改革"痛点"，深化政府机构改革，建设服务型政府，提升现代化治理能力的一个重要突破口。

（一）政府传统的供给服务不能适应社会经济快速变化的需求

推进国家治理体系和治理能力现代化，优化政府服务，创新政府服务方式，提高公共服务的质量和水平，对于大型经济体尤为重要。随着

"放管服"改革的不断深化，政府职能转变，群众对政府办事的满意度开始上升，对政府的认可度逐渐提高。但也要看到，随着需求层次的不断升级，人民对政务需求越来越多，从衣食住行、教育、医疗、养老等方面，不断向精神文化、生态环境、社会参与、公平正义等方面延伸，而且对政府的期望越来越高，对政务质量的要求也越来越严格，当前政府服务与人民群众对美好生活的需求之间仍存在着一定的差距。比如，随着互联网、数字化浪潮的到来，信息技术与经济社会加速融合，服务变得易得化，带来生产方式和生活方式等前所未有的深刻变革，对政府能否更加精准、快速、高效地治理提出了新的要求。然而目前政府更多还在用传统的手段为老百姓服务，治理能力显得越来越落后和迟滞。亟须通过大数据应用实现精准施政、精准治理、精准管控，通过打通数据孤岛提高政府服务效率，通过"数据多跑路，百姓少跑腿"改革提升百姓获得感，提升政府在人民心目中的地位。

尤其是近年来民众反映强烈的食品、药品安全等问题，与政府监管缺失、至少是不到位有直接关系。政府对产品质量监督等方面的资源投入、公共服务供给能力不足，老百姓就不能安全放心消费，不仅从根本上影响我国由投资拉动向消费主导的经济增长方式转变，也直接影响群众对政府满意度的提升。有关智库所做的"我国社会治理创新发展研究"调查结果显示，即使是地方政府的决策咨询人员，对目前的就业和政府效率的满意度也不到50%，而对安全消费、教育、养老、医疗卫生、社会参与等民生事项的满意度甚至不到20%。优化政务资源配置，提升"放管服"改革效果，提升群众满意度，政府仍有很多工作要做。

良好的营商环境是经济高质量发展的基础。近年来，我国政府通过减税降费、简化审批程序和流程、多证合一、证照分离、创造适宜货币金融环境、大力缓解融资难融资贵等，不断改善营商环境，进展明显。根据世界银行《2019年营商环境报告》显示，中国营商环境总体评价在

190 个经济体中位列第 46 位，较 2018 年度上升了 32 位。其中，开办企业便利度排名第 28 位，较 2018 年度大幅上升 65 位，与发达国家差距不断缩小。但调研中我们也注意到，尽管政府大举破除市场壁垒，推动"非禁即入"，为各类所有制主体创造公平竞争市场环境，从法律上、制度上、政策上找不到制约民营经济发展的要素，但民营经济、民营投资还是在很大程度面临着事实上的"玻璃门""弹簧门""随机门"，面临着许多"难言之痛"。民营投资占到我国投资规模的 60% 以上，是创新和就业的重要主体，这些"痛点"问题不找到、不解决，不仅影响整体营商环境的改善，影响民间投资的运营，也将从根本上制约我国经济高质量发展。

营商环境的改善与政府信用、行政审批、行政管制、行政执法、政务服务等因素紧密相关，与政府治理有着根本上的关系。进一步优化营商环境，需要政府通过深化改革大力加强现代化治理能力建设。由于长期的条块治理，跨地区、跨部门的协调机制和决策机制尚未建立健全，各部门"一亩三分地"意识还很严重，权力利益的交织导致信息不透明，政府公共服务供给仍存在着较为严重的"分割化""碎片化"现象，重复建设、"信息孤岛""数据烟囱"等信息数据壁垒问题不能得到很好的解决，政府部门职责"错位、越位、缺位"时有发生。近年来，政府能够下放的行政审批和许可事项尽量往下放，极大提升了办事便捷性和行政效率，但同时也产生了作为基层的区、县政府，在"放"的问题上，不能也没法再"放"，承接大量的下放事项，直接面向社会提供日益增多的各类服务，出现职能越来越多，责任越来越大，"人员少、服务种类和数量多"，机构和人员编外扩编的情况。

（二）以切中市场和百姓"痛点"为核心的智慧政务建设，可能成为提升政府治理能力的一个重要突破口

面对一系列营商环境的市场痛点和百姓日常生活中的难题，各地政

府尝试运用"互联网+"思维，力图解决社会经济生活中反映强烈的"满意度"问题。这大概就是逐渐演绎而成的并为广泛接受的"智慧政务"概念。从实践上看，智慧政务通过统一数据平台构建和数据归聚，极大提升了对大数据的分析和运用，对政务各环节进行精准数据比对，主动、快速查找和发现政务流程及体制上需要改进和解决的问题，为深化政府机构改革、职能优化，改善营商环境和民生福祉，提升社会满意度找到科学合理的依据，避免政府机构改革"盲点"，大幅减少机构改革试错成本。

譬如，云南、浙江等地的"一部手机办事通""最多跑一次""不见面审批"等智慧政务，通过优化再造政务流程，实施"一窗受理、集成服务""一张表格、一扇门""数据多跑路、群众少跑腿""并行审批"等，极大的实现了政务办事的"减材料、减环节、减时间、减成本"，政府服务效能、社会满意度大幅提升。我们调研中发现，云南的智慧政务平台，通过数据共享推动政务高效运转和营商环境改善；通过运用现代科技手段打造百姓身边的掌上政务大厅；同时通过"我要纳税、我要办个体、我要注册企业、我要上学、我要看病、我要开车"等主题化事项形成的海量公共数据，政府利用大数据可以实现对企业和个人进行360度画像和全纬度信用评分，更好地服务企业和市民。上海地区建设项目审批时间从以前的近300天，缩短到现在不到100天，企业开办时间压缩至3天，不动产登记从以前的一个月压缩至5天，浙江甚至压缩到了只有几个小时。

不仅如此，通过智慧政务，能够自动采集各方用户行为数据，使政府能够深入分析出当前社会最为关注关心亟须解决的问题，分析出政务办理各个环节的进程情况，查看办件进度、办件堵点，了解哪些政务环节办事迅速，社会评价高，哪些政务环节办事效率低，社会意见大，从而使政府能够科学、合理地对政务事项进行重新梳理，推进政务服务事项标准化，整合优化政务流程，提高行政效能，同时纠正"不作为、乱作为、慢作为"政务行为，降低政务成本，避免"拍脑袋"主观随意决策。

中国特色社会主义建设的最终目的是从根本上让人民增强获得感、幸福感、安全感，过上更体面、更幸福的生活。通过改革创新增强国家竞争力和人民群众的获得感已经成为新时代的主旋律。虽然包容审慎监管增强，但改革创新作为新生事物，触碰到制度、法律法规"天花板"的情况仍很多，制约了营商环境的改善和社会满意度的提升。透过智慧政务的一系列技术手段，通过对政务流程的梳理，克服主观随意性，量化客观评价，发现问题所在，追根溯源，为改进完善制度、法律法规提供科学依据。比如"互联网＋监管"智慧政务，通过"一张网""政务云＋数据""大数据＋监管治理"对自然人、法人的纳税等行为特征进行梳理，包括司法等政府部门充分分享各种信息数据，不仅推动个人诚信建设，也能有效推进制度、法律法规的及时性、预防性、威慑性调整，塑造良好社会信用环境，使"放管服"改革更加纵深推进，减少法律"后知后觉"调整产生的成本。再比如通过智慧政务，发现民营经济的"痛点"真正在哪里，有针对性地调整、修正市场规则和法律法规。可以说，健全完善我国法治，清理修改不符合新发展理念、不利于高质量发展、不适应社会主义市场经济和人民群众期盼的法律法规，及时把改革中形成的成熟经验制度化，需要政府从根本上更"智慧"。

（三）智慧政务产生了海量完整准确透明的数据，为政府职能转换、机构改革提供依据

当前我国经济体量明显增大，经济社会变化快速而深刻，政府事务显著增多，部分政府机构公务人员出现了快速扩编、膨胀的苗头，虽然缓解了政务供给压力，但也产生了行政资源错配超配、机构间沟通协调成本高等问题，显然与我国政府机构改革简政高效不相符合。

诚然，政府每次机构改革、优化流程都做了大量的工作，进行了广泛调研，甚至大量研究、广泛借鉴国外经验，但由于现在很多政府事务都是分散在不同部门、线下处理，数据记录和积累的不多，共享不够，无法准确定位哪些环节效率低、哪些业务重复、哪些流程相互依赖关系强，也无法预测市场主体和公民对哪些服务需求大、对哪些流程意见多。尤其是随着政府部门职能的固化，大量流程是从本部门管理方便的角度制定的，办事任务需要重复提供大量资料、反复跑若干部门。与政府部门不同的是，很多企业近些年依托移动互联、大数据等技术对流程进行了全面优化，用户体验全面提升。由于政府缺乏完整、准确的用户行为数据，尚不能有效对政务各环节、各流程进行精准量化，难以找到转变政府职能、优化机构的切入点，也找不准完善体制、制度、法律法规的关键点，不能及时有效的根据形势变化进行适时变革和动态调整，政府机构改革不能完全达到理想目标也就在所难免。

智慧政务的发展，形式上是将政府各项事务搬到线上或者各种形式的智慧政务大厅，更重要的是通过技术手段采集到以往完全无法采集的数据，例如居民点击数据、预约情况、流程办理环节、办理时间、资料提供状况等，还能够将分散在不同职能部门如民政、司法、公安等数据整合到一起。只要各级政府领导者具有一定的数据思维能力，就可以对这些数据进行深入分析，从而科学合理的调配政务资源、完善治理结构，倒逼各级各部门精准减权、放权、治权，提高行政效率，避免机构改革中职责不能充分有效地理清，简单调整一刀切的错配局面。尤其是随着经济体量迅速增大和社会进步要求越来越高，面向经济主体和百姓的政府事务大量增加，再用过去简单的人海战术也无法从根本上解决问题，勉强为之还会产生机构庞大、人浮于事等新的老大难问题，使简政放权改革成效失色，而智慧政务和大数据则为解决问题提供了更高效的手段。在组织结构中消除数据孤岛，构建跨部门数据共享平台，培养数据分析团队，制定数据驱动指标，将是治理未来城市最有效的方法。

"信息孤岛""数据烟囱"壁垒问题是制约智慧政务发展的瓶颈，智慧政务的关键在于统一数据标准的建立、数据信息的互联和共享。政府的大数据中心不能仅仅是做数据整合、数据分析，还要承担几项职责：一是规划政府数据架构，清楚定义哪些数据由哪些部门负责，数据如何流动共享，数据如何支持政务流程。不能由各个部门来决定采集什么数据。二是制定数据安全框架，确定数据共享的最低原则。三是问题导向，确定要用数据解决的主要问题。通过智慧政务，不仅可以优化行政流程，还使政府治理透明公开化，提高政府服务效能，也进一步理顺了政府和市场的关系，理清哪些是政府必须要承担的，哪些是政府应该放的，政府、市场主体各自职责清晰，既防范政府在"放管服"改革中的"错位、越位、缺位"，又很好地实现了政府简政放权、放管结合，充分发挥市场在资源配置中的作用。从实践上来看，无论是浙江"四张清单一张网"改革，江苏"不见面审批"，还是贵州"进一张网办全省事"的大审批服务格局，省级统筹纵向联通横向协同的网上政务服务一体化架构逐渐清晰，规范了政府的履职清单、施政清单、服务清单，消除了权力寻租空间，激发了市场活力，打造了最优发展环境。

（四）大型银行积极参与智慧政务建设，形成了"建设银行模式"

中国幅员辽阔，各地社会环境、市场环境不一样，经济基础不一样，不同地方政府各个职能部门承担的职责不一样，智慧政务很难有一个全国统一的模式。不仅各地因地制宜推进智慧政务是现实的选择，而且借助社会力量快速提升政务智慧能力也是积极探索。建设银行围绕解决经济社会发展各种"痛点""堵点"，响应国家深化"放管服"改革和加快"互联网＋政务服务"战略，以云南分行为试点，通过现代新金融的洞察和方式，发挥建设银行金融、科技、线上、安全、渠道、服务六大优势为政府开发智慧政务平台，对加快转变政府职能，提高政府服务效率和透明度，便利群众办事创业，进一步激发市场活力和社会创造力具有重要意义，开创了中国政银合作"建行模式"。

特点之一：推动政府治理方式由管理型向服务型转变。为企业松绑，为群众解绊，为市场腾位，同时也明显提升政府治理能力，成为"互联网＋政务服务"改革的基本出发点。建设银行从顶层设计阶段就坚持"以人民为中心"的发展理念，力图透过智慧政务平台建设，以信息化建设和深化行政体制改革双轮驱动撬动政府治理现代化。突出"我（群众、企业）要办事"和"政府能办事"，实现政府、企业、居民三类主体服务闭环。在政府端打通了各厅局间的信息孤岛，实现数据决策，有助于政府开展精准治理，推动自身的高效运转、审批；在企业端实现一次登录便可完成跨部门的多个事项办理和查询，有利于改善营商环境；在个人端突出"只跑一次"、随时可找、顺手就办，打造百姓身边的掌上政务大厅。通过智慧政务建设帮助政府提高服务的主动供给能力，百姓和企业办事由政府"端菜"变成自己"点菜"，带来主客易位革命式的改写。"一部手机办事通"一上线就得到了全省上下的高度关注和欢迎，被云南省政府定位为"一场深层次的政府自我革命，助推社会治理现代化的一个重要平台"，成为云南省"营商环境提升年"的重大行动。

特点之二：推动政府管理思维由权力中心向协同共治转变。传统的政府管理思维是以各权力部门为中心而开展政务活动的政府治理模式，每个权力部门都拥有极大的审批权、利益任性权等，使得权力高度集中，一些既得利益主体凭借自身拥有的特定权力引发权力寻租。智慧政务治理思维就是去中心化、去部门私利，打破部门垄断格局，其核心在于简政放权、激发活力、方便民众，重构政府、社会、公民之间的关系模式。在智慧政府建设过程中发现，从"三难"（互联互通难、数据共享难、业务协同难）到"三通"（网络通、数据通、业务通），主要障碍是体制而不是技术，"信息孤岛""数据烟囱"、部门分割、条块掣肘都是外在的表现形式，问题的主要症结在于后面隐藏的权力和利益的交织，形成了一个不合理的审批结构。纵观世界各国的治理，每个国家都有管控，都有行政审批，但中国的行政审批过宽，审批的事项过多，这样的审批是计划经济体制转向市场经济体制演绎出来的"怪胎"。建设银行与云南省政府合作的这次智慧政务建设，是一项"刀刃向内"、面向政府的自我革命和流程再造，是对各厅局权力和利益格局的重大变革，推进过程困难重重。第一期项目开发上线只有短短 143 天的时间，事项需求能否有效梳理，部门权力藩篱能否打破，业务流程能否顺利打通，数据孤岛能否实现共享等一系列问题扑面而来。在政府高层的亲自推动和全力支持下，18 个厅局采用集中封闭的超常规模式，政银深度联动，"一厅一策"对 137 个事项进行确认和系统对接，在 45 天打通散落在各厅局的 30 多个业务系统、229 个接口，并不断规范政府的履职清单、施政清单、服务清单，消除了权力寻租空间，为解决"信息孤岛"问题提供了新的协作模式。

特点之三：推动政府服务模式由"群众跑腿"向"数据跑路"转变。智慧政务为改善营商环境创造了条件，提供了保障，比如"最多跑一次""不见面审批""一网通办"等相关措施。特别是应用互联网的思维、信息化的手段，把政府管的过多过死事项精简下来，把应该由市场机制决定的事情交出去，努力用政府权力的"减法"换取市场活力和创新力的"加法"，为大众创业、万众创新和增加公共产品、公共服务"双引擎"提供有力支撑。在云南智慧政务建设过程中，重点关注以下工作：建设一体化平台实现"一网通"。采用"整体规划、统一开发、集中部署和多级共用"建设模式，横向链接了公安、人力资源和社会保障、卫生健康等 30 个政府部门，纵向贯穿"省州县乡村"五级，政务办理可以直接由省级纵向垂直到底，每个触点都是看不见的民生连线，其中第一批上线事项中全省通办事项占比 94%，办理类事项占比 43%，均达到全国领先水平。规范事项性管理做到"一单清"。不是将办理事项物理平移，而是聚焦"好用"的目标，依托互联网政务服务平台对政务服务事项进行流程再造，优化办事程序，精简审批材料，提升要件复用率和审批效率，突破了传统办事流程、制度、办法和规定等的局限性，发生了"化学反应"，努力实现"办事不求人，审批不见面，最多跑一次"的网购般的办事体验，目前"零跑腿可办"事项 63 个、"跑一次可办"事项 38 个。推行主题化办理打造"一站式"。"主题化办事"引擎是从大众百姓出发，创新以"我"为视角，将联系紧密，互为前后关系的事项串联成主题，围绕客户生命周期需求，按照生态圈链、一站式理念打造"我要看病、我要补办身份证、我要办社保、我要办医保、我要养老"等 16 个办事主题，389 个事项，服务百姓每一步。突出新技术应用力争"更亲民"。引入语音导航、千人千面、用户画像、人工智能、区块链、大数据等前沿技术，提供主动、尊重的服务，让群众成为真正主体；同时运用了等保三级的安全标准，关键核心技术达到等保四级，最大程度消除了政府部门担心数据泄露的顾虑。总之，智慧政务建设的推进，加快了推动政府职能转变进程，信息流通的效率得到提升，流通成本大大降低，行政审批提速增效，互联网催生政府改革红利变现，最终实现放权于市场和社会，转化成激发市场活力和社会创造力的驱动因素。

特点之四：开放大型商业银行资源，推动政务服务场所由政务大厅向"无处不在"转变。现代化经济体系中，大型商业银行提供的基础金融产品和服务，与国家和社会治理涉及的诸多公共产品、公共服务具有密切的关联性。在常规政府政务大厅的基础上，建设银行开放物理和线上渠道、金融技术和信息系统等，通过"一部手机办事通"APP、PC 端政务平台、网点 STM、"裕农通"，"线上 + 线下"全渠道、全方位、全区域为政府、企业和老百姓提供政务服务，推动"政务服务无处不在"。现在建设银行在云南省的 319 个网点全部变成了政府办事大厅，1587 台 STM 设备被改造成百姓"身边的政务便民中心"。老百姓到就近的任一建行网点就可以办理政务，颠覆了要到政府办事大厅办政务的传统概念。同时在建行"裕农通"上加载政务服务功能，农民足不出村就可办政务，解决了农村、山区百姓办事最后一公里，打造"村口的政务办事中心"。"银行网点办政务"模式已经成为大型商业银行助力政府治理能力提升所做的独特探索。

三、把握新经济的特殊使命与政策取向

随着国际国内经济环境的深刻变化，我国经济模式正由速度型转向高质量发展型，经济增长动力也正由外需拉动转向内需驱动、由投资拉动转向消费驱动、由模仿发展转向创新驱动，经济升级趋势明显。在整个经济转型升级过程中，新经济扮演着越来越重要的角色。为此，国家有关部门出台了一系列扶持推动新经济发展的政策措施，社会各界予以高度期盼，各级地方政府也进行了大量探索。一些经济活跃的地方，新经济对于 GDP 的贡献已经达到 40%以上。我们也注意到，虽然目前各界对于发展新经济越来越重视，但对于新经济的理解也存在一些认识分歧。在此，我想从一个经济学家的角度，谈一谈怎样把握中国新经济发展的特殊使命与政策取向问题。

第一，中国新经济肩负着助力传统产业升级的历史使命，促进新经济与传统产业有机融合政策措施不是权宜之计。

与某些国家不同，发展新经济的意义不能局限于培育几个新的经济

领域或行业，对于我们而言，更重要的意义在于借助新经济的理念、思维、技术实现传统产业升级。中国虽然是全球制造业大国，但总体上仍以传统产业为主，国家统计局公布 2018 年全国新产业、新业态、新模式（即"三新"）经济增加值为 145369 亿元，仅相当于 GDP 的比重为 16.1%。伴随着生产要素成本上升、资源环境压力加大，以及后发国家工业化和发达国家再工业化的双重挤压，依靠要素驱动和低成本竞争的增长模式越来越难以为继，传统产业迫切需要转型升级。转型升级过程中的痛点和难点，如发展理念和战略思维落后、创新能力不足、高素质人才短缺等，值得高度重视。因此，如何借助新经济理念、运用新经济思维，采用新技术、探索新模式，实现传统产业的技术水平提升和设计与制造智能化，提高传统产业的供给质量与效率，是中国新经济肩负的特殊历史使命。

由于以创新为基本特征的新经济更能推动科技成果转化为生产力，生产效率更高。2019 年一季度工业产能利用率为 75.9%，比 2013 年同期提高了 0.6 个百分点。[①] 因此，新经济的兴起，能有效推动传统产业部门的技术变革，加快创新步伐，提升现代化程度，从而使传统经济的效率更高，成本更低，服务感受更好；同时，新经济的产业融合功能使得新经济与其他产业的关联度不断提高，带动其他产业发展。2019 年 5G 商用进度加速，特别是随着商用牌照正式发放，将促进物联网应用爆发，智能家居、智能汽车等行业将最先受益，未来可能产生数万亿的智能设备市场。由于我国产业门类齐全，新经济发挥融合作用的空间很大，产业的拉动作用十分明显。如线上线下加快融合促进了网上零售快速增长，2018 年，社会消费品网上零售额 9 万亿元，较 2017 年增长

---

① 《统计局：一季度工业产能利用率为 2013 年以来的次高点》，2019 年 4 月 17 日，见 http://finance.sina.com.cn/china/gncj/2019-04-17/doc-ihvhiewr6580364.shtml?cre=tianyi&mod=pcpager_fin&loc=9&r=9&rfunc=100&tj=none&tr=9。

25.52%，占社会消费品零售总额的比重为 23.64%，同比增加 4.05 个百分点。①

具体到各产业领域：农业领域，新经济能帮助传统农业克服流通受限制、服务体系滞后等难点，全面提升农业质量和效益，开启由传统农业向现代农业的转型之路；工业领域，新经济能有效提高生产的互联化、自动化和智能化水平，驱动传统制造业在优化产品设计、打造智能工厂和提升智能产品等方面实现突破，助力其完成从"制造"向"智造"的华丽转型；服务业领域，新经济通过广覆盖、多层次、差异化和高品质的公共服务，有助于优化社会资源配置、创新公共服务供给模式，实现公共服务的均等化和普惠化，成为保障和改善民生的重要手段。

智能制造已经成为制造业未来的发展方向。为了增强区域内企业的核心竞争力，我国许多地区都加快了推进产业智能升级的步伐：在苏州，传统纺织业通过智能制造技术和自动化装备改造等"机器换人"方式实现了产业创新，获得了规模效率；在上海，新技术为传统产业注入了新动能，作为传统制造业代表的上汽集团，于近期获得了首批人工智能创新中心牌照；在沈阳，沈阳市政府在汽车、机械装备、电子等行业中筛选了 100 个智能升级示范项目，全面启动装备制造业的智能升级战略。

第二，新经济带来了社会生活方式与商业模式的深刻变革，其影响力不亚于 20 世纪 80 年代的改革开放，评价新经济的贡献不能局限于 GDP 或经济结构变化。

新经济的发展经济学意义不仅是推动经济总量的增长，为地方政府贡献了税收，创造了就业机会，更重要的是它带来了生活方式与商业模

① 《商务部：2018 年全国网上零售额突破 9 万亿元》，2019 年 2 月 21 日，见 http://finance.ifeng.com/c/7kTduIA7AUx。

式变革，进而促进了社会经济运行效率和质量的提升。因此，政府部门和社会各界在评价新经济发展成效时，不能按照传统的数量规模思路、市场占比思路，而是更注重新经济对于传统产业升级的促进效应、带来的生活方式和商业模式变化及其对生产效率和经济质量产生的间接影响。

一是提升人们生活的便利性，满足多样化消费需求。2018 年"三新"经济中第三产业增加值占 GDP 比重为 8.5%[①]，占据了其对 GDP 贡献的半壁江山，新经济结合服务业，对人们生活方式产生的改变可以说是革命性的。譬如，省时、省力是人们使用网络零售服务的首要原因，O2O 服务让人们足不出户消费需求就能得到满足。根据 CNNIC（互联网数据研究中心）数据显示，截至 2018 年 6 月，我国网络外卖用户规模达 3.64 亿，超过四成网民使用过网络外卖服务，2019 年 7 月美团外卖宣布日订单量突破 3000 万，网络订餐成为许多人的生活常态。再譬如，网络零售服务通过市场配置资源，给人们消费更大的选择空间，由此带动众多品类企业快速发展。2019 年"双十一"当天仅天猫和京东两家电商成交额就接近 5000 亿元[②]，人们各式各样的购物需求都能在网上商城得到满足。在网络零售行业，人工智能技术及其他技术创新成果正不断被应用于运营管理和优化服务过程中，尤其是物流配送系统的运营效率与技术创新能力紧密相关。传统零售业在新经济时代也通过转化线下流量，优化商品供应链，在线上更好地为客户提供服务。

二是丰富了人们文娱生活，改变了人力资本积累方式。新经济改善了人们的生活品质，现在人们接收知识信息不仅来自于纸质书籍和电

---

① 《2018 年中国"三新"经济增加值 GDP 占比逾 16%》，2019 年 7 月 28 日，见 http://www.chinanews.com/cj/2019/07-28/8909147.shtml。

② 《2019"双十一"新特征 见证中国消费新趋势》，2019 年 11 月 12 日，见 http://www.jl.chinanews.com/hyhc/2019-11-13/98989.html。

视，越来越多的知识讯息能够通过电子书和短视频获得。电子书凭借其便携阅读、易于收藏的特性正快速深入国民生活，2018 年我国数字阅读用户总量已经达到 4.32 亿①，我们正进入"一屏万卷"新时代。另外，许多人出于兴趣或是为了进行内容创业，制作了大量短视频。据QuestMobile 数据显示，截至 2018 年年末，短视频用户的使用时长占全网使用时长的比重为 11.4%，已经超过视频网站的 8.3%，成为仅次于即时通信的第二大产品类型。以前人们谈论视频网站是如何挑战传统电视的，但是现在这种说法已经过时，视听双通道不仅是电视和视频网站特质，短视频与直播成了它们有力的竞争者。

三是创新商业模式，会突破传统经济模式的效率瓶颈。我们注意到两个现象引发的经济趋势：（1）共享经济通过转让闲置商品的临时使用权，提高了整个社会商品使用率。2018 年共享经济参与人数超过 7.6 亿人，其中共享单车用户超过 3 亿人，解决掉"最后一公里"的共享单车已经成为人们时尚、低碳的出行新方式。而这种革命性的变化在传统经济模式下是很难想象的。不仅如此，共享经济的市场竞争也是比较激烈的，要想在这个竞争激烈的市场立住脚跟，进而获得垄断竞争优势，必须依靠大数据、云计算，做到科学投放、智能调度、精细化管理，实现高效运营。（2）企业间跨界竞争增多，既有供给满足需求的一般市场法则驱动，也有供给创造需求的市场唤醒法则使然。未来，消费者的实际需求将会被运用新技术、新模式的生产者最大限度地及时满足，而且潜在需求也会在新技术、新模式的驱动下得到充分挖掘，过去所说的"物理瓶颈""市场天花板"将被有效突破。因此，发展新经济对于未来中国经济的意义一点都不亚于 20 世纪 80 年代改革开放的影响力。许多市场分析师也预计，到 2030 年，5G 网络建设以及 5G 上下游板块提供半

————————————

① 数据来源：《2018 年度中国数字阅读白皮书》。

导体、芯片、软硬件解决方案、云服务等将使中国商业模式发生颠覆性变化。基于世界上最长最快的高铁系统，力助实现城市群的"1小时生活圈"；先进的5G网络支撑产业物联网和电商的高度渗透，为智慧城市的发展奠定了坚实的基础；产业数字化、智慧城市发展等领域将吸引更多外资，将不断推动深层次改革。

第三，新经济对于投资环境的最大挑战来自于知识产权保护水平，有效保护知识产权决定着未来的经济趋势。

对于新经济而言，无论是新技术，还是新业态，都是建立在创新基础之上的。创新需要大量的人力资本和金融资本投入，虽然成功后的垄断利润很高，但失败的概率也很大。因此，只有实行严格的知识产权保护，充分发挥知识产权制度对创新原动力的基本保障作用，营造良好的创新生态，保障创新可以获得丰厚的经济回报，才能激励创新，促进创新的充分涌流和在全社会的推广运用，才能支撑国家的新经济发展。一是强化制度约束。加快在专利、著作权等领域引入侵权惩罚性赔偿制度。大幅提高侵权法定赔偿额上限，加大损害赔偿力度。加大刑事打击力度，研究降低侵犯知识产权犯罪入罪标准，提高量刑处罚力度，持续保持高压严打态势。建立完善市场主体诚信档案"黑名单"制度，健全失信联合惩戒机制。二是建立健全社会共治模式。完善知识产权仲裁、调解、公证工作机制。加强诚信体系建设，将知识产权出质登记、行政处罚、抽查检查结果等涉企信息，通过国家企业信用信息公示系统统一归集并依法公示。三是优化协作衔接机制。健全行政确权、公证存证、仲裁、调解、行政执法、司法保护之间的衔接机制，切实提高维权效率。加强跨部门跨区域办案协作，有效打破地方保护。推动简易案件和纠纷快速处理。加强知识产权快保护机构建设。

一个城市要变成充满活力的创新城市，变成以新经济为主导的城市，必须形成重视知识产权保护的氛围。无论是纽约、伦敦等国际性大都市，还是国内上海、深圳等新经济快速发展的城市，都非常注重健全、完善的知识产权保护体系。加强知识产权保护，既是现代国际经贸关系的核心关注，也是我国新时期对外开放的政策高地。加强知识产权保护是吸引外商进入的重要条件，知识产权保护问题也是中美贸易磋商的重要问题。在未来新经济发展的实践中，应将知识产权保护放在更加重要的位置。

当然，我们高兴地看到了中国知识产权保护进步，以及对于经济增长的积极贡献。为了严格知识产权保护，国家知识产权局不断完善《专利法》《商标法》《著作权法》《反不正当竞争法》等法律法规，健全侵权惩罚性制度，提高侵权成本，基本构建起"严保护、大保护、快保护、同保护"于一体的知识产权体系。2019 年上半年，国外在华申请的专利和商标的数量分别增长了 8.6% 和 15.4%，表明全球创新主体对中国知识产权保护信心有提升。不仅如此，中国新闻出版研究院完成的"2018 年中国版权产业经济贡献"调研报告也显示：2018 年中国版权产业的行业增加值为 6.63 万亿元人民币，同比增长 9.0%；占 GDP 的比重为 7.37%，比 2017 年提高 0.02 个百分点。中国版权产业在国民经济中的比重稳步提升，总体规模进一步壮大。调研报告显示：新闻出版、广播影视、软件、广告与设计等新业态加快融合发展，推动核心版权产业快速发展。2018 年中国核心版权产业行业增加值已突破 4 万亿元，达到 4.17 万亿元人民币，同比增长 9.3%，占全部版权产业的比重达 63%，对版权产业发展的主体作用更加明显。中国版权产业就业规模持续扩大，在促进就业增长、推动外贸出口方面发挥了积极作用。2018 年我国版权产业的城镇单位就业人数为 1645.53 万人，占全国城镇单位就业总人数中的比重为 9.53%，比 2017 年提高 0.05 个百分点，对促进就业、维护社会稳定发挥了重要作用。中国版权产业对外贸易稳中向好，2018 年我国版权产业商品出口额比 2017 年增长 5.66%，尤其是随着近年来我国对外贸易宏观调控力度的不断加大，版权产业商品出口额已实现连续 2 年增长，在全国商品出口总额中的比重稳定在 11% 以上。

第四，平衡好创新动力与创新风险防范之间的关系，对于政府、企业和社会各界都是考验。

新经济能发挥多大作用，能走多远，既取决于创新动力，又取决于创新风险。因此，新经济要健康发展需要平衡好创新动力和创新风险之间的关系，而如何平衡好这种关系，对于政府、企业和社会各界都是考验。

对于发展新经济，容易出现两种倾向：一种是为了鼓励创新，政府对所有的"创新"都不要管，以监管宽松来衡量创新环境。政府监管放在事后，等出现问题再管理和处置。这样做的结果是很容易带来区域性风险，最终也会挫伤创新的积极性。另一种是为了防止创新可能带来的区域风险，所有的创新都需要政府或监管部门审批，希望一切都在政府的掌控范围之内。但这样做就扼杀了创新，新经济也无从谈起。

对于政府而言，到底怎样才能更好地平衡创新动力与控制区域性风险之间的关系？这让我想起一些家庭教育孩子的模式。在孩子成长过程中，有的父母大撒手，虽然这样孩子感到很轻松，但也容易养成坏习惯，甚至误入歧途。有的家长对孩子各方面都严格要求，限制得很死，最终也影响了孩子的健康成长。真正负责任的父母是在孩子的成长过程中始终保持敏感性，对孩子的一举一动保持高度的关注，并对孩子的行为进行及时评估和必要的鼓励与引导，一旦发现一些方向性的、根本性的坏习惯，立马进行纠正，使孩子健康成长。与负责任的父母对待孩子一样，政府部门对待新经济既不能采取自由放任的态度，也不能采取事事审批的方法，而应首先保持对创新的热情，时刻关注创新的进展，并不断进行评估，及时引导创新行为，确保创新不偏离正确方向。一些发达国家的创新监管就是如此，平时你看不到它的存在，但它始终在后面笑眯眯地看着你，一旦发现欺诈行为，以及可能由此引起的系统性风险，监管者就会及时准确地出手。因此，希望政府相关部门增强对创新经济的敏感性，始终保持对市场创新活动的热情，密切关注创新行为，并及时评估与引导，从而使新经济发展既充满活力，又规范有序高效。

　　总而言之，新经济的关键词是创新，通过创新植入经济增长，助力传统产业升级，变革生活方式和商业模式，提高了经济增长的质量，改善了人们的生活品质。今后，为了更好地发挥新经济作用，培育一个适宜新经济生长的土壤，我们的政府在保护知识产权、平衡创新动力与防控风险方面大有可为。

中

辨识中国金融困惑宜专业思考

篇

解决小微企业融资"痛点"不能就事论事
普惠金融并不普通
应对系统性风险需要系统重要性思维

第四章

解决小微企业融资"痛点"不能就事论事

　　近年来,小微企业在经济运行中的特殊重要性受到广泛关注①,政府部门持续加大简政减税减费力度、市场监管规范化透明度,营商环境明显改善。金融机构全力推进金融供给侧改革,大力发展普惠金融,不断改善金融供给的结构性失衡。然而,观察媒体与各种论坛观点,小微企业经营环境尤其是融资环境虽然较前几年有明显改善,但市场呼唤改善小微企业经营环境、解决融资难融资贵的声音仍然很高。为此,我于2019年上半年对一些地区的小微企业进行实地走访,调研与座谈中发现,随着一系列改革措施出台以及力度不断加大,一些老问题有了新变化,同时也暴露出一些老问题久拖不决的深刻根源,解决问题不能就事论事。

---

　　① 中小企业是承载就业的主力军,也是企业生态体系最基础的支撑。譬如根据欧盟2019年数据,意大利中小企业在意大利"非金融商业经济"中创造了66.9%的总增加值,中小企业创造的就业份额更高,达到78.1%。实际上,不仅是意大利,欧洲以及其他国家亦是如此。

一、小微企业的新关切

为了支持小微企业发展，近年来政府不断加大简政、减税、减费等改革力度，尤其是各地方政府不断出台简政放权措施，提升政务效率，小微企业的营商环境整体上改观明显。然而座谈中部分企业家反映，当前还存在一些至关重要的"非行政审批、非税费"的经营生态问题，严重影响企业长远健康发展，必须引起足够重视。

一是小微企业日常经营中普遍面临来自上下游大企业等强势交易对手的无形挤压。在与许多小微企业主的接触当中，笔者感到小微企业之所以经常成为市场地位的弱势群体，不仅是因为对于经济周期和宏观政策变化的承受能力有限，更现实的还是一些来自经营链条上下游大型企业的"不公平利益压榨"。例如，处于产业链主导地位的大企业往往采取"应付账款"的方式挤占小微企业本来就微薄的财务效益。事实上，"应付账款"到期能够及时兑付还是"幸运"的，小微企业被大企业、地方政府拖欠账款的现象并不少见。仅 2018 年 11 月至 2019 年 3 月短短 4 个多月时间，各地清偿政府部门和大型国有企业对小微企业的账款就超过 2600 亿元[①]。此外，大企业一味压低向小微企业的采购价格，压缩企业利润空间，迫使小微企业使用价格更低的原材料，无力升级技术设备，使供应链上的小微企业处于拼价格的低端竞争状态，产品的质量和技术附加值难以提高。这些都反映出小微企业在面对大企业买方市场时的弱势经营生态，并通过供应链条不断传导，放大整个行业的经营困难。因此，除了进一步加大行政督察力度，在全国范围内清理政府部门

---

① 《各级政府和国企清偿民企中小企业账款超 2600 亿》，2019 年 4 月 23 日，见 http://news.china.com.cn/txt/2019-04/23/content_74712999.htm。

和大型国有企业拖欠的小微企业账款以外，还应该在更高层面上通过立法、考核、社会舆论等手段，引导大企业特别是大型国有企业积极主动履行社会责任，科学合理定价，及时足额支付，主动支持小微企业技术改造和设备更新，形成大中小企业共生共荣的良好经济生态。

二是小微企业交易对手选择偏好政府与国有企业，虽是无奈之举，但其社会经济效应十分负面。调研中发现，尽管地方政府和国有企业也存在拖欠账款的现象，但大部分小微企业表示还是更愿意与之合作。究其原因，地方政府和国有企业不可能"跑路"，而且处于社会舆论和中央有关部门的强监管状态，虽然付款周期长，但违约赖账的概率相对较低；即使出现违约，违约损失也相对较小。与此同时，由于现实经济生活中失信的违约成本较低，一部分民营企业的实际控制人在发生履约困难时采取了"跑路"方式，导致大部分民营企业和小微企业在交易对手选择上采取了"两害相权取其轻"的策略。虽然如此选择也是无奈之举，但其社会效应十分负面，对于社会经济运行效率形成严重制约。因此，既要在法律上加大对于类似"跑路"等恶劣失信行为的惩处力度，也要形成社会共识的道德环境，还要加快建设企业及个人征信数据库，降低市场交易中信息不对称程度，约束各经济主体信用行为，使企业间交易更加互信高效。

三是不合时宜的金融制度加剧了企业经营困难。譬如，有些大企业在"应付账款"到期后又通过"承兑汇票"拉长了小微企业的回款账期，而小微企业因资金周转需要被迫贴现融资时，不仅触发了"融资难、融资贵"的老问题，而且还存在不合时宜的金融制度规定导致票据贴现融资作业中银企双方都难的两难结局。贴现与一般贷款的性质有所区别，是企业提前支取已经确认形成的销售收入，用的还是企业自己的资金，只是使用时间有所提前。然而许多企业家反映，按照现行的某些金融制度规定，商业票据贴现获得的资金必须用于购买原材料，这样可能导致贴现资金无法用于企业正常经营的其他需求，使企业不得不再次向外融资，加剧经营困难。企业融资难且贵，银行放款难且合规压力大。近年来，关于取消承兑汇票的呼声时常出现，这种提议虽然违反常识，但也确实反映了优化商业票据管理制度的必要性和急迫性。

二、"融资贵"的主要症结已转移到银行体系以外

随着国家大力推动实施普惠金融，小微企业融资贵较几年前有了明显缓解。尤其是在银行创新大数据信贷模式、推行信用贷款的趋势下，抵押、担保等环节不再是贷款必需流程，融资链条上的中介有所减少，传统意义上的第三方收费逐步下降。同时，银行业小微企业贷款利率逐步下调，至 2019 年一季度，新发放普惠型小微企业贷款利率为 6.87%，比 2018 年降低 0.52 个百分点，贷款利率自 2018 年 9 月以来已连续 6 个月下降。[①]

据了解，目前国有大型银行的普惠金融贷款利率围绕 5% 上下浮动，不仅全部处于市场利率水平以下，而且大部分银行基本处于"保本微利"的状态。在这种情况下，如果继续要求银行降低小微企业贷款利率 1 个百分点，可能会形成市场套利空间，使部分小微企业得到银行贷款后不用于企业经营，而是投入利率更高的民间借贷，或者流入房市、股市，造成资金"脱实就虚"，无法起到支持实体经济的作用。

在走访企业时，许多企业家认为目前所谓的"融资贵"不是银行贷款利率高，而是银行以外的因素推高了融资成本。

一是新型中介服务收费贵。由于金融创新普及和宣传不够等原因，

---

① 《银保监会：一季度新发放普惠型小微企业贷款利率降至 6.87%》，2019 年 4 月 25 日，见 https://www.sohu.com/a/310284940_267106。

　　许多小微企业对银行贷款的印象还停留在过去流程长、资料多、抵押要求高的阶段，对办理贷款"望而生畏"。市场上一类新的信贷服务中介利用企业这种畏难情绪，帮助企业在各家银行间选择适合企业情况的信贷产品，指导企业准备申贷材料，并按照贷款金额的一定比例（一般不低于 3%）收取服务费，加重了小微企业融资负担。

　　在小微企业对银行服务不清楚、不了解的背景下，信贷中介作为银行和企业间的沟通媒介，其存在和服务具有一定的合理性。对这类中介机构应加强监督管理和规范引导，通过监管性约束和惩戒，规范服务收费标准，杜绝乱收费、高收费。当然，更高效地降低融资成本、缩短融资链条的关键还是在于普及金融知识，让银行和金融更透明、更亲民。我们注意到，一家大型商业银行正在推进实施"金智惠民"工程，与高校合作，为小微企业主、个体工商户、扶贫对象、涉农群体、基层乡镇扶贫干部、在校大学生等提供多层次、多形式的金融普及和实用知识培训，共享优质金融教育资源，做法可资借鉴。

　　二是"过桥贷款"引发企业融资成本居高不下。由于企业在银行取得的贷款是有期限的，而制度规定贷款到期之后必须先还清原有借款才能再次申请新的贷款。于是，一些非银行金融机构大量发放高息的"过桥贷款"。一些地方政府为解决小微企业转贷困难和过桥贷款高成本问题，建立了转贷基金，提供利率相对较低的过桥资金支持，不失为一种通过市场化方法解决问题的有益尝试。但在具体操作中，有的地方政府因为担心转贷基金损失导致行政问责，对小微企业设立了较高的基金申请门槛，实际上能够得到支持的企业数量极为有限。因此，非银行金融机构和民间借贷始终是"过桥贷款"的主体，而民间融资利率仍然处于 12%—15% 较高的水平，特别是过桥贷款，有的日息竟然高达 1%，给小微企业造成了极重的融资负担。因此，怎样破解这种"中国市场特色的过桥贷款"，应该成为完善监管改革重要而现实的课题。

三、相比"融资贵"，解决"融资难"更为迫切

融资难和融资贵是经常被结伴提起的一对问题，但在调研中企业家普遍反映，这几年融资贵的问题得到一定程度的缓解，尤其是从国有大型商业银行得到的贷款利率已经远远低于市场利率；就民营企业和小微企业当前经营困惑而言，解决融资难比融资贵更为突出和迫切。企业家建议，判断融资难不难，重点观察那些专注主业、诚信经营的小微企业面临的融资需求到底难不难解决。我们认为企业家反映的问题是客观的、中肯的，必须深入分析当前民营企业和小微企业融资难①的特殊成因，尽快找到有效的解决方案。

小微企业融资难，难在"信用贷款难""抵押贷款也难"。从中国现阶段金融供给的角度看，银行传统的信贷经营理念和运作方式是基于大中型企业信用特点发展起来的，其本身很难适用于小微企业。例如，财务报表分析是银行贷前调查的重点，但小微企业财务报表不规范，财务指标差，难以按照大企业的标准获得信用贷款；当信用状况无法判断的情况下，银行传统的解决方式就是要求提供抵押物进行信用增级，这又与小微企业固定资产积累少形成冲突，导致抵押贷款也难以获得。此外，大中型企业贷款金额大，贷款需要材料多、流程长，把这套流程体系套用于小微企业，就会导致融资慢，大量灵活多变的小微企业融资经常处于"等米下锅"状态。因此，在传统的信贷管理体系外形成适用于小微企业的新模式，是破解融资难、发展普惠金融的关键所在。

---

① 对于那些因自身产品质量不佳、不珍惜信誉而又喜欢违约和"跑路"的企业，其融资困难不应当属于金融机构关注解决的范畴。

第一，回归经营信用的本质。银行是经营信用的企业，主动选择信用风险、科学安排信用风险、合理承担信用风险既是银行经营的本质，也是对银行经营能力的根本检验。银行贷款的安全与否，从根本上取决于借款人的偿债能力和偿债意愿，亦即借款人的信用状况。抵押物只能作为信用补充，应当将其定位为对借款人信贷行为的约束，而不是狭隘理解的第二还款来源。过分要求小微企业经营贷款必须有抵押，尤其是部分银行偏好住房作为抵押品，不仅加剧住房市场偏离"居住"属性，也不利于改善融资难困境，甚至有悖于银行正常的经营逻辑，不利于提升银行的经营能力，久而久之可能会使银行退化成"典当行"。

第二，从以财务指标为核心的信用评级转向以交易记录大数据分析为核心的履约能力判断。理论上分析，由于小微企业自身的天然缺陷，银行很难透过现有财务数据来准确判断还款履约能力；实践上观察，小微企业的商业信用直接体现在实际商业交易行为中，因而通过大数据技术，挖掘分析企业的订单、货运、纳税等时效性更强、质量和敏感度更高的交易数据，较好地解决了财务报表数据不真实、披露信息不充分的问题，更加准确地判断偿债意愿，为解决小微企业融资难提供了可靠性强的解决方案。当然，大数据的使用必然要求银行同步改造信贷业务流程和生产系统，更多地通过线上系统化、数字化作业，有效提高贷款审批与发放效率，破解融资慢。

在这方面，国内外都有很好的应用实践。美国的一些银行在20世纪90年代初开始设计信用评分卡，通过大数据挖掘找出历史上贷款人的特征和信贷表现之间的关系，并用此关系推断借款人在未来的表现，开创直接发放小微企业信用贷款的先河，来自于中小企业的金融服务收入逐步成为美国大型银行营业收入的重要战略支撑。中国一些大型银行近年率先实施普惠金融战略，并基于"新一代"核心技术系统，运用大数据、互联网等技术，创新"小微快贷"全流程在线自助信贷产品，构建"批量化获客、精准化画像、自动化审批、智能化风控、综合化服务"的小微经营模式，搭建"一分钟"融资、"一站式"服务、"一价式"收费的信贷服务模式，不仅有效缓解了困扰政府和小微企业多年的"融资难"的问题，而且为银行培育了宽广的客户基础，客群生态的各类金融需求越来越大，为银行创造的营业收入也日益呈现战略意义。

第三，基于小微企业所处生态圈科学评判小微企业的偿债意愿。小微企业贷款金额小[1]，在企业偿付能力基本能够满足的前提下，企业主的偿债意愿就变得十分关键。理论上观察，判断企业偿债意愿很难通过财务报表等常规渠道获得信息；实践上观察，业界领先实践主要基于非财务信息，从小微企业所处的生态圈入手进行考察。例如，很多小微企业是大型核心企业的上游供应商或下游经销商，可以通过核心企业了解其商业信用。再如，许多小微企业是各类商会协会的成员，可以通过其他会员了解该企业的信用口碑。企业获得的各种荣誉称号也能够成为其信用意识的佐证。

四、大小银行各有优势，金融服务应该差异化

近年来，小微企业在经济运行中的特殊重要性受到广泛关注，各商业银行普惠金融事业部相继成立，小微企业金融服务得到前所未有的重视。这中间，大型银行在促进小微企业贷款上量，降低贷款利率，从而缓解"融资难、融资贵"方面发挥了积极的头雁作用。截至 2019 年一季度末，金融机构普惠型小微贷款余额 9.97 万亿元，同比增长 24.7%；其中，5 家大型商业银行[2] 普惠型小微企业贷款余额合计 1.99 万亿元，

---

① 调研发现，300 万元的贷款额度可以满足 50%小微企业的日常资金需求，500 万元能够满足 70%的小微企业，1000 万元能够满足 90%的小微企业。

② 工、建、农、中、交 5 家银行。

占全国普惠型小微企业贷款的比重 19.94%，完成年初制定信贷计划的 55.31%。同时，小微企业贷款利率持续下降，2019 年一季度新发放普惠型小微企业贷款利率为 6.87%，比 2018 年降低 0.52 个百分点；5 家大型商业银行同期新发放普惠型小微企业贷款利率 4.76%，较 2018 年四季度下降 0.13 个百分点。①

市场调研发现，大型商业银行近年来发展小微企业业务的主要方式是借助金融科技，运用大数据、评分卡等新技术、新工具，通过多方面的数据对接和验证，较好地解决了小微企业"财务信息不充分、市场信用难判断"的融资难题，使得向小微企业发放信用贷款变得可行，是金融科技赋能普惠金融的成功范例。这是大银行的优势所在，也是大银行普惠金融业务快速发展的原因所在。然而，近期媒体和业内出现两种声音，一是认为大银行对中小银行产生了"挤出效应"，似有担忧大银行过度竞争、挤占中小银行市场份额之意。二是认为小银行也应向大银行学习，复制大银行的普惠金融业务模式。

对于业内的这种关切，其实可以围绕其中"优质""低价""挤出"等几个关键词，进一步剖析，明辨实质。那就是，优质小微企业是否已经被充分挖掘、服务，金融普惠的目标是不是已经实现？贷款定价是不是吸引客户的唯一法宝？大银行的经营模式和客户定位在多大程度上与小银行产生了重合？回答这些问题，有助于我们更好地看清当前小微企业金融服务中应该关注的重点。

首先，小微企业金融服务覆盖度离"普惠"还有不小的差距，市场空间之大远远谈不上"掐尖"或"挤出"。目前，有贷款的小微企业数量为 660 万户，占正常经营的小微企业的 25% 左右；有贷款的个体工商

---

① 《银保监会：一季度新发放普惠型小微企业贷款利率降至 6.87%》，2019 年 4 月 25 日，见 https://www.sohu.com/a/310284940_267106。

户为 1200 万户，占个体工商户的 16% 左右。^① 因此，当前小微企业金融服务的主要矛盾仍然是供给远远小于需求，大量的小微企业仍然被排斥在金融服务体系以外，可观的市场空间完全能够容纳足够多的金融机构实现可持续的商业化发展，讨论过度竞争还为时尚早。

其次，贷款价格并不是影响小微企业融资选择的最主要因素。"大银行价格低抢走了好客户"的说法，其内在逻辑是由"小微企业融资贵"想当然地推导出贷款价格会对小微企业的融资选择产生决定性影响。但就笔者对小微企业的实地调研来看，相比融资贵，融资难对小微企业的影响更为突出和迫切。贷款流程简便，资金到账快，对抵质押物/财务报表要求少等都是小微企业选择银行时重点考虑的因素，甚至很多时候，贷款利率高一点低一点关系并不大。因此，"客户搬家"实际上涉及银行金融服务的效率、便利性、可得性等一系列与信贷机制、流程相关的深层次问题，单纯认为"价格决定一切"不利于解决这些问题，全面提高银行业对小微企业的金融服务能力。

最后，也是最重要的一点，小银行在服务进一步下沉后有着大银行难以复制的竞争优势，双方的优势领域存在明显差异，客户重合度并不高。小微企业的多样性和复杂性决定了不存在"放之四海皆准"服务模式，能够套用于所有的小微企业。小银行不能简单模仿大银行的业务模式，其实也无法模仿；而大银行也不必模仿小银行的经营模式。大、小银行各有各的优势，各有各的局限，必须充分认识小银行服务小微企业的独特优势，避免用自己的局限比拼别人的优势。

而一些城市商业银行、农村商业银行等地方金融机构从管理层到员工可能都是本地居民，与当地客户就是邻里关系。在这样的"熟人社

---

① 《银保监会普惠金融部李均锋：小微企业信贷投放量增加 2018 年至今增幅达 31%》，2019 年 6 月 13 日，见 https://www.sohu.com/a/320351355_115362。

会"里，小银行在软信息搜集和处理方面天然具有优势，对客户的金融需求、资产状况、信誉、还款能力等能够调查得一清二楚。业界领先的小银行在实践中编制包含企业及企业主"软""硬"信息的"三品三表"①要素表，从小微企业所处的生态圈入手，基于非财务信息进行考察。例如，许多小微企业是各类商会协会的成员，可以通过其他会员了解该企业的信用口碑；企业获得的各种荣誉称号也能够成为其信用意识的佐证。这种立足本地、基于"熟人文化"的关系型交易模式是机构庞大、层级界限分明的大银行无法比拟的。

从国外的经验来看，美国社区银行是小额信贷和小农贷款的主力军，"关系型"借贷的运营模式为其在服务中小企业和小农经济方面提供了竞争优势。据 2014 年的统计，"社区银行"总数超过 6500 家，占美国银行总数的 96.8%，在为中小企业提供的贷款总额中，资产不足 10 亿美元的社区银行贡献了 34.8% 的贷款，资产不足 100 亿美元的社区银行贡献了 56.1% 的贷款。

国外的实践经验表明，一个健康完整的金融生态系统能够容纳多层次、差异化的各类型金融机构。适度的市场竞争有助于更好地改善普惠金融服务，形成"争做小微"的良性生态，并不会导致"你死我活"的零和局面。小银行要做的，是充分发挥地缘、亲缘、人缘优势，培育有别于大银行的差异化小微企业市场领域，建立其他银行难以复制的商业模式。

但同时应当看到，大银行运用金融科技能够覆盖的中小微企业，主要还是能够取得标准化信息的中上层客群。随着潜在客户群逐渐下沉，数据可得性和标准化程度逐步降低，金融科技对数据的高度依赖可能会导致大银行普惠金融由优势演变为制约服务进一步下沉的短板，中小银行（社区金融机构）特有的地位与作用将是大银行无法取代的。

———————————

① 人品、产品、物品，水表、电表、工资表。

附件：

中小微企业"融资难"案例剖析

中小微企业融资难由来已久，原因多样。作为业界人士和智库学者，面对众多银行、中小微企业家和媒体的咨询，很多情况下难以给出各方都满意的解释。以"案"说"难"是我在工作实践中的尝试，各方面都可以从案例中理解"难点"，进行自我调整。为此，我委托一家大型银行的分支机构从不同类别、不同区域、不同规模、不同渠道等多方面选取 15 个具有代表性的中小微企业"融资难"案例，通过以"案"说"难"的方式，分析带有共性特征的"融资难"的具体原因。

（一）企业经营恶化导致线上审批改线下审批

××网络科技有限公司主营服装、玩具、箱包等 CAD 设计软件开发，2017 年、2018 年、2019 年销售收入分别为 561 万元、245 万元、87 万元，净利润分别为 132 万元、-91 万元、-35 万元，纳税额分别为 4.3 万元、6.6 万元、1.9 万元，企业经营呈持续下滑状态。

2019 年 3 月 8 日，该公司在银行办理了以税定额的线上信用贷款，贷款额度为 30 万元，贷款期限 1 年。到期后，企业通过线上申请续贷时发现没有授信额度，贷款申请被系统自动拒绝。随后，银行向企业建议通过线下方式申请贷款，但要提供相应信贷资料，以方便客户经理尽职调查和申报。但企业主认为流程手续烦琐，不愿意配合提供，融资受阻。

原因分析：1.经营状况持续恶化。企业连续三年销售收入萎缩，近两年净利润为负，纳税额持续大幅缩减，不符合银行线上贷款条件，被系统自动拒绝。

2.企业主配合程度不高。在改为传统线下信贷业务模式时，银行要开展尽职调查，企业需提供公司基础资料、法定代表人或股东身份证明材料、公司财务报表、销售证明材料等近 20 种资料，企业觉得资料要求过多，不愿配合。

（二）企业主经营理念影响企业在银行融资

××农资购销店是一家以销售化肥、农药和蔬菜种子为主的农资店铺。作为地区性集镇上唯一一家农资购销店，企业已持续经营 20 多年，全镇的农民农业生产所需物资，以及附近小区、公园绿植所需农用品均由该企业提供，年销售额近 500 万元。多年来，该企业主要靠自有积累资金运营，偶尔资金需求主要通过亲友拆借等，年利率约 5%。

2020 年以来，受疫情影响，消毒物品需求激增，加之春耕来临，农资物品采购量大，有贷款备货之需。多家银行均向其介绍了小额信用贷款和抵押贷款，但企业主认为银行信用贷款普遍额度不高，且利率与亲友拆借接近，小额资金通过花呗等互联网渠道可以便利取得，最终没有选择银行贷款。

原因分析：企业主习惯于选择亲友拆借和互联网小贷，对银行融资了解不多，不清楚银行信用可以通过长期合作、资金结算等方式逐步提高。不仅如此，将来扩大经营需要大额融资，因其民间借贷行为也会成为在银行融资难的不利因素。

（三）企业主平时不重视银行信用积累

××环保科技有限公司成立于 2003 年，注册资金人民币 300 万元，主要生产研发以二氧化氯为原材料的空气消毒剂、空气消毒机，年销售收入 200 万元，日常主要通过现金和私人账户结算。

随着企业产品订单增加，需 300 万元流动资金周转，企业首先向开户行申请信用贷款。但因无以往合作记录、结算量少被拒绝。随后向其他多家银行申请，也因企业在这些银行未开户、无结算、无个人金融资产沉淀等，无法获得信用贷款。

原因分析：因税务筹划等多种原因，日常资金往来和结算通过现金和私人账户处理，导致企业在银行没有过往合作和信用记录，银行无法通过大数据获取账户、结算、资产等有效充分信息，识别、判断融资需求和信贷风险，故而难以给予有效信用支持。反映出企业财务规范化十分重要，而且容易因为税务筹划不当引发逃税之嫌，更无法获得因税获贷的支持。

（四）第三方服务平台不规范

××电子商务有限公司主要通过O2O办公物资采购平台，接受客户及其他客户的合同订单，提供采购、配送IT产品和商务印刷等产品和服务。2019年，企业采购合同量持续增加，营业收入达到3000万元左右，产生流动资金贷款需求120万元。

银行受理贷款申请后发现，企业主曾于2016年通过"即分期"网络金融平台作为个人消费贷款2万元的第三方机构代扣还款，虽然企业主按期还款，并于2018年还清本息，但人行征信仍有"拖欠本息4810元、且累计6个月没有还款"逾期记录。最终因征信问题导致融资失败。

原因分析：第三方网络金融服务平台因操作失误或隐性条款导致借款人不知情情况下征信受损。借款人在银行指导下，才逐步发现2年前即存在征信异常，多次向网络金融平台反映也未得到处理。企业主应谨慎选择第三方网络平台，避免上当误事甚至带来损失。

（五）借款人与实际用款人不一致

××理发室为个体户，成立于2019年，员工3人，年营业额约8万元。店主向银行申请贷款500万元，融资需求显然超出该店经营规模和实际需要。实际情况是店主亲戚在当地经营水产生意，因负债总额过高（1000万元）已被银行拒绝增加贷款额度。该亲戚听说疫情期间对小微企业、个体户有信贷扶持政策，遂向店主提出借用理发店名义向银行申请贷款500万元。终因贷款金额和实际需求不匹配、借款人和实际用款人不一致被拒。

原因分析：实际用款人采取借壳融资，违反信贷基本原则。

（六）企业主不愿提供增信

××信息科技有限公司成立于 2018 年，是一家基于零售数据，依托新一代物联网技术和互联网云中台技术的为购物中心提供物联网系统解决方案的高新技术研发公司。企业 2019 年度营业收入 780 万元，年均缴税约 20 万元，企业员工约 60 人。目前财务成本支出中研发和人员工资占 80%以上，加上硬件投入，日常经营资金缺口 1200 万元左右。

该企业由于参与 ×× 创新创业大赛获奖，银行已给予其 500 万元信用额度但要求追加实际控制人个人连带责任担保，而企业主作为实际控制人又不愿意为该企业融资提供个人担保，也不愿意提供抵押物。

原因分析：银行贷款一般需要实际控制人提供个人连带责任保证或作为共同借款人，实际控制人不愿提供担保和提供抵押物，显示其对企业经营信心不足。

（七）企业主不重视信用记录

××食品店主要从事副食品批发和零售，年销售收入约 500 万元，净利润约 100 万元。企业主是本地人，有自建房产和商品房，资产丰厚。

该企业 2019 年向银行申请贷款 126 万元。银行调查中发现，企业主信用卡存在近两年 30 天以内的逾期记录 3 次，近三年内 30 天以上的逾期记录 16 次，其中最长逾期天数 180 天，最高逾期金额 4143 元。最终因企业主存在征信不良记录，未能在银行及时获得贷款。

原因分析：企业主信用意识淡薄，缺乏个人征信维护概念，认为小额逾期没事，逾期后还款就没问题，导致征信记录严重受损，最终影响企业融资。

（八）商业纠纷涉诉

××电子科技有限公司，是专业生产 LED 灯具电源驱动器的高新技术企业，下游客户为知名企业，企业经营情况良好，年产值约 3000 万元，年纳税额约为 30 万元。企业在三家银行分别申请 200 万元贷款，但均被拒绝。主要原因是该企业涉诉较多，近期一笔 30 万元合同纠纷已败诉，另一笔 40 万元诉讼待判决，企业经营具有很大不确定性。

原因分析：商业纠纷是银行判断企业风险状况的重要因素之一。该企业经常陷入商业合同纠纷，引发多起司法诉讼，最终使银行贷款望而却步。

（九）企业受环保行政处罚

××建材制品厂主要生产加工石板材料，供应市政、路政等建设需求，年营业收入约 700 万元，纳税约 40 万元。由于从采购合同、开立税票和付款，结算周期一般在 60—90 天，日常经营资金缺口 200 万元左右。该企业向两家银行分别申请办理线上贷款业务，但因大数据画像显示企业在 2017 年 12 月存在两笔环保处罚记录，两家银行审批系统均自动否决其贷款申请。

原因分析：企业对当地政府有关环保、安全生产政策不了解、不重视，没有向有关部门了解污染排放、安全消防相关业务开展权限和许可条件，没有做好备案工作，导致发生环保或处罚，被银行拒贷。

（十）未守契约，续贷被拒

××酒业有限公司注册资本 50 万元，主营业务为批发销售 ×× 等中档白酒，年营业收入约 3000 万元，纳税约 20 万元。2018 年银行贷款 700 万元后，每月陆续出现逾期拖欠的记录，并且拖欠天数变得越来越长，最长逾期达 90 天。银行与企业主的沟通过程中，已多次提示、要求企业重视信贷合同中双方责任权利的有关约定，但企业主总是一味强调抵押物价值高（市场估值 1500 万元以上）、足以覆盖贷款，还坚持临时拖欠贷款利息无伤大雅、有资产抵押哪里都能办理融资的错误理念。

贷款到期后，银行拒绝续贷，企业向其他金融机构申请贷款，也因征信问题被拒。

原因分析：这是一个典型的不遵守合同约定、不珍惜信用的例子，企业主认为有抵押物就可以随意拖欠利息，缺乏契约精神和重合同守信用意识。

（十一）资金使用不规范，触犯反洗钱规定

××建设工程有限公司主营建筑工程施工以及工程项目投标，年营业收入约 3000 万元，年纳税额约 20 万元。企业建筑施工需要使用大量的建筑原材料，采购建筑材料主要以现金方式批量支付。2019 年公司账户单日累计超 5 万元现金收支交易笔数突增，违反人民银行反洗钱大额交易规定，出现疑点交易数据，洗钱风险等级为中风险，因而被纳入洗钱风险监管内控名单，直接导致企业贷款申请被拒。

原因分析：企业不了解人民银行账户结算的有关管理规定，不重视企业账户现金收支等违规问题，导致洗钱风险监管，影响融资申请。

（十二）银行对过往高风险行业严格限制，该类企业融资需求受阻

××不锈钢有限公司为当地最大的不锈钢板材贸易批发商，年销售收入 1.5 亿元，是××钢铁集团的一级代理商，在当地市场的定价和政策具有一定的影响力。由于企业主营业务是不锈钢批发，所属行业为钢铁贸易，因 2012—2015 年钢铁贸易、煤炭贸易类企业授信风险事件频发，银行几乎无一幸免，不良率居高不下，几乎所有银行对钢铁贸易、煤炭贸易行业企业进行严格管控，信贷余额只减不增，在申请贷款时因此受阻。

原因分析：2015 年以来，钢铁贸易企业因上下游关联度高，融资乱象丛生，引发联合欺诈、资金挪用、重复质押及企业主"跑路"等系列风险，属于银行重点关注的高危行业。银行对钢铁贸易行业持非常谨慎态度，同时也抑制了行业链条上其他企业的正常融资需求。

（十三）地区差异影响抵押贷款可获得性

××实业有限公司成立于 2005 年，注册资本 1000 万元，是集废旧金属回收、铸造、锻造、机械加工一条龙的企业，2019 年经营收入 5687 万元。向银行申请贷款 930 万元，抵押物为位于经济欠发达地区县级工业园的土地，面积总共为 33888m²，单价为 360 元 /m²，抵押物评估总价为 1220 万元。

虽然有足值的抵押物，但终因抵押物为乡镇土地，土地所在工业园非省级工业园，且位于城市规划区界址外，银行权衡风险后，未予贷款。

原因分析：银行对于落后地区、偏僻位置的抵押物均持谨慎态度，尤其是工业用地和厂房，较住宅等押品变现难度大。本案例抵押物位于四线城市乡镇区域，工业园区级别低，尽管押品评估足值，但二级市场交易难度大、变现难，仍无法获得贷款。

（十四）划型标准过旧，小微变大中，带来"融资难"

××果业有限公司是一家主营种植、销售本地脐橙的农业公司，年销售收入 1800 万元。因年销售收入超过 500 万元，根据 2011 年四部委企业划型标准规定，该农业公司属于大中型企业，不能按小微企业信贷规定办理业务，只能按照大中型企业贷款业务管理办法申报和审批。

原因分析：农林牧副渔行业规模划型按照《关于印发中小企业划型标准规定的通知》（工信部联企业〔2011〕300 号）执行，其中行业为农业企业、销售收入超过 500 万元为非小微企业，不符合小企业贷款办理条件，享受不了普惠金融各类政策利好。该企业年度销售收入超 500 万元，但要界定为大中型企业又勉为其难，两边不靠，融资不畅。随着国家对农业越来越重视，农业企业不断发展壮大，产品单价不断提高，旧的企业规模划型标准，有必要进行调整。

（十五）核心企业不配合增信，商业生态与金融生态脱节

相对于产业链中的大型核心企业，特别是中央企业、国有企业、政府采购及强势民营企业，使中小微企业普遍处于产业链弱势地位，中小微企业为获得稳定、持续订单，被迫接受较为苛刻付款条件，资金困难。而核心企业多数不仅拖欠时间长且不愿为上下游中小微企业提供增信帮助。

××集团是国内的知名奶粉企业，年销售收入超百亿元。企业经销商包括大型连锁超市、连锁婴童店、贸易批发商、个体户等，数量众多。该公司居于供应链条的核心地位，与经销商结算均采用先款后货方式，经销商普遍资金压力大，该集团希望银行能够采用供应链金融解决方案，为经销商融资，保障经销商资金充足，加大采购额，保证销售量。

由于经销商分散在全国各地，银行提出由该集团为经销商增信，创新供应链融资产品，实现一点对全国、线上融资。但该集团拒绝提供增信措施，最终供应链融资方案无法落地。

原因分析：银行供应链融资模式核心环节是核心企业的增信配合，如交易数据共享、占用授信、确认应付款、提供担保、承诺回购、组建风险资金池等。本案例中，核心企业既想通过银行融资加大下游小微企业采购量，直接扩大企业销售，又不愿意为经销商增信，造成下游经销商融资需求无法得到满足。

实践中，中小微企业的应收款数量巨大，有的核心企业对于供应商账期长达9个月到一年，导致小微企业资金压力巨大，根本无法扩大生产。同时很多大型核心企业不愿通过占用自身授信、确认应付款、交易数据共享方式帮助供应商盘活应收款方式，帮助中小微企业到银行融资。另外，不少超大型核心企业成立财务公司，仅限在本财务公司融资，不仅让供应商融资难，还增加了融资成本。

第五章

普惠金融并不普通

从 20 世纪 70 年代以格莱珉银行为代表的小额信贷，到 90 年代强调对贫困人群提供综合金融服务的微型金融，再到 2005 年，联合国在国际小额信贷年会上将建立"包容的金融体系"（inclusive financial system）作为实现发展目标的重要途径，普惠金融不论是理论发展还是实践演进，都经历了与时俱进的发展历程。在中国，2013 年将"发展普惠金融"写入《中共中央关于全面深化改革若干重大问题的决定》；2015 年国务院印发《推进普惠金融发展规划（2016—2020 年）》，明确了中国普惠金融发展战略的纲领性文件。此后几年的政府工作报告中，均对普惠金融事业发展进行了明确的部署安排。各级政府和相关部门积极推动完善普惠金融服务体系、引导各类金融机构创新普惠金融产品和服务、推进普惠金融改革创新试点、加快建设普惠金融基础设施，取得了良好成效。在这里，我想从现代金融生态的角度谈谈普惠金融问题。

一、普惠金融需要社会各界深刻理解

回顾普惠金融的发展历程，最早可以追溯到一些国家的小额信贷，后来逐渐发展到面向贫困人群提供综合金融服务的微型金融阶段，最终形成现今的普惠金融体系。

普惠金融起源于小额信贷，这是人所共知的。小额信贷是指向低收入群体和微型企业提供的额度较小的信贷服务，具有贷款额度小、借款时间短、无须担保和抵押物等特点。小额贷款起源于 20 世纪 70 年代，1974 年，穆罕默德·尤努斯创立了小额贷款扶贫项目；1983 年，尤努斯创办格莱珉银行，成为目前世界上规模最大、经营最成功的小额贷款机构。相比正规金融机构，小额贷款机构规模相对较小，区域化特征明显，比正规金融机构更直接接触客户、更加了解客户，能在一定程度上克服逆向选择和道德风险等问题。小额贷款机构的成功发展逐渐改变了人们对贫困人群融资的传统偏见，表明贫困人群的还款率往往比从正规金融机构获取贷款的中高收入人群还要高。

20 世纪 90 年代，小额信贷已经无法满足贫困人群日益增长的金融需求，低收入人群也需要享有与富人一样全面的、多样性的金融服务。因此，小额信贷服务逐渐向包括储蓄、信贷、保险、结算和转账等在内的全面金融服务演变，形成了微型金融。以微型储蓄为例，正规金融机构出于对高成本的考虑，往往不会在贫困地区或者偏远地区设立物理网点，贫困人群想要获得储蓄服务，不得不花费更高的成本。微型储蓄为贫困人群提供了更安全、持久、便捷的储蓄方式。微型金融的出现缓解了金融供给不足的问题，在世界金融体系尤其是发展中国家具有积极意义。

微型金融成为发展中国家扶贫项目的主要运作模式后，可持续性和商业性矛盾显现，如何在扶贫的同时兼顾金融机构的营利性，激发金融机构的内在动力显得十分关键。

2005 年，联合国在国际小额信贷年会上将建立"包容的金融体系"作为实现发展目标的重要途径，"普惠金融"的概念被正式提出。普惠金融的理念在于强调社会个体享受金融服务的基本平等权利，突出金融体系要能够有效、全方位地为社会所有阶层和群体提供服务。与微型金融相比，普惠金融在规模上强调提供高质量的金融服务，满足大范围贫困人群的金融需求；在效率上强调兼顾营利性与商业可持续性。普惠金融的理念使原有的小额信贷、微型金融从金融体系的边缘融入主流，引起国际社会的广泛关注和探索，目前已有超过 50 个国家或地区将普惠金融纳为金融发展的重要目标。

然而，普惠金融看似低端，做好并不容易，社会各界的理解与认识尤为重要。

第一，金融行业要深刻认识发展普惠金融的重要性。大力发展普惠金融，是我国全面建成小康社会的必然要求，有利于促进金融业可持续发展，助推经济发展方式转型升级，增进社会公平和社会和谐。但长期以来，小微企业和低收入人群作为弱势群体，一直被传统金融机构排斥在服务范围外，金融需求无法得到有效满足。这既与过去缺乏服务弱势群体的方法和技术有关，更体现了金融行业对草根市场根深蒂固的认知偏差。要全面铺开普惠金融服务，银行就必须从经营战略上确立普惠金融意识和地位，从认识上扭转传统金融服务的惯性思维，建立与普惠群体相适应的体制机制、模式流程，才能真正把普惠金融这项事业做实，让所有市场主体都能分享金融服务的雨露甘霖。

我们欣喜地看到，已经有越来越多的金融机构认识到了服务普罗大众的重要性，发现了普惠群体市场的巨大空间。2018 年，建设银行在国有大银行中率先明确普惠金融发展战略，到目前 5 家大型银行在总行和全部 185 家一级分行成立了普惠金融事业部，10 家股份制银行已设立普惠金融事业部或专职开展普惠金融业务的部门及中心。"敢做、愿做"的普惠金融机制已基本形成。

第二，普惠金融服务应回归银行经营信用的本源。银行是经营信用的企业，主动选择信用风险、科学安排信用风险、合理承担信用风险既是银行经营的本质，也是对银行经营能力的根本检验。从中国现阶段金融供给的角度看，银行传统的信贷经营理念和运作方式是基于大中型企业信用特点发展起来的，很难适用于小微企业这样的普惠客户群体。例如，财务报表分析是银行贷前调查的重点，但小微企业财务报表不规范，财务指标差，按照大企业的评价标准难以判断其信用状况；银行传统的解决方式就是要求第三方担保或收取抵押物进行信用增级，这又与小微企业固定资产积累少形成冲突，也徒增小微企业融资成本。因此，回归信用本源，在传统的信贷管理体系外形成适用于小微企业的新模式，是形成"会做"普惠金融的经营氛围、实现普惠金融商业可持续发展的关键所在。

第三，数字化技术赋予普惠金融全新的时代价值和丰富内涵。随着新一轮科技革命和产业革命的加速，金融科技使银行破解小微企业融资难题的愿望成为可能。随着移动互联网及物联网的发展，人的属性、行为、偏好都会在网络空间留下数据痕迹，银行可以综合运用科技手段，分析用户沉淀的数据信息，实现更全面、更精准的客户画像、需求识别与服务推送，经营风险、识别信用的能力大为提升，不再需要像过去那样，依赖财务报表、通过烦琐冗长的信贷流程，来判断客户的经营和信用情况。通过在信用重构、流程再造和风控创新等领域的深度变革，科技的广泛应用正在快速改变金融的生态和业态，解决了风险、成本和效率的"不可能三角"问题，一个以数据为关键生产要素、以科技为核心生产工具的新金融时代全面到来。

在科技的助力下，中国普惠金融事业正在以丰富多元的方式快速发展。据有关方面数据，截至 2019 年 6 月末，全国乡镇银行业金融机构覆盖率为 95.65%，行政村基础金融服务覆盖率 99.20%，比 2014 年年末提高 8.10 个百分点；全国小微企业贷款余额 35.63 万亿元，其中普惠型小微企业贷款① 余额 10.7 万亿元，较年初增长 14.27%；全国涉农贷款余额 34.24 万亿元，普惠型涉农贷款余额 6.10 万亿元，占全部涉农贷款的 17.80%。②

第四，普惠金融事业需要社会各界凝聚共识，共同参与。普惠金融发展除了需要金融机构的资金"活水"精准灌溉，更离不开政策的推动，也离不开各类行业协同作用。近年来，政府不断加大简政、减税、减费等改革力度，小微企业的营商环境整体上改观明显。但在与小微企业的接触当中，我观察到当前还存在一些至关重要的经营生态问题，需要引起足够重视。例如，小微企业日常经营中普遍面临来自大企业等强势交易对手的账款拖欠、资金占用；一些民营企业信用意识不强，加之经济生活中失信违约成本较低，小部分民营企业的"跑路"行为对社会金融运行效率形成严重制约；还有一些不再适应经济现状的金融制度，急需尽快修改优化。如何规范、激励和引导各类市场主体的行为，如何保证已推出政策的持续性和有效性，未来政策盲区与市场风险在哪，回答这些问题，是进一步扩大普惠金融事业成果、更深入解决普惠金融服务"梗阻"面临的任务，既考验我们的智慧，也检验我们的使命与担当。

二、中国越来越重视普惠金融

我国普惠金融事业的发展基本与国际保持同步节奏。20 世纪 80 年代，国内银行对国际援助机构在我国开展的扶贫项目进行配套贷款，可以认为是我国普惠金融的雏形；进入 21 世纪，小额信贷兼顾扶贫和提高居民生活质量，强调金融供给的多样性，金融产品也从信贷向储蓄、

---

① 单户授信总额 1000 万元及以下的小微企业贷款。
② 《银保监会、央行发布〈2019 年中国普惠金融发展报告〉》，2019 年 10 月 9 日，见 https://www.sohu.com/a/345848700_100086111。

结算等领域延伸；2006 年，中国人民银行在联合国开发计划署的支持下翻译了《建设普惠金融体系》蓝皮书，首次引入"普惠金融体系"这一说法；2013 年 11 月，"发展普惠金融"写入《中共中央关于全面深化改革若干重大问题的决定》；2015 年 12 月，国务院印发《推进普惠金融发展规划（2016—2020 年）》，明确了发展普惠金融的指导思想、基本原则和发展目标，并提出了一系列务实的政策建议，作为中国普惠金融发展战略的纲领性文件，是中国普惠金融发展进程上的一个里程碑；"十三五"规划将普惠金融作为四大聚焦领域之一；2016 年 9 月，由中国推动并参与制定的《G20 数字普惠金融高级原则》正式通过，成为首个具有全球意义的数字普惠金融重要指导原则；2017 年的《政府工作报告》明确要求，鼓励大中型商业银行设立普惠金融事业部，突出差别化考核评价办法和支持政策，并在当年召开的第五次全国金融工作会议首次提出"建设普惠金融体系"，从顶层设计的角度再次强调大力发展普惠金融，2018 年的《政府工作报告》进一步提出支持金融机构扩展普惠金融业务，规范发展地方性中小金融机构，着力解决小微企业融资难、融资贵问题。

　　在决策层的高度重视下，近年来政府和相关部门积极推动完善普惠金融服务体系、引导各类金融机构创新普惠金融产品和服务、推进普惠金融改革创新试点、加快建设普惠金融基础设施，取得了良好成效。[①]

（一）民众更广泛地享有金融服务，金融服务的便利性不断提升

　　1. 账户和银行卡的普及是民众获得金融服务、消除"金融排斥"的第一步。目前我国人均拥有的银行账户数和持卡量均处于发展中国家领

---

　　① 本部分内容主要来自银保监会、人民银行：《2019 年中国普惠金融发展报告》。

先水平。截至 2019 年 6 月末，我国人均拥有 7.6 个银行账户、持有 5.7 张银行卡，较 2014 年年末分别提高 60% 和 50%。

2. 物理可得性是普惠金融的关键要素之一。截至 2019 年 6 月末，我国每 10 万人拥有 ATM 机 79 台，显著高于亚太地区平均水平的 63 台；我国每 10 万人拥有 POS 机 2356 台，较 2014 年年末实现翻倍。

3. 信息技术的发展和移动互联网的普及显著增强了民众的金融服务获得感。全国使用电子支付的成年人比例达 82.39%；2019 年上半年，银行业金融机构移动支付 434.24 亿笔，金额 166.08 万亿元，呈现持续增长态势。

(二) 农村地区基础金融服务覆盖面持续扩大，金融覆盖形式不断创新

截至 2019 年 6 月末，全国乡镇银行业金融机构覆盖率为 95.65%，行政村基础金融服务覆盖率 99.20%，比 2014 年年末提高 8.10 个百分点；全国乡镇保险服务覆盖率为 95.47%。银行卡助农取款服务点已达 82.30 万个，多数地区已基本实现村村有服务。

农村地区电子支付进一步推广，为农村电商发展提供支撑。2019 年上半年，农村地区发生网银支付业务 63.54 亿笔，金额 74.27 万亿元，发生移动支付业务 47.35 亿笔，金额 31.17 万亿元；银行机构办理农村电商支付业务 3.57 亿笔，金额 4030.33 亿元；银行卡助农取款服务点发生支付业务（含取款、汇款、代理缴费）2.14 亿笔，金额 1813.25 亿元。

(三) 持续增加普惠金融重点领域供给，各项服务可得性进一步提升

1. 小微企业金融服务实现增量、扩面、降本、控险平衡发展。截至 2019 年 6 月末，全国小微企业贷款余额 35.63 万亿元，其中普惠型小

微企业贷款余额 10.7 万亿元，较年初增长 14.27%，比各项贷款增速高 7.14 个百分点；有贷款余额户数 1988.31 万户，较年初增加 265.08 万户。

2019 年上半年新发放的普惠型小微企业贷款平均利率为 6.82%，较 2018 年全年平均利率下降 0.58 个百分点。全国普惠型小微企业贷款不良率 3.75%，较年初下降 0.43 个百分点。

2. 金融支持乡村振兴力度不断加大。截至 2019 年 6 月末，全国涉农贷款余额 34.24 万亿元，其中，农户贷款余额 9.86 万亿元。普惠型涉农贷款余额 6.10 万亿元，占全部涉农贷款的 17.80%，较年初增长 8.24%，高于各项贷款平均增速 1.11 个百分点。

（四）建设银行主动实践收到双重功效

2018 年建设银行全面启动实施普惠金融战略，依托金融科技力量，以数据经营和平台经营为核心，探索打造出服务普惠金融的建行模式，运用市场化手段推动普惠金融业务扩量、降本、提质，破解小微企业"融资难、融资贵、融资慢"，得到社会各界的广泛认可。

2017 年，建设银行率先组建普惠金融事业部；2018 年，明确提出普惠金融发展战略，全面推动普惠金融业务发展。在信贷规模上，单独配置普惠金融贷款规模，实际执行中根据市场需求足额满足。在激励费用上，配置普惠金融专项费用，调动基层机构积极性。在绩效考核上，将普惠金融纳入一级分行 KPI 考核体系，提高考核权重，优化考核指标和考核方式。在信贷政策制度上，制定差别化信贷管理政策；完善小企业业务授信审批流程精细化管理；出台专门的尽职免责制度，建立差别化责任认定机制。

针对小微企业"缺信息、缺信用"，以及融资需求"短、小、频、急"的特点，以金融科技助力，打造出以"五化"为特征的普惠金融服务新模式，即批量化获客，通过设计数据规则、系统自动筛选，准确定位目标客群；精准化画像，对小微企业进行立体式的基础画像、信用画像、场景画像、风险画像；自动化审批，客户发起贷款申请后，系统自动调取客户数据、调用模型，信用类贷款一分钟以内可完成贷款申请到支用全流程操作；智能化风控，综合大数据、行为评分卡技术和风控专家经验，建立风险监控预警平台（RAD），实时监测；综合化服务，为小微企业提供一站式、全覆盖的综合金融服务。

以此为基础，实现客户的"三个一"信贷体验，即"一分钟"融资、"一站式"服务和"一价式"收费。信用类贷款除贷款利息外，企业无须承担抵押、担保、评估等第三方服务费用，按需支用，随借随还，按日计息，真正做到"一次定价，费用全清"。通过模式的创新，有效缓解了"融资难、融资贵、融资慢"的社会痛点。

建设银行聚焦降低门槛、简化流程、减少抵押等小微企业需求痛点，持续创新产品，围绕小微企业交易、结算、纳税、采购等场景应用，目前已形成信用、抵押、质押、平台四大产品系列，初步实现了对客户"总有一款适合你"的承诺，累计为超过 73 万客户提供了超万亿元贷款支持。

运用移动互联和平台经营理念，以生物识别、人工智能等新兴技术为支撑，在国内银行业率先推出面向小微企业的"惠懂你"手机移动端融资新平台，集成了精准测额、预约开户、贷款办理、进度查询等功能，都可以通过一部手机一站式完成。让数据多跑腿，客户少跑腿，真正打造全面满足用户需求、易于普罗大众掌握和使用的融资新工具。目前，"惠懂你"在手机应用市场的下载量达到 1190 万次，访问量达到 4857 万次，绑定企业 257.2 万户。

建设银行在做好小微企业信贷服务基础上，深拓普惠客群市场，做大普惠经营板块，丰富产品服务供给体系，提升价值创造。譬如推动普惠金融领域市场扩容。面向网点机构尚未覆盖的县域农村，建立"裕农通"服务点 27.1 万个，为 1499 万农户提供集"存贷汇缴投"于一体的便利金融服务；创新助农扶贫模式，推出"跨越 2020——N+ 建档立卡贫困户"产业扶贫模式，提升贫困地区金融服务可得性和覆盖度；聚焦"民工惠"和农民工安居场景，提供简单高效的全方位融资服务；将普惠金融与精准扶贫深度融合，依托"善融商务"，为贫困地区小微企业提供电商销售增收获利机会。再譬如积极输出非金融增值服务。开放共享赋能小微企业，搭建撮合平台，打通大小客户的生态链条，助力民营和小微企业孵化成长；实施"金智惠民"工程，广泛培训民营企业主和小微企业主以及基层党政干部，着力提高这类人群的金融认知能力；在全行 1.4 万多个营业网点建立"劳动者港湾"，为户外劳动者倾情提供喝口水、歇歇脚的地方，给他们送去更多关爱；推动产学研跨界协同，与新华社、高校合作研究发布普惠金融蓝皮书、建行·新华普惠金融—小微指数，打造我国普惠金融运行状况的"晴雨表"。

三、清醒认识普惠金融的挑战

尽管政策意图清晰，金融机构主动作为，但决策者必须清醒地看到，我国的普惠金融实践仍面临诸多问题与挑战。一是征信与增信体系亟待完善。目前，中国人民银行征信中心已收录企业和其他组织 2160 多万家，收录自然人 8.9 亿，但其中具有信贷记录的个人只有 3.6 亿，还有 5.3 亿人没有有效的信用信息，而这部分人和企业正是普惠金融的主要用户，他们最需要征信系统来帮助其获得信贷服务降低借款成本。此外，还有很多非金融信息，如个人的纳税记录、交通违规记录、水电煤气缴费记录、行政与民事处罚信息等，对金融机构判断个人信用状况起到很重要的作用。这些信息尚未得到有效整合，也让金融机构无法获取充足的个人信息，评估贷款人的信贷风险。二是金融教育缺失。与传统金融消费者具有较为成熟的金融消费理念不同，普惠金融消费者缺少相关的金融知识和经验，容易作出错误的决策，并且因其对自身金融资产的合理配置能力较低，在贷款过程中很容易发生违约。因而需要通过金融消费者教育来弥补金融能力的"先天不足"，提高信息理解能力和决策能力，降低违约风险。三是农村地区金融基础设施薄弱。我国金融二元结构分化明显，大量小微企业、农业人口游离于传统大型金融机构金融服务范围之外。农村金融机构网点的基础设施投入成本收益比较高，回报较差，限制了金融机构对农村地区金融基础设施的投入。

普惠金融的发展离不开政策的推动，离不开各层次金融机构的主动参与，也离不开各类行业自律组织、评级机构、征信机构不断提供完善的服务，但全面实施普惠金融，必须遵循以下原则：政策有效、市场有为，政策约束、激励相容，广普覆盖、多元主体。鉴于此，提出以下几个方面的建议：

一是加强普惠金融体系建设。首先是政策体系。从顶层设计上不断完善普惠金融政策体系，统筹推进财税政策、货币政策等相关配套政策对普惠金融的支持。可以在差额存款准备金、宏观审慎评估政策参数、普惠金融贷款风险加权系数等方面持续出台差别化政策，提高银行投放普惠金融信贷资产的意愿与能力。其次是组织体系。引导各类银行机构充分发挥积极性、能动性，推动大型银行继续深化普惠金融事业部建设，加快设立小微企业专营机构；加快村镇银行在中西部地区设立；鼓励各类新型机构提升普惠金融服务水平，进一步规范互联网金融平台的发展运营。最后是监管体系。创造公平公正的经营环境，在严格监管与鼓励创新之间取得平衡。制定普惠金融监管考核办法，健全普惠金融考核评价体系与激励约束机制。

二是完善征信体系建设。在现有信用信息系统基础上，继续推进信用信息的征集、整合、公开和共享。重点是推动各级政府政务信息公开和重点行业信用信息系统建设，加快非金融信用信息的公开和共享；为自然人、企业和其他社会组织建立全面的信用档案，建成覆盖范围广、信用信息全和提供基础征信服务的公共征信系统；支持电商和小额信贷协会等主体基于其数据资源发展征信业务，扶植新型征信机构成长。

三是进一步完善农村普惠金融基础设施与生态体系。尤其要加快农村信用社特别是省联社改革，提升农村信用社综合服务水平，增加农村金融供给；扎实推进农村信用体系、支付体系等金融基础设施建设；以搭建农村电商服务平台为抓手，大力发展供应链金融创新；强化对规模经营、绿色农业、乡村休闲旅游等新产业、新业态的支持。作为普惠金融生态体系的有机组成部分，加强金融消费者教育是不可或缺的。实现公众金融教育制度的与时俱进，在不断创新中实现制度优化，满足互联网金融消费者多元化、场景化的教育需求。

展望未来，我国普惠金融的发展本质在于坚持市场化改革，强化金融服务功能，找准金融服务重点，以服务实体经济、服务人民生活为本，不断改善金融体系服务供给的公平性，真正实现金融权利的机会平等、金融资源的合理配置、金融服务的应享尽享。

附件:

立足于服务基层的普惠金融需要特殊的银行体系①

——德国储蓄银行和合作银行体系及其借鉴意义

立足于服务社会经济基层、解决弱势群体因自身存在"先天不足"而出现的融资难融资贵,一直是各国面临的共同难题。德国经过长期探索,形成一套以银行业为主导、其他多种金融机构并存的特色金融体系,私有商业银行、公有银行和合作银行被称为德国银行体系三大支柱。其中,合作银行和作为共有银行的储蓄银行均立足于区域市场,主要为当地中小企业和居民提供专业、务实和可信赖的金融服务,并形成长期伙伴关系;同时也借助独特的集团结构优势,让小银行也可以提供大型金融机构才有的综合服务,对实体经济发展起到很大的推动作用。这类在德国经过长期发展所形成的成熟有效的银行模式,对我国解决中小企业融资难融资贵,尤其是深化农村金融服务具有一定借鉴意义。

一、从宏观经济与金融背景来看,德国政府与金融业普遍重视中小企业发展

中小企业是德国制造业的重要基石,在经济增长、市场竞争、技术创新和社会就业等方面都发挥着重要作用。德国虽具有一批国际化程度很高的大型企业,但中小型企业始终是德国经济的中坚力量,无论是德国政府还是德国金融机构都非常重视中小型企业的发展并与其保持密切联系。德国企业融资主要来自银行贷款,尤其是中小企业倾向于直接从银行贷款来促进业务发展,故而德国虽然具有发达的证券市场,银行贷款在公司负债中却占较大比例。2008 年金融危机以来,德国中小企业

---

① 参见黄志凌:《发展基层区域经济需特殊银行体系》,《中国金融》2020 年第 12 期。

总负债中银行贷款占比平均为 30%，其中，短期负债中银行贷款占比平均为 20%，长期负债中银行贷款占比平均为 64%。

德国中小企业负债中银行贷款占比较高与德国银行业市场结构也有着较大关系。按照所从事的业务种类，德国银行业金融机构可以分为全能银行和专业银行，全能银行占主导地位。2019 年全能银行机构数量占比 97%，资产规模占比 78.7%，非金融机构贷款占比 82.2%。全能银行包括私有商业银行、公有银行、合作银行，既可以从事典型的银行业务，比如存款、贷款、电子银行业务，也可以经营有价证券、客户理财以及保险等业务。与全能银行相比，德国专业银行只能从事其营业许可证所规定的特定金融业务，包括抵押银行、不动产信贷银行、房屋储蓄银行、特定功能银行等，整体市场规模不大。

德国最典型的私有商业银行是国际性和全国性大银行，如德意志银行、德国商业银行、UniCredit 银行和德国邮政银行，此类银行以股份制为主，以利润最大化为目标，经营范围除了传统银行业务外，一般均涉及资本市场业务并大多拥有国际化的经营网络。此外，私有商业银行还包括区域银行、规模较小的私人银行、外国银行分支机构等。2019 年，德国私有商业银行共有 259 家，占德国银行业机构数量的 16.9%；资产规模 3.44 万亿欧元，占比 41.2%；非金融机构贷款 1.34 万亿欧元，占比 31.1%。

德国大多数的公有银行主要包括储蓄银行和州立银行，大多数都统一到了德国储蓄银行集团，该集团由约 530 家机构组成，其核心是 380 家储蓄银行及 6 家州立银行。除了核心的储蓄银行与州立银行，该集团还有一家专业资产管理公司（德卡银行），8 家区域建房储蓄银行，11 家区域性保险公司，3 家租赁公司，3 家保理公司，55 家金融服务公司及其他一些服务类公司。2019 年，德国储蓄银行集团拥有 30.16 万名员工，1.75 万个网点覆盖德国全境，机构数量占德国银行业机构数量的 25.2%；资产规模 2.15 万亿欧元，占比 25.8%；非金融机构贷款 1.46 万亿欧元，占比 33.9%。

德国合作银行由个人或企业以入股的形式获得会员资格，以服务会员为宗旨，按照银行体系进行规范管理和运作，实行会员集体所有制。德国合作银行扎根于地区经济，服务网点众多，拥有 11000 多家分支机构，主要为个人客户、中小企业客户、农村地区客户提供全面银行服务，拥有 3000 万客户，其中 1860 万是会员。2019 年，德国合作银行共有 842 家，占德国银行业机构数量的 55%；资产规模 9829 亿欧元，占比 11.8%；非金融机构贷款 7382 亿欧元，占比 17.1%。

尽管德国银行业市场份额几乎被全能银行垄断，专业银行由于提供相对特殊的银行业务，仍发挥着重要作用。2019 年，德国有抵押银行、建筑贷款协会、特殊目的机构等专业银行共 47 家，机构数量占比 3.1%；资产规模分别为 2310 亿欧元、2379 亿欧元、1.31 万亿欧元，占比分别为 2.8%、2.8%、15.7%；非金融机构贷款分别为 1963 亿欧元、1829 亿欧元、3948 亿欧元，占比分别为 4.5%、4.2%、9.1%。

具体到德国中小企业银行信贷市场结构，德国银行业与中小企业大多开展关系型贷款，很大程度上避免了信息不对称，大多数的德国中小企业都有自己的主办银行。德国的储蓄银行和州立银行是德国中小企业银行信贷资金的最大来源和最重要的合作伙伴，市场占比约 42%，约 68% 的德国中小企业与储蓄银行或州立银行有业务合作，年营业额在 50 万欧元及以上的中小企业中约有 50% 是储蓄银行或州立银行的客户，年营业额在 5000 万欧元及以上的企业中约有 41% 的企业是储蓄银行或州立银行的客户。德国的私有商业银行是德国中小企业银行信贷资金的第二大来源，市场占比约 28%，其客户大多是德国中小企业中规模偏大的中型企业。德国的合作银行是德国中小企业银行信贷资金的第三大来源，市场占比约 16%，主要服务于德国中小企业中规模偏小的小微企业、农村地区企业和会员企业。此外，德国的一些专门银行和政策性银行，如德国复兴信贷银行、担保银行等在德国中小企业信贷融资中也发挥着重要作用，市场占比约 14%。

二、德国储蓄银行集团独特的市场定位和组织架构，有效服务于区域经济和中小企业

德国储蓄银行有 200 多年的发展历史，其众多的网点布局和独特的分散结构，使其最大限度贴近客户，保证了德国各地居民和企业都能享受到银行服务，并成为当地中小企业信贷融资的主要合作银行。但是这种结构也带来了经营方面的挑战，由于单个储蓄银行的规模较小，资本薄弱，难以独立提供所有的金融服务，因此需借助一体化的组织体系。德国储蓄银行集团是德国众多储蓄银行和州立银行出资成立的联盟性组织，代表德国众多储蓄银行和州立银行的利益并决定集团的战略方向，同时在国家与国际层面参与行业政策、监管法规等的讨论与制定。德国储蓄银行集团独特的组织架构和市场定位，既能够发挥单个储蓄银行经营的灵活性，也可发挥集团内各成员的协同效应，兼具"大银行"的优点，在服务区域经济和中小企业发展中发挥重要作用。

（一）独特的法律地位

储蓄银行和州立银行在《德国联邦银行法》《储蓄银行法》《州立银行法》的框架内运行，接受德国央行和金融监管局的监督。从法人属性看，德国储蓄银行集团不是一个统一法人的金融机构，而是由多家具有独立法人的储蓄银行、州立银行、保险公司、保理公司、资产管理公司等组成的金融集团，各成员单位在法律上彼此独立，集团层面不干预各成员银行具体经营。从股权性质和机构看，储蓄银行集团成员的股权并非私有，均属于公有股权，储蓄银行由州政府拥有，州立银行由储蓄银行和州政府共同拥有。虽然州政府是储蓄银行和州立银行的股东，但州政府无权出售股权或参与分红并将其作为本地财政预算，也不承担银行资本补充和救助，只有在极少数情况下，当地政府在资金充裕、符合法定程序的条件下有可能为某一家银行补充资本，由于经营稳健，储蓄银行资本金不足的情况很少见。

（二）独特的组织架构

德国储蓄银行集团在组织架构上采取了特殊的层级制。基层是由市县一级的 385 家储蓄银行及其 13000 多家分支机构和网点构成，其定位为零售银行，主要业务有吸收存款、承担企业雇员养老保险服务、为中心小企业提供贷款、为当地基础设施提供融资等，具有层级少、决策链条短、策略灵活等特点。中间层级是由地区储蓄银行协会、州立银行构成，地区储蓄银行协会由本地区内的储蓄银行董事会、监事会成员构成，属于储蓄银行集团地区性的权力机构，行使监督和服务职能，有权召集辖区内储蓄银行监事会以改选董事会成员、调整经营策略并监控风险。州立银行以批发业务为主，对本地区储蓄银行不具有管理权限，州政府一般都会专门立法规定州立银行的经营目的、模式和承担的公共义务等。最高层级是设在波恩的德国储蓄银行协会，其成员主要由储蓄银行集团的成员单位构成，主要对集团内部进行协调、制定战略方针、统一标识、提炼经验做法等，并与地区储蓄银行协会和其他组织团体进行业务合作与交流。

在机构设置上，集团层面设置管理委员会（Management Board）、执行委员会（Executive Committee）和管理层（Management），管理委员会为集团最高权力机构，主要负责集团重大决策，以及管理层选拔、考核和监督，成员主要为地区储蓄银行协会主席、会员单位代表、员工代表、当地政府官员以及外部成员等。同时，集团层面还共同投资设立德卡银行（Deka Bank）集中进行产品研发，构建统一资产管理合作平台，德卡银行与集团成员并不构成竞争关系，而是实现了储蓄银行网点优势和德卡银行在产品研发、组合、固定收益、另类投资等专业优势的有机结合；投资成立德国储蓄银行集团大学及各级培训学院，统一培训标准，打造统一开放式管理培训平台，可向学员颁发学位，并得到德国教育部门承认；整合集团科技资源，成立 Finanz Iformatik 科技公司，打造统一 IT 系统开发平台，为集团成员及合作伙伴提供 IT 运营服务、IT 外包服务、软件产品、咨询服务，并可根据需求进行个性化开发，大幅降低集团内成员单位科技开发成本；成立国际发展基金会，构建统一的国际合作平台，总结并推广集团优秀管理经验和模式；统一集团标识品牌。

就单个储蓄银行而言，其管理机构设置比较完善，形成了监事会、董事会、贷款管理委员会（由监事会提名选举产生）"三权分立"的模式。监事会负责董事会、贷款委员会的提名及监督董事会执行银行经营方针，监督银行的运营，其成员主要为当地政府官员、员工代表以及外部监事，为了确保储蓄银行能履行公共服务责任，监事会主席通常由市长或县长兼任，员工代表则在监事会中发挥实质作用。董事会负责日常经营管理，但不负责贷款审批，而是由贷款委员会负责，董事会成员由金融专业人士组成，并由监事会任命，监事会成员和高管层成员不得兼任，且监事会成员离任后不得任储蓄银行高管，反之亦然。

（三）根植区域与不以营利为目的的发展理念

德国储蓄银行属于集体性质的公立法人，代表的是公众(市、乡镇、社区）的利益，以服务公共利益为使命，而不以利润最大化为首要目的，仅维持较低的利润率。其公共义务主要体现在：提供无歧视性金融服务，支持当地经济和中小企业发展；促进德国银行业竞争；促进居民储蓄；利润一部分回馈社会，促进公益事业和社会福利发展。如德国储蓄银行集团参与服务社区的程度非常高，每年投入 4 亿多欧元用于体育赞助、文化艺术、社会福利以及科学、环境的研究等。同时，储蓄银行集团各成员按照商业化原则运作，依靠自身的利润和储备生存。

德国储蓄银行除了与其他银行共有的法律性质外，储蓄银行还受到地域原则的制约，主要包括三个层面：只在其所在地开展吸储和放贷等经营活动，但可通过与邻近地区储蓄银行合并来扩大经营区域；本地存款用于本地；营业利润除用于提高自有资本外，须回馈当地社会。德国储蓄银行的核心业务是传统商业信贷，不深度涉足存贷之外的业务，对中小企业和制造业贷款占比较高，可提供的服务贯穿中小企业发展的整个生命周期。由于每个储蓄银行都深耕本土、扎根当地，能敏锐感知区域市场的变化，熟悉当地中小企业和个人客户的情况，有着极强的竞争力和生命力，能够与当地经济和中小企业实现良性循环发展。

为了防范系统性风险，德国储蓄银行建立了自成一体的存款保险体系。储蓄银行集团于 1973 年建立了"机构保护计划"（The Institution Protection Scheme）实现储蓄银行之间互相担保的存款保险体系，该体系主要针对储户存款、流动性、机构破产的保护。其中，对储户存款的保护覆盖到所有储蓄银行、州立银行、德卡银行等成员银行，对储户存款保险最高限额为 10 万欧元，对流动性和机构破产的保护覆盖到旗下所有成员机构。"机构保护计划"由储蓄银行集团在德国《存款保险法》的框架内负责实施，包括 13 个保护基金，分别为 11 个区域储蓄银行保护基金、州立银行保护基金、州立储蓄银行保护基金，每家成员机构按照存款额的 0.8% 上缴保护基金，其中 11 个区域储蓄银行保护基金之间相互关联，州立银行保护基金和州立储蓄银行保护基金相互独立，只有在出现重大危机的时候，13 个保护基金将会团结协作启动"系统保护机制"（System-wide Compensation Mechanism）。一旦有单个储蓄银行出现问题，保护基金将会按照"区域储蓄银行保护基金现金注入→区域储蓄银行保护基金资本注入→其他区域储蓄银行保护基金现金注入→其他区域储蓄银行保护基金资本注入→州立银行保护基金和州立储蓄银行保护基金"的顺序使用。德国储蓄银行"机构保护计划"成立以来，尚未出现客户存款和利息损失，也没有会员机构出现破产。

（四）坚定立足于服务实体经济的业务结构

德国储蓄银行集团主要的资产业务是贷款，且以企业和个人放贷款为主，同业贷款占比相对较低。2019 年德国储蓄银行集团非金融机构贷款占总资产比重为 68.07%，银行同业贷款占比为 19.89%，其中，储蓄银行分别为 78.57%、13.05%，州立银行分别为 50.62%、31.26%；集团企业贷款市场占比 41.5%，消费类贷款市场占比 21%。

具体来看，德国储蓄银行集团中的储蓄银行侧重于个人和中小企业的零售业务贷款，州立银行侧重于大中型企业的批发业务贷款，并承担较多的地区政府公共义务。2019 年德国储蓄银行集团的储蓄银行贷款中，企业贷款、个人贷款、政府贷款占比分别为 51%、42%、4%；州立银行贷款中企业贷款、个人贷款、政府贷款占比分别为 45%、6%、20%。

德国储蓄银行集团企业类贷款主要以中长期贷款为主。2019 年德国储蓄银行集团一年期以上企业贷款占所有企业贷款的比重为 92.3%，其中，储蓄银行为 94.3%，州立银行为 87.4%。说明德国储蓄银行集团主要以满足企业类客户尤其是中小企业的中长期融资需求为业务发展重点。存款业务是最主要的负债业务，主动负债占比较低。2019 年德国储蓄银行集团非金融机构存款占总负债比重为 58.65%，同业存款占比为 16.89%，主动负债类占比为 24.46%，其中，储蓄银行分别为 75.96%、10.26%、13.78%，州立银行分别为 29.88%、27.91%、42.21%。此外，得益于储蓄银行众多的网点和立足本区域，2019 年德国储蓄银行集团个人存款市场占比约为 39%，企业存款市场占比约为 27%。利息收入占总收入比重居高不下，净息差水平保持较高，资产回报率较低。近几年德国储蓄银行集团净利息收入占比平均保持在 75% 以上，净息差水平保持在 1.5% 左右，资产收益率（ROA）保持在 0.1%

左右，净资产收益率（ROE）保持在 1.5% 左右。

由此可见，德国储蓄银行集团既充分发挥集团优势，又发挥单个储蓄银行的灵活性，深耕基层区域市场，保持稳健长久的发展，不盲目追求利润。其经营风格体现了专业、分工、务实、高效、稳健且富有社会责任的特点。集团在自身取得长足发展的同时，对德国中小企业提供了稳定有力的金融支持，为德国经济健康发展作出了很大贡献。

三、不同于普通合作经济形式的会员制合作银行，服务更直接专注，风险更可控

合作银行是德国银行业的第三根支柱，合作银行设立的初衷是帮助低收入农民和盈利能力弱的小手工业者联合起来，获得原本凭借个人资信水平不能从商业银行得到的贷款，用以生产投入。1889 年德国颁布《合作社法》，1895 年成立德国中央合作银行并设立德国合作社协会。经过 100 多年的发展，德国合作银行形成了独具特色的合作银行体系，在服务小微企业、农村地区和区域经济方面发挥着重要作用，是德国中小企业信贷资金另一重要来源。

（一）明晰"合作""社员"的法律地位

德国合作银行主要遵守《合作社法》，尤其是其框架内的《德国合作银行法》。《合作社法》是一部综合性规范各类合作社设立、解散、破产以及社员与合作社关系、入社与退社、法定审计等诸多问题的法律。《德国合作银行法》从金融法的角度对合作银行体系作了专门规定，如合作银行的目的、职责、组织体系、风险防控、金融监管、社员权利义务、与德国莱弗森合作社国家联盟以及地方审计协会的关系等内容。《德国合作银行法》确保合作银行优先服务社员的合作制宗旨，明确合作银行与社员的权利义务关系，为德国合作银行有别于商业银行的合作性金融组织提供了法律依据和保障。法律同时也允许合作银行向非社员提供金融产品和服务，允许非社员投资入股合作银行。但非社员投资主体仅有投

资收益权而没有投票权，从而保证合作银行的金融产品和服务始终围绕社员的需求而开展，其持续发展始终立足于与社员发展良好的关系。

（二）科学的组织与治理架构兼具灵活性和集团化优势

德国合作银行体系主要有三个层级，即地方合作银行、区域合作银行、德国合作银行集团，各级合作银行都是"自主经营、自负盈亏、自担风险和自我服务"的独立法人，各级合作银行之间保持联合发展而没有隶属关系。同时，各级合作银行之间进行资金融通、支付结算、业务指导、人才培养等方面的合作；中央合作银行为地方合作银行开发和提供各类金融服务和产品，主要是资金调剂融通、资金支付结算以及提供证券、保险、租赁、国际业务等。这种合作方式在激发个体积极性的同时，又保证了充分发挥整体优势。

最基层是由 842 家地方合作银行构成，主要由农民、城市居民、个体私营企业、合作社企业和其他中小企业以会员的形式入股组成，会员客户占比在 50% 左右，地方合作银行可直接为会员提供金融服务，而不必担心存在关联交易，是德国农村信贷的最大供给者，在农村借贷市场占约 50% 的份额。中间层级是由 3 家区域合作银行构成，其股东主要是各地方合作银行，主要服务于辖区内各地方合作银行和该地区的客户，可提供贷款，办理更大区域甚至跨国的旅行支票、国际结算、信用证以及进出口信贷业务、证券业务服务和支持等，并保存各地方合作银行存款准备金和提供流动性，充当地方合作银行和中央合作银行的中介，起到承上启下的作用。最顶层的是德国中央合作银行集团（DZ Bank Group），包括中央合作银行和集团层面的保险公司、资产管理公司以及抵押银行组成，集团股东主要由地方合作银行、区域合作银行、企业及其他实业部门构成。

此外，德国合作银行形成了相对完备的治理架构，集团层面设立集团协调委员会，是集团层面最高权力机构，其目的是加强集团成员在产

品、销售、风险、资本、战略等方面的协调和竞争力，下设集团风险和
金融委员会、集团 IT 委员会、集团人力资源委员会、产品和销售委员
会（零售、对公、机构）等 8 个委员会，其中，集团风险和金融委员会
下设集团风险管理工作组、金融/风险流程架构工作组、集团信贷管理
工作组、金融市场工作组、财务工作组。就单个合作银行而言，形成了
三层治理架构，首先是社员代表大会，是合作银行最高权力机构，如
果社员人数超过 1500 人还需设立常务委员会；其次是监督委员会，由
社员代表大会或常务委员会选举产生，负责监督银行运营；最后是理事
会，由监督委员会选举产生，负责银行日常经营。

（三）"自助、自我管理、自我负责"的独特经营原则

德国合作银行自成立以来就严格遵循合作制经营原则和理念，始终
遵循合作制"自助、自我管理、自我负责"三大原则开展业务。自助意
为社员之间互助，公共部门不干预经营。自我管理意为对合作社实行民
主管理，由社员共同管理，实行"一人一票"原则，避免大社员为自身
利益操纵银行经营，欺压小社员，还可避免过度授信问题。自我负责意
为合作社作为独立法人，进行独立核算、自负盈亏，既对内部社员负
责，也对外部客户负责。国际货币基金组织（IMF）的研究发现，由于
合作银行客户大多是其所有者（社员），相比商业银行，合作银行更容
易获得客户信任，也更了解客户。

（四）坚持业务范围本地化，金融服务简单化

德国地方合作银行坚持属地经营原则，深耕本地区农户、个人客户
和中小企业，通常不跨区域经营，从而有效地减少了经营风险，限制了
规模扩张冲动，使其主要服务地方经济发展。业务范围较为单一，主要
以存贷款业务为主，较少涉足复杂性的衍生金融产品，既降低了风险
又保证了业务简单易于监督。2019 年年底，德国合作银行贷款总额占
总资产的比重为 92.52%，存款总额占总负债的比重为 87.2%，远高于

德国银行业平均值 79.4% 和 66.78%。贷款结构以中长期企业贷款为主，企业贷款占比为 81.17%，其中，一年期以上企业贷款占比为 79.76%；存款结构以活期非金融机构存款为主，占比为 85.74%，其中，活期非金融机构存款占比为 67.69%。德国合作银行规模较小，2008—2019 年德国合作银行规模平均增速为 3.57%，合作银行数量从 1197 家减少至 842 家，导致单个合作银行平均资产总额从 5.58 亿欧元上升至 11.67 亿欧元。

（五）内在抑制冲动、外在风险保障的特殊风险防范机制

德国合作银行不以追求利润最大化为主要目的，而是坚持长期和稳健的经营理念，避免经营短视行为。同时，德国法律严格限制合作银行向社员分配利润，禁止转让投资份额（只能由合作银行平价回购）。因此，社员不会为高利润而迫使合作银行从事高风险业务，而更看重长期经营和风险可控。

德国合作银行的外在风险保障机制也很有自身特点。一是在合作银行体系内建立存款保险机制。该机制建立于 1934 年，早于德国法定的存款保险机制，该机制规定地方合作银行按照存款规模的一定比例缴纳保险基金，一旦出现存款损失，可采取预防、处置等措施，特殊情况还可重组问题合作银行。二是建立了贷款担保基金配套制度。规定地方合作银行每年要按风险资产的一定比例存入贷款担保基金，当个别成员行出现难以独自承担的危机时，中央合作银行在其保障基金中以贷款的方式帮助成员机构避免危机或度过暂时性困难，维持合作银行的信用评级，保障债权人的资产安全。保障基金只有在成员行面临由业务经营而不是普遍信用危机所引起的困难时才能动用。保障基金是德国中央合作银行的特殊资产，它与其他资产分别管理和经营。三是构建了健全的资金融通和清算系统。德国合作银行体系有着自给的全国结算清算网络，跨系统结算则通过德国中央银行清算系统。在流动性方面，中央合作银

行可对地方合作银行和区域合作银行提供再融资服务，也可参与地方或区域合作银行的大额贷款项目，而中央合作银行流动性则由德国中央银行予以支持。

四、借鉴国际经验，重构我国基层区域市场金融服务体系

现阶段我国银行业主要由政策性银行、大型商业银行、中小商业银行、农村金融机构以及外资银行构成，但授信服务对象主要集中于大中型企业、机构客户、城市中等收入以上居民，而中小企业尤其是以家庭经营为主体的城镇微小企业、中低收入居民和农村的广大农民，往往只是现有金融机构的存款市场，虽然近年来现有金融机构迫于监管导向的压力逐步加大对于中小微企业、中低收入群体和农村市场的信贷投放，但严格说仍然没有形成一个具有制度约束力、市场可持续、符合中国经济发展趋势的基层区域市场（普惠）金融体系。

（一）德国的储蓄银行和合作银行对我国构建基层区域市场金融服务体系具有较大的借鉴意义

借鉴德国经验，着重解决中国金融体系存在的发展误区：一是合作金融"非合作化"倾向，即信用社过分强调商业化经营原则，忽视了"合作"本来属性。按照"合作"的本来意义，社员应该具有融资和其他金融服务的优先权，不能用商业银行的一般信用原则来经营信用社。二是信用联社不是总行，不能用商业银行总行的模式来管理信用社，尤其是所谓的人权财权资金调度权集中在联社，是有悖于信用社初衷的，实践中也带来了一系列难以克服的副作用。正确的联社定位应该是内部服务与技术支持机构，包括 IT 支持、高级别同业服务、清算服务、员工培训等。三是信用社的"农商银行改革倾向"必须终止，恢复信用社本来意义，已经完成农商银行改革的机构，必须明确其区域金融机构定位，面向区域中小企业和家庭经营者提供相应的金融服务，不得跨区域经营。四是城商银行和其他中小商业银行按照德国储蓄银行的模式进行重

组改造，立足于为区域经济和中小企业以及家庭经营者提供金融服务。五是对于回归信用社本来意义的机构、定位于为区域经济和中小企业与家庭经营者提供金融服务的城市商业银行和农村商业银行以及其他中小银行，财政给予特殊税收政策和预算补贴，央行在存款准备金和再贷款方面给予特殊支持，让这些机构有兴趣有能力做好区域经济和中小企业与家庭经营者的金融服务，从体制与制度安排上解决"弱势群体"的"融资难、融资贵"问题。

（二）允许并鼓励设立面向专业生产、流通与服务的封闭式信用合作社，严格执行社员（会员）制

事实上，2003 年的农村信用机构改革中已将"合作"两字去掉，现有信用社已经变成开放式商业银行，"信用合作"在自组性、互助性、社区性和降低交易成本等方面的优势也就无从发挥，进而导致基层区域市场的金融服务缺失。因此，应该从法律与制度安排上允许、鼓励、支持面向专业生产、流通与服务的会员制的信用合作社，严格执行封闭式社员（会员）经营制。对于封闭式会员制的信用合作社，国家可予以免除营业税和所得税的优惠政策支持。发展封闭式会员制的信用合作社，不仅可以丰富完善我国金融体系，提升基层区域市场金融服务效率，更重要的是可以将无序的民间借贷导入有序规范的金融体系。

（三）差异化定位，充分发挥关系型信贷银行的特色优势

近年来，发展普惠金融、支持中小企业发展逐渐成为我国银行业金融机构的共识，通过大数据技术多维分析中小企业的税收、海关、工商、环保等方面的相关信息，挖掘中小企业隐藏的信用，成为近年来大银行发展普惠金融的"流行"做法。然而，这种"数据优先"的金融理念能够有效实施的前提在于，社会上广泛存在能够大规模、量化处理的标准数据"硬"信息，这样的标准化数据在城市能够较为轻易地获得，但随着金融服务触角进一步下沉到县镇、乡村，标准的量化数据变得难

以获得，大量定性的"软"信息（如人品、邻里关系等）开始占据主导地位，金融科技对数据的高度依赖反而可能成为大银行普惠金融由优势变为制约服务进一步下沉的短板。

从德国储蓄银行与合作银行的基层经营策略来看，根植区域深耕本地区农户、个人客户和中小企业，坚持属地经营原则，是其规模虽小、但能成为百年老店的商业"秘诀"之一。我国的农村金融从管理层到员工大多是本地居民，与当地客户就是邻里关系。在这样的"熟人社会"里，小银行在软信息收集和处理方面天然具有优势，对客户金融需求、资产状况、信誉、还款能力等能够调查的一清二楚，在很大程度上解决了软信息处理难题。小银行要培育有别于大银行的差异化小微企业市场领域，建立其他银行难以复制的商业模式，就是要充分发挥地缘、亲缘、人缘优势，打造立足本地、基于"熟人文化"的关系型交易模式。

（四）探索大银行对基层信用机构的"助贷机制"，提升金融体系服务基层区域市场的效率

信用机构的资金主要来源于当地中小企业及农户存款，规模较小，资本薄弱，难以独立提供所有的金融服务，风险抵御能力也更弱。可以借鉴德国储蓄银行集团、合作银行集团对单个储蓄银行、合作银行的资金融通和资产管理职责，考虑引入规模更大、资本金雄厚的大银行（如国有大型商业银行或政策性银行），为这些小银行提供信贷资金支持，赋予基层信用机构作为大银行支持普惠金融的"助贷机构"职能，在解决大银行难以下沉服务重心、扩大普惠金融服务覆盖面的同时，提高单个信用机构的普惠金融服务能力和风险承担能力，实现大银行、基层信用机构、中小企业的三方共赢。

第六章

应对系统性风险需要系统重要性思维

基于对中国经济发展阶段和现实金融风险压力的深思熟虑，中国决策层在 2017 年明确了"打好防范化解重大风险攻坚战，重点是防控金融风险"。2019 年年初再次强调要坚持底线思维着力防范和化解重大风险。客观分析我国当前的金融风险形势，经过强力治理，虽然潜在金融风险已得到有效缓解，风险上升势头也得到初步遏制，但系统性金融风险压力依然很大，金融基础的脆弱性还没有从根本上扭转，巨大总量金融风险的潜在危害性依然没有消除，结构金融风险的复杂性程度仍然有可能继续上升，防范系统性风险的态度不能有丝毫摇摆。尤其是 2019 年下半年以后全球经济的不确定性明显上升，叠加日益狭隘的贸易保护主义和国际协调机制缺失，外部输入的金融风险将超过改革开放以来任何时期。无论是基于国际经验教训的横向比较，还是基于我们自身经验教训的切身体会，防范和化解系统性金融风险对于中国金融健康发展具有长远战略意义，是保持金融稳定和健康发展的一条基本规律。怎样始终保持对于系统性金融风险敏感性并将这种敏锐的风险意识恰当地运用于防范和化解系统性金融风险实践？

一、提升识别系统性金融风险能力

系统性风险监管的难点在于如何识别系统性风险，尤其是非金融机构的"脱媒"金融行为的系统性风险识别更困难。对于一个现实风险因素是否成为系统性风险的驱动因子，常常充满了争议。监管措施安排是否有效，很大程度上取决于系统性风险识别的准确性。我在2013年之前曾经根据职业经验提出"捕捉系统性风险应把握五个要素"：一是社会各界对可能引起系统性风险的问题的认知情况。如果认识清醒且深刻，从风险评估角度来看预期风险就相对可控，否则就要进一步分析。二是风险敞口的变动情况。风险敞口是迅速扩大还是在处于收敛状态，系统性风险截然不同。三是相关性的变化情况。如果原来违约相关性不强的行业之间，因为某种原因使得违约相关性突然放大，就需要高度重视。四是单项风险的集合变化情况。所有敞口在充分考虑相关性与期限结构之后，加总后风险状况是上升还是下降，相对应的抵御风险的资本充足率是恶化还是好转。五是群体效应是否可监测、可隔离。如果群体效应可预测、可隔离，则系统性风险的危害就会相应小一些，反之则大一些。

国际上对系统性风险识别标准的研究主要从三个方面展开：一是从单一金融机构入手，分析个体的风险暴露状况，然后再将个体的风险暴露进行加总来推算整个系统的风险，包括各种指标经验分析法，以及通过模拟多家银行的资产波动，考察系统性风险发生概率的数理模型分析法。二是面向整个金融体系，运用一定的模型从整体上直接识别和估测系统性风险，其基本原理是：将金融系统看作所有金融机构甚至所有金融活动参与个体的总和，利用各部门总的经济数据，同时加入宏观经济指标，来衡量或预测金融体系的系统性风险。三是巴塞尔银行临监管委

员会（BCBS）在 2011 年提出的全球系统重要性银行的评价标准，并依
此附加资本 1%—3.5%。国内银行业实施的《资本管理办法》也借鉴了
这一做法，通过规模、关联度、不可替代性和复杂性四个指标衡量系统
重要性银行，适用 1% 的附加资本要求。

强化资本约束并不是资本越多越好，而是要定期进行压力测试，在
这方面美联储的做法十分值得我们借鉴。在 2008 年全球金融危机爆发
后，美国国会通过的《多德弗兰克法案》，规定美联储每年对资产超过
500 亿美元、总部设在美国的银行进行压力测试，以免遭遇经济危机时
银行业再次爆发系统性风险，而接受压力测试的 34 家银行总资产占美
国国内银行业总资产的 75% 以上。持续定期的压力测试，不仅使美国
监管当局始终对其所辖的金融机构做到心中有数，还保证了在美联储收
紧货币条件时（加息和缩表），对于其政策节奏和力度有很好的把握，
避免政策大变化对于金融领域的巨大负面冲击。

二、把握现实金融风险转换趋势

近年来，监管部门高度关注系统性金融风险，学术界也从危害范围
的大小、风险的传染、金融功能、对实体经济的影响等角度对系统性金
融风险进行了界定。国际货币基金组织、金融稳定委员会（FSB）和国
际清算银行（BIS）等监管机构将系统性金融风险界定为可能导致金融
体系部分或全部受到损害，进而致使大范围金融服务紊乱并给实体经济
造成严重影响的风险，并提出一般可以用金融体系中许多机构同时违约
的可能性或系统性重要机构倒闭的概率来衡量系统性金融风险。由于金
融风险具有传导性、交叉性和关联性，因此，宏观金融风险不只是个体
风险的简单相加。金融危机多表现为金融体系中某些监管薄弱而风险敞
口快速扩张的突发风险事件，通过市场体系中内生的交易对手风险、市

场流动性风险等杠杆机制逐步放大和强化，最终走向失控形成系统性风险。因此，加强对金融体系内机构与市场间的关联性和溢出效应的评估，理清系统性风险形成机制中的市场风险驱动因素，进一步明确监管重心，建立相应的风险防控措施，具有重要的现实意义和理论价值。

理论分析与实证研究都表明，系统性金融风险总是由单个或多个违约事件"引爆"的，再经由市场风险机制的传导，最终在时空上失控，具体表现在市场关联度风险、金融创新套利风险、交易对手风险、流动性风险对于系统性金融风险直接驱动等四个方面。长期以来，我国防范化解系统性金融风险的关注点主要集中于控制不良贷款方面。但近年来，随着多元化、多层次金融市场的发展，我国金融结构已发生深刻变化，非信贷金融市场规模扩大且活跃度提升，使得相关金融市场中的市场风险对金融体系的影响越来越大，已逐渐成为系统性金融风险防控的核心之一。金融市场规模的迅速增长、交易对手的持续增加，以及相关产品的创新，势必会引起相关市场风险复杂化，放大金融市场风险对整个金融体系的影响力。统计分析与逻辑推演表明，如果这些金融市场扩张所带来的只是对实体经济的融资规模扩大，而相对应的融资工具再交易金额仅限于分散风险和对冲风险，那么这种融资规模上升带来的投机风险并不会有大幅增长。值得注意的是，我国金融市场的各类交易金额随着其融资规模的扩张而大幅上升，从而加剧了金融市场的不确定性。同时，银行资产管理风险与金融市场风险存在相互影响的镜像效应：市场风险波动必将引发银行体系风险。金融市场扩张的背后，是银行在货币市场、债券市场和外汇市场的深度参与，相关市场规模和活跃度的变化，是银行对金融市场交易参与度大幅提高的体现。

值得警惕的是，我国银行业市场风险管理能力与实际承担的市场风险存在巨大差距。近年来，国内银行业非信贷业务发展迅速，然而其在市场风险管理能力方面与国外领先银行还存在一定差距，主要表现为：

非信贷业务的管理制度缺陷、债券市场信用评级体系的缺陷和市场操作风险管控体系的缺陷。一方面，国内银行对非信贷业务的管理制度尚不完善，不论是内部评级制度，还是投后管理制度，都有待加强。在人力资源和技术资源上，国内银行在非信贷业务上投入的内部资源远低于国际领先银行，对非信贷业务的管理力度也远远不够。另一方面，由于中国信用债评级分布过于集中在 AA 级以上，银行难以通过评级体系对债券发行体的实际经营情况作出准确判断。无论是公开评级还是银行内部评级体系，我国银行业都面临创新完善的迫切需求。此外，现代金融市场业务的最主要特点是 IT 的广泛应用，这客观上要求银行内部的管理流程、工具、策略、规则等必须与 IT 平台高度融合，将量化交易模式和风险限额等风险管理技术，整合到 IT 平台之中以实现机器操控。在这一过程中，对操作风险的管理与对市场风险的管理是相互交织且互为补充的，必须要高度协同，一体考虑，否则就会出现短板效应。

中国金融结构的转变，使得非信贷融资在社会融资中起着越来越重要的作用，并推动银行的非信贷资产的规模在过去十几年内不断快速增长；但相对而言，银行在内外部资源上对非信贷资产和市场业务风险管控的投入，尚不足以匹配目前的相关业务规模。基于当前的业务和管理实践，我有以下建议：

一是要从系统性风险防控的角度出发，重视系统性金融风险形成机制中的市场驱动因素，增加市场风险管理的资源配置，构建与风险态势相匹配的风险管控队伍、管理系统、管理手段和管理实力。二是充分借鉴传统信用风险管控的经验，夯实市场风险管理的外部基础，提高评级的区分度，完善发行体评级与债项评级方法，提高评级在市场风险管控中的作用。三是完善市场风险的内部管控制度、流程和方式、方法，尤其是要从传统的金融市场交易拓展到新兴的同业、资管等泛金融市场业务，以提高管控的效果。四是高度重视市场风险与信用风险的差异，尤其是市场风险与操作风险交织的复杂局面，抓住关键风险点，通过交易的授权、交易价格的审核、系统的直连与机控、交易员的行为管理和将交易对手导入风险管理等制度措施，防范操作风险和市场风险的交叉传染。

总之，监管者应该把握现实金融风险转换趋势，不能将监管目光仅仅盯在银行不良贷款上，而应该高度关注系统性金融风险形成机制中的市场因素。

三、必须拓宽金融监管视野

近年来，中国金融领域无论是在广度还是在深度方面，都取得了长足的进步和发展，与此同时也对以人民银行为核心的政策制定和监管部门提出更高的施策要求。由于我国正处于结构升级和转向高质量发展模式的关键期，经济运行中的新旧结构性问题此起彼伏，由此带来人民银行需要在多目标下使用货币政策工具，但保持币值稳定的分量始终很重。理论上，中央银行是"发行货币的银行""承担国家职能的银行""银行体系的银行"，对应着中央银行承载的职能依次是"保持币值稳定""促进经济增长""保持金融市场稳定"。然而伴随现代市场经济不断深化，尤其是经历了 2008 年全球金融危机之后，保证金融市场的稳定已经逐渐成为各国央行的首要目标。因为在金融市场日趋复杂的今天，"挤兑"不只是发生在银行体系，还会发生在依赖金融市场融资的投资银行、券商等机构以及货币市场基金等影子银行体系，央行不仅要做好银行的"最终贷款人"，也要履行金融体系的"最终贷款人"职责。

本次全球危机之后，各国政府和央行均意识到"预期管理"重要性，即"市场信心比什么都重要"。因为受制于信息不对称，现代市场经济存在市场失灵，而金融市场的发展和扩容，更是让市场失灵很容易演变为金融危机，甚至是经济危机，这就是我们通常所言的顺周期下的"羊群效应"。对此，中央银行和监管机构必须实施"逆周期干预"。然而由于单一政策工具的不足和工具组合的复杂，均造成央行和监管机构政策工具实施过程中，或存在"药不对症"，或存在"政策时滞"。而当市场出现剧烈波动时，为了防止酿成更大的危机，必须在"风险处置黄金期"有所作为。从国际经验来看，"预期管理"越来越被重视，而且管理的方式也更加多元化。例如美联储在每次会议后都要召开记者会，由联储主席向市场传递信息，同时在每个季度的会议公告中，联储还会公布它们对经济的展望和政策路线图，给予充分的理解、消化和自我调整适应时间，这些都是典型的预期管理，也确实收到了很好的效果。回顾近年来在我国出现的"钱荒""股灾"等小型市场危机，反映出我们在"预期管理"方面的严重不足。

不仅如此，金融监管的视野不能太狭隘。金融监管部门履行对持牌金融机构的监管职责是天经地义的，但对于非持牌机构从事的实质性金融活动（即非金融机构经营金融行为），往往熟视无睹，以至于成为引发系统性金融风险的"黑天鹅""灰犀牛"。2008年金融危机之后，国际社会普遍加强了对于非金融机构金融行为的监管，并赋予监管机构相应的监管职责。在我国过去"分业经营、分业监管"体制下，非金融机构的金融行为一直游离监管视野之外，在市场规模不大情况下还不足以引发系统性金融风险，但前几年非金融机构大量从事金融业务，不仅使得金融结构日趋复杂，而且总量快速扩展，以至于成为诱发系统性金融风险的重要市场力量，就应该引起重视了。2017年全国金融工作会议之后，我国改革了金融监管体制，虽然拓宽了金融监管视野，但怎样在体制上以至于法律上进一步明确现有监管机构对于非金融机构融资行为的全面监管职责，仍然有待细化和强化。

理论研究和国际实践都表明，强有力的资本约束是防范系统性金融风险、降低系统性金融风险处置社会成本的"最后防线"。对于金融机构的资本约束已经成为共识，但对于非金融机构的金融行为是否采取资本约束，则存在认识分歧。其实，国际社会对 2008 年金融危机的一个重要反思，就是对于以影子银行为代表的各类非金融机构的融资行为的重新认识，针对这类金融活动，包括国际清算银行、各国央行及金融监管机构在内，已经纷纷提出了相应的分析框架和新的监管措施（主要是资本要求）。我国更是实施了一系列针对金融机构影子银行行为的强监管措施，出台了诸如资管新规、理财新规等各类规章制度，相应的影子银行等金融行为确实也得到了有效规范。但至今为止对于非金融机构的影子银行行为，尚未纳入资本监管视野。长此以往，今后类似的金融活动很容易变成无序扩张的系统性风险，后患无穷。因为承受风险的关键，说到底就是资本能力，有了资本约束，实际上就对可承受的最大风险给出了客观阈值。在这方面，我们的监管还有很多政策空白，亟待建立和完善。因此，面对特殊环境下的特殊系统性风险，中国必须拓宽金融监管视野，中央银行必须承担起稳定金融市场的职责，其他监管机构还必须强化对非金融机构经营金融行为的系统性风险的敏感性。

四、警惕中小银行可能诱发的系统性风险

2008 年全球金融危机之后，国际金融合作机构和各国监管机构开始高度关注系统性风险的管控。基于"系统性风险"的定义和特征，目前采取的监管措施侧重于系统重要性金融机构。巴塞尔银行监管委员会历年确认的全球系统重要性银行，都是经营全球化、规模大型化、业务复杂化的跨境银行集团。人民银行发布的技术文件中，业务规模也是系统重要性银行主要的评价指标，进而系统性风险的管控也以大型银行为

重点。改革开放 40 多年来，中国银行业稳定、持续、高速发展。目前，除了工、农、中、建、交和邮储等六大银行、十多家全国性股份制银行外，更有 4000 多家中小银行（包行村镇银行等）。如果仅就单个银行机构发生重大风险时可能对中国经济、金融体系的冲击程度看，与国际银行业的情况相类似，国内的大型银行更有可能引发系统性风险，因此无论是基于系统性风险理论，还是多年来风险处置的实践看，"忽略"单个中小银行表现上看似乎是合理的。但近年的实践和新环境下的风险特征，提醒我们要高度关注中小银行可能诱发的系统性风险。

（一）国内中小银行的风险可能被低估

风险（包括系统性风险）防控的第一个环节，就是减少风险事件发生的概率。中国经济从高速增长阶段转向高质量发展阶段后，中小银行隐藏的各类风险逐渐显露，实质性风险明显上升。

首先，中小银行公司治理缺陷不能低估。在很多人心目中，银行就是"摇钱树"，因此，形形色色的股东以种种形式直接或间接"入股"甚至直接控制了中小银行。2019 年中国银保监会针对股东股权与关联交易问题开展的专项整治中，查处了 3000 多个违规问题，清理了 1400 多个自然人或者法人代持的股东。由于缺乏金融专业的经验和本来可能就存在的非分之想，股东特别是有控制权的股东有意削弱中小银行公司治理效能、通过大额关联交易获取资金的现象时有发生，部分中小银行沦为大股东的"提款机"。

其次，部分中小银行严重低估资产风险，甚至有意隐藏风险。股东的强烈分红要求、管理层和员工的高薪期望、外部声誉形象的考虑，使得中小银行内部存在低估资产风险的强烈冲动；同时，由于管理基础薄弱，贷后管理流于形式，押品管理漏洞较多，潜在的风险损失程度远高于账面值。如果再考虑到资本实力普遍相对较低、准备金计提不充分等现实，实际风险程度可能更高。国家审计署前期的专项审计报告中的案例，就是典型的例证。

最后，业务基础受到的冲击加大。在传统经营模式下，大多数中小银行的公司类客户集中于地方政府"偏爱"的企业，银行的风险具有明显的区域特征；同时由于风险控制技术的缺陷，信贷人员在客户选择中"偏离"风险偏好，通过各种不规范的"资管业务"维持高速扩张，过分追求当期收益而"逆向选择"现象突出。随着国内经济进入高质量发展阶段，企业转型升级速度明显加快，特别是全球新冠肺炎疫情的冲击下，部分低效企业面临较大压力。随着大型银行普惠业务的推进和金融科技技术的广泛应用，优质中小企业与中小银行"脱钩"趋势明显。

宏观经济增长速度趋缓后，治理缺陷、管理薄弱和客户"脱钩"加剧了中小银行风险，中小银行出险频率明显上升。

（二）国内中小银行的风险传染性增强

近两年来陆续发生的恒丰银行、包商银行、锦州银行的案例，甚至近期甘肃银行的挤兑事件，显示中国金融风险的燃点很低，总体规模较小的银行也可能引发较大的市场冲击，我们不能低估中小银行可能诱发的系统性风险。除了出险机构的明显增多之外，中国银行业的总体结构增加了中小银行风险在金融体系内的传染性。如同新冠肺炎疫情相对于普通感冒或非典，单个中小银行的风险能够通过千丝万缕的途径，在中国银行业内部高速传染。

第一，中小银行的存款基础普遍脆弱。通常，由于深耕社区而具有相对稳定、富裕的储蓄存款，发达国家中小银行是银行同业市场上资金的供给方，而国内中小银行资金来源主要是通过高息获得，不仅稳定性较差，且总体上处于银行市场资金的需求方，同质性极高，因此数量众多的中小银行从存款角度看无异于一家银行。包商银行和锦州银行体量不大，但事件初期的市场波动，足以反映出单个中小银行机构的风险，能够引发市场对中小银行整体的同频收缩。

第二，中国金融市场的相关性更高。金融稳定理事会（FSB）和巴塞尔银行监管委员会的系统重要性评价框架中，业务的相关性是非常重要的一个方面。相关性越高，则单一机构的风险在金融市场的传染性更强。近年来，除了跨区域增设网点、相互持股、设立村镇银行之外，中小银行还热衷于业务牌照的多元化，陆续通过同业存单、理财产品、次级债等多种形式，大踏步"闯进"各层次的金融市场（比如，包商银行曾是著名的"非银之友"），中小银行与金融市场总体的相关性不断增强。

第三，切断中小银行风险传染链的难度加大。在细分市场、提升金融效率的同时，理财服务和产品的多元化更增加了金融的复杂性，从资金的真正供给方"穿透"到事实上的资金运用方，涉及更多的主体、更多的权利义务结构，于是在紧急关头"切断"传染链以阻止风险传染的时候，可能遇到各种法律、合同方面的技术障碍。比如中小银行作为"通道"代第三方机构发行的信托产品、资产证券化产品等，确定不同主体权属和受偿次序等方面，都会考验决策者的判断。

第四，灭火能力不足。地方财政是很多中小银行的股东，但目前各级地方财政压力很大，很难在关键时刻提供大量的资金。除了银行自身的恢复能力之外，存款保险基金等公共部门是成熟市场经济国家处置银行风险的核心要素。我国的存款保险制度建立仅有五年，相对于动辄数千亿元规模的中小银行规模而言，收取的保费可谓杯水车薪；同时，美国存款保险公司（FDIC）自 1933 年成立以来的经验告诉我们，如果说银行的经营管理具有很强的专业性，那么高风险银行机构的处置则对专业性和操作经验具有更高的要求，目前中国存款保险基金的运作机制尚不成熟。

（三）市场化、法治化处置是正确的选择

总体思路是：切实加强对中小银行的日常监管，严格中小银行股东资格管理，确保股东的"穿透"；确保资本真实、充分，风险压力时期限制股东分红，且各股东承担相应的补充资本、流动性的责任；加快改革，严格中小银行风险治理，加强对各类关联交易的管控；提高管理层薪酬延期支付比例，引入员工过失赔偿责任；完善《破产法》《商业银行法》等法律法规，制定《银行处置条例》，完善《合同法》及相关金融交易合同，提高银行收购承接的效率；通过发行特殊金融债券等形式补充存款保险基金的资金，借鉴成熟经验推进存款保险基金公司化运作机制，补充专业人员提高处置技术水平。

五、正确运用金融衍生产品的系统性风险特性

2020 年 4 月底，国际原油期货价格罕见跌破负值，这一历史性的"黑天鹅"事件波及国内金融市场，导致中国银行"原油宝"穿仓事件，引发投资者激烈反应和社会广泛关注，将金融衍生产品风险置于聚光灯下，成为市场讨论的焦点，敲响金融衍生产品风险管理的警钟。

历史的经验告诉我们，金融衍生产品的风险不容忽视，即使是金融专业从业者和大型企业，也可能因衍生产品的交易失误、不当运用导致巨额亏损甚至破产，复杂的金融衍生产品创新甚至被认为是次贷危机的罪魁祸首。中国的大型企业也多次在海外金融衍生品交易中发生大额亏损的惨痛教训。

4 月 20 日晚间，因美国能源公司储油空间耗尽加剧市场抛售，美国西德克萨斯轻质原油期货（WTI）5 月合约价格急剧下挫，纽约原油期货史无前例地跌破负值，结算价收报-37.63 美元/桶。4 月 20 日晚

22 点，中国银行与国际油价挂钩的"原油宝"产品停止交易并启动移仓。4 月 22 日，中国银行公告称，旗下"原油宝"美国原油合约将按照芝加哥商品交易所（CME）官方结算价–37.63 美元 / 桶的价格进行结算或移仓。"原油宝"保证金比例为 100%，这就意味投资者不但损失全部本金，还形成对即中国银行的大笔欠款，引发市场轩然大波。此次中国银行"原油宝"事件，既反映出国内商业银行在衍生产品交易专业能力、市场敏感度、产品设计、交易规则制定、风险管控机制、投资者适当性管理、风险应急等方面的缺陷，也反映出国内散户投资者进行高风险复杂金融衍生产品交易能力的普遍不足，具有一定的社会性，值得深刻反思。

　　我觉得最值得反思的是，被归类为"R3"平衡级银行理财的中国银行"原油宝"，以及其他国内商业银行提供的类似"纸原油"产品，实质上并非理财产品，而是由商业银行提供的一种可以实现双向选择的创新交易工具，交易决策由客户自主决定，可以做多或做空，有保证金，模拟原油外盘期货交易，具有明显的期货属性，属于高风险的衍生产品场外交易业务。事实上，商品期货交易需要具备较高的专业水平和资质。然而，由于社会公众对于商业银行固有的低风险思维范式，加之"原油宝"交易渠道便捷，通过拆细国际期货交易降低投资门槛，吸引了数以万计以购买理财、抄底原油为目的的普通散户投资者。众多个人投资者因此间接参与原油期货投资，暴露于高专业性、高风险、高波动的国际期货市场，却缺乏最基本的风险承受能力、专业水平和投资技能。

　　纵观国内外重大的衍生产品风险事件，衍生产品风险往往集中于脱离实需背景的投机性交易，源于对衍生产品工具的理解和市场风险认识的不足，以及有效风险内控机制的缺失。

　　首先，我们必须认识到金融衍生产品的本质是风险管理工具。金融衍生产品是与基础金融产品相对应的概念，是指建立在基础产品或基础变量之上，价格取决于基础金融产品价格（或指数）变动的金融产品。从设计初衷和原理上，金融衍生产品是一种规避风险的工具。衍生产品最早起源于大宗商品领域，参与者以套期保值者为主，目的是为了提前锁定未来交易价格、对冲远期价格波动风险。对于有实需背景的套期保值者来说，金融衍生产品可以对冲现货价格波动，起到规避风险的作用，其造成的损失往往在可承受的范围内。

其次，我们还必须认识到投机性金融衍生产品交易蕴含巨大风险。进行衍生产品交易的目的在很大程度上决定了交易的风险。衍生产品市场是"零和博弈"的市场，如果脱离了实需背景，那么金融衍生产品就成为投机和套利的工具。金融衍生产品因具有复杂性、高风险性、高杠杆性、虚拟性、国际性等特点，在可以使投资者以小搏大，为投资者带来巨额收益的同时，也暗藏着成倍于衍生产品挂钩底层基础资产的巨大风险。如果大量不合理滥用金融衍生产品，很可能会造成严重后果，甚至成为系统性金融风险发生的"助推器"和"导火索"。

最后，此次中国银行"原油宝"事件，暴露出我国金融衍生产品市场在监管体系建设、金融机构风险管理水平、市场投资者成熟度等方面的不足。为了实现对金融衍生产品的合理运用，促进衍生品市场在风险可控的前提下稳健发展，守住不发生系统性金融风险的底线，亟须进一步建立健全监管体系，强化商业银行专业能力和风险管理水平，推动提高投资者市场参与成熟度。

金融衍生产品是一把"双刃剑"，利用好，可以丰富市场避险工具，提高金融市场的运行效率；利用不好，则可能造成严重损失，甚至引发金融市场动荡。因此，金融衍生产品具有系统性重要性，必须加强监管力度，不断完善和健全市场监管体系，消除类似"纸原油"等监管模糊和灰色地带，杜绝风险滋生的土壤，防范系统性金融风险的发生。建议进一步明确监管部门职责，中国证券监管委员会承担起所有期货产品设计与交易的风险监管，中国银行保险监管委员会承担银行业和相关金融机构销售行为监管，人民银行应当承担起衍生品市场风险监测职责。尤其是应该加强对衍生产品市场以及金融机构等参与者的行为监管，明确商业银行只能为客户提供对冲风险相应规模的衍生产品，不得向客户提供各种形式的投资性金融衍生产品，更不得提供投机性金融衍生产品。

作为我国金融衍生产品市场的重要参与者，商业银行必须吸取教训，切实提高金融衍生产品投资管理水平。一是持续提升基础研究能力、切实提高专业技能和水平。金融衍生产品结构复杂、交易技术性高，商业银行要注重衍生产品专业人才培养，加强衍生产品专业性研究，持续跟踪境内外衍生产品市场和宏观经济金融形势，提高对市场和风险的预判能力。二是加强产品创新管理，从产品设计、交易规则、风控机制、系统保障、市场影响等维度全方位审视已经或将要向市场投放，尤其是向社会公众发行的创新性复杂金融产品，要明确产品设计的风险管理属性，制定合理的产品风险评级标准。三是完善风险管理机制，整合现有前、中、后台资源，统筹制定金融衍生产品风险识别、计量、监测、预警、应急和报告体系，将风险控制嵌入各个关键业务环节；高度关注市场小概率极端情形下的潜在风险，制定风险处置预案并建立重大风险应急机制。四是金融机构参与国际金融衍生品市场时要深刻理解交易规则，防止吃"哑巴亏"，同时要积极研发基于自主知识产权的数据管理系统，确保数据安全和金融安全。五是加强销售适当性管理，向投资者充分揭示金融产品的全部潜在风险，确保将金融衍生产品销售给确有对冲需要的客户，以及风险承受能力与之匹配的投资者；定期重检客户风险评估标准和产品适合度评估标准；根据不同金融衍生品的性质和风险程度，设置差异化的产品交易门槛和客户交易限制，在防范金融机构声誉风险的同时，起到投资者普及和教育的作用。

我们在实践中还体会到，即使是利用衍生品工具进行套保交易的大型商业客户，也应始终坚持以下原则，规规矩矩地做好最本质的套期保值业务：一是品种相关。套保品种与现货品种尽量保持一致，若无法达到一致，也要尽可能选取相关品种，避免基差风险。二是期限匹配。套保交易应尽量贴合企业采购、加工和销售流程，以生产流程确定衍生交易期限，帮助企业管理跨期经营风险。三是规模相当。虽然套保交易的规模取决于企业的策略选择，但总体而言，不应脱离实际现货的生产经营规模过远。如规模过小，则套保效果甚微；如规模过大，甚至大幅超过现货规模，反而放大了企业的经营风险，是对价格的过度投机。四是方向相反。只有套保方向与现货方向相反，才能对冲价格波动风险，否则只是对价格的单向投机，会放大风险。五是结构简单。一般地说，将各种基础衍生工具的交易要素进行略微调整，即可组合成不同结构产品。越复杂的产品，在特定情况下可能获得的收益会更大，但同时伴随的可能是更加极端地放大风险。因此，结构简单，是在尽可能满足规避风险需求的同时，放弃一些对极端值的追求，目的是更好地保护自己的核心利益。

六、推动平台经济健康发展也需要系统重要性思维

2019 年 8 月，国务院办公厅印发《关于促进平台经济规范健康发展的指导意见》（以下简称《指导意见》），收到了市场的强烈反响。市场普遍将《指导意见》的出台视为重大利好，认为必将引发新一轮的"平台经济热潮"。作为经济学家，我们不仅要关注宏观政策效应，更有必要对关系平台经济健康发展及其有可能引发的系统性风险做一些冷静思考，以推动公共政策的良好意愿真正落到实处。

思考一：如何正确理解《指导意见》的经济发展意义？

近年来，我们见证了互联网平台经济的蓬勃兴起，也目睹了"野蛮生长"滋生的种种问题。一方面，互联网平台经济作为生产力新的组织方式，确实为经济发展提供了新动能。数据显示：2018 年，互联网平台应用生态带动就业机会累计超过 6000 万个；2019 年上半年，全国规模以上互联网企业收入同比增长 17.9%，实物商品网上零售额 38165 亿元，同比增长 21.6%，占社会消费品零售总额的比重接近 20%。[①] 但另一方面，消费欺诈、竞价排名、用户歧视、数据泄露、恶性竞争甚至金融诈骗等现象亦屡见不鲜，成为平台经济必须直面和解决的问题。

因此，《指导意见》充分肯定了平台经济对优化资源配置、促进跨界融通发展和大众创业万众创新、推动产业升级、拓展消费市场尤其是增加就业的积极作用。同时，《指导意见》也正视平台经济发展中存在的现实问题，从中国经济转型升级的战略高度，提出了优化完善市场准入条件、实行包容审慎监管、鼓励发展平台经济新业态、优化平台经济发展环境和强化平台经济发展法治保障等五个方面的政策措施，旨在促进平台经济进一步规范健康发展。

《指导意见》的发布有利于市场形成更加稳定的政策预期，无疑将对平台经济的新一轮发展起到积极的促进作用。但动态观察其经济政策效应，我们不应仅仅看到对"平台经济规模支撑"的促进效应，更应重视《指导意见》在中国经济转型升级的战略层面所产生的一系列社会经济发展意义。其一，《指导意见》将"互联网＋服务业""互联网＋生产""互联网＋创业创新"作为平台经济发展新业态、培育新动能的重点领域，

---

① 《累计带动就业机会超 6000 万，平台经济发展迎来顶层设计，将加快推进"5G＋工业互联网"发展》，2019 年 8 月 8 日，见 https://baijiahao.baidu.com/s?id=1641311298416759929&wfr=spider&for=pc。

有利于促进互联网与产业经济的深度融合，加快数字产业化和产业数字化进程，推动互联网思维和技术对实体经济的全面赋能。其二，《指导意见》对平台经济的市场准入机制、监管方式、政策配套、法治保障等提出了明确要求，不仅增加了对于平台经济的制度供给和政策供给，更有利于从整体上规范数字经济发展的市场环境、激发市场活力，切实发挥市场在资源配置中的决定性作用，更好发挥政府作用，进一步提升经济运行的质量和效率。其三，《指导意见》抓住了数据开放和保护体系、社会信用体系这两个重点，这不仅是平台经济健康发展的关键，也是"数字中国"建设的重要支撑。建立健全这两个体系，将大大推动更加高效透明的数字政务、更加健康活跃的数字经济和更加诚信便捷的数字社会，有利于数字时代经济社会的全面创新发展和转型升级。

思考二：如何深刻理解平台经济的实质？

目前，关于平台经济的理解主要聚焦于两个方面，即平台经济的经济属性和技术属性。前者多以"双边市场"理论为基础，关注平台经济的网络效应、需求方规模效应等不同于传统经济形式的属性；后者则更强调互联网、大数据等新技术条件对平台经济的驱动和支撑作用，关注其开放性、跨界性等特征。

其实，"平台"并非新生事物。古老的集市、现代的商场都是我们熟悉的平台。但只有与互联网深度融合之后，作为生产力组织方式的平台经济才应运而生。这是因为"连接一切"的互联网实现了广泛、及时、大规模、低成本的信息交互，为解决市场的信息不对称问题提供了新的可能，而平台经济的意义正在于此。随着网络通信、大数据、云计算、人工智能等新技术的不断发展，平台得以搭建更加强大的数字基础设施，实现更大规模的信息交互和更加精准的信息匹配，从而实现更加高效的资源配置和价值交换，提升经济运行效率。从这个意义上说，平台经济就是信息经济，平台企业提供的服务本质上都是信息服务。也正因如此，平台思维和平台模式才越来越广泛地进入经济社会的各个领域，重塑着人们的生产和生活方式。

因此，所有数据和技术手段都应该服务于更好解决信息不对称的问题，而不是利用数据垄断和技术壁垒来加剧信息不对称，甚至放任或制造信息的失真与欺诈，造成市场的扭曲。这是平台经济健康发展的关键，也是其能够积极推动经济社会发展的前提。

思考三：如何合理界定平台企业的责任？

在平台经济的发展过程中，平台企业无疑扮演着最重要的角色。目前，平台经济遇到的诸多问题，其重要原因之一，就是平台企业责任边界的不清晰。

要界定平台企业的责任，必须从其所提供的产品／服务出发。一般来说，平台企业提供的产品／服务分为三个层次。第一层次，"平台即基础设施"，平台企业提供的是交易所需的网络、系统、应用等数字基础设施。第二层次，"平台即中介"，平台企业为供求双方提供信息匹配与撮合。第三层次，"平台即生态"，平台企业负责制定涉及平台内经营者、消费者、第三方服务商等各参与主体的行为规则，维护交易秩序和平台生态环境。

由于提供的产品／服务具有"准公共产品"的属性，平台企业对平台的规范健康运行不仅负有技术责任，既保证平台基础设施和数据的安全，还负有经济责任和一定的社会责任。平台企业有责任对平台内经营者进行必要的准入审核，对其提供信息的真实性和完整性进行核验，并对其所提供产品／服务的质量承担相应责任，保护平台内经营者的公平竞争与消费者的合法权益。同时，平台企业还有义务依据法律和平台规则，对平台中的各参与主体进行相关行为管理，例如，对双向评价中的强制好评、恶意差评等行为进行纠正，以客观公正的信用评分参与社会整体信用体系的建设等。

因此，平台模式并非"搭台唱戏"那么简单。既然搭了台，那么谁来唱戏、唱什么戏，平台企业都负有相应的责任。合理界定政府监管、平台治理和平台内经营者的责任，是平台经济健康发展的重要保证，既要避免平台企业责任的无限扩大，也要防止平台治理的成本转嫁。

思考四：平台经济发展存在哪些值得注意的风险？如何应对？

第一，平台自身的运营风险及其外溢。平台运营既面临着网络安全、系统漏洞、信息泄露等技术风险，也面临着数据真实性、模型有效性等数据能力方面的风险。并且由于平台经济的外部性被大大放大，当平台自身的风险防控能力不足时，平台出现的问题常常外溢为社会问题，造成对公共资源的消耗和对公共利益的破坏。

在包容审慎的原则下，对平台经济进行更有效的监管十分必要，这不仅是为了促进平台经济的健康发展，也是维护公众权益和社会稳定的需要。面对平台经济，传统监管模式主要存在三个方面的问题：一是有限监管资源无法覆盖海量监管对象；二是垂直监管体系无法适应平台业务的跨界属性；三是与一些平台企业相比，监管部门在数据和技术的掌握上并不占有优势。这三个问题的核心依然是信息不对称。

需要建立与平台经济相适应的"互联网＋监管"体系，运用互联网思维和技术手段，最大程度地破解信息不对称造成的监管困境。一方面，要"立足平台管平台"，借鉴金融监管领域的穿透式监管理念和监管科技，突出平台监管的特殊性，搭建"监管部门＋平台企业"的协同监管平台，在事前审批、事后处置的基础上，进一步强化面向数据和流程的事中监管；另一方面，要"立足数据管风险"，结合"互联网＋政务服务"的持续推进，依托数据分析实现有效的行为监管，打通政府部门之间的数据孤岛，将原先分散在各政府部门的数据汇集纳入监管平台，通过搭建数据监测模型，强化对平台经营过程的风险预警和及时干预。同时，建立政府与企业间的数据交流机制，通过合规、可控的数据共享，支持平台治理水平的提升，促进社会信用体系的完善。

第二，过度资本化的风险。从微观层面来看，一些平台以用户补贴等方式快速吸引流量，但缺乏可持续的经营模式，一旦资金链出现问题，不但平台难以为继，还引发了诸多社会问题。从宏观层面来看，目前平台经济仍主要集中在消费服务领域，而对教育、医疗、养老等民生服务领域的投入还很不够，对"互联网＋工业制造""互联网＋农业生产"的支持也很有限。出现这些问题，本质上是因为当前平台经济与实体经济的关系还没有充分理顺。诚然，用户规模是平台实现双边正反馈的基础，但平台能够吸引并留住多少用户，根本上取决于平台能在多大程度上解决经济社会发展的需求痛点。

需要设计科学合理的政策机制，通过税收等激励约束手段鼓励社会资本进入实体经济和社会发展真正有需要的领域；同时，建立正确的政府行为评价机制，引导地方政府关注平台经济的质量、健康度和对产业转型升级的贡献度，而非仅仅关注平台企业的数量或规模，进一步推动平台经济为实体经济的提质增效发挥积极作用。

第三，数据滥用的风险。数据既是平台经济的关键要素，也是平台企业的核心资产。但目前，对于数据的采集、权属、保护、使用等问题，尚未形成明确的法律规范。过度采集、拒绝分享、算法歧视、数据滥用、隐私泄露等问题层出不穷，甚至出现了侵犯个人信息的完整黑产业链，对公民安全与公民权利造成了严重损害，对平台经济所赖以生存的社会信用基础也造成了严重破坏。

需要尽快完善数据相关立法，围绕数据采集、确权、开发使用、流通交易、增值利用等重要环节，建立贯穿数据全生命周期的规则体系，明确平台企业的法律义务与法律责任。在完善顶层设计的基础上，落实监管机制和司法救济措施，切实保护公民数据权利和隐私安全，规范数据产业的整体发展。

思考五：对商业银行平台化实践的提示

随着互联网"下半场"的开始，商业银行也纷纷搭建起自己的互联网金融平台，并沿着金融业务的延长线，逐步拓展至社会治理和民生服务领域，将金融服务嵌入更多生产生活场景，参与平台生态的构建。

需要提示的是，商业银行应正确看待"上半场"互联网企业带来的挑战和冲击。事实上，互联网企业恰恰是做了银行自己不愿意或没有能力去做的事，通过互联网技术和平台模式为解决金融业普遍存在的难点问题探索了新路。因此，商业银行的平台化实践，不是简单地去和互联网企业抢赛道，而是充分吸收互联网金融平台前期发展的经验和教训，充分发挥自身在资金、客户、渠道、人才、技术等方面的比较优势，确定适合的平台发展思路。

在发展金融服务平台时，核心是要回归本源，利用科技手段将对实体经济的金融服务做到极致，尤其要充分发挥商业银行在金融洞察、数据积累、风险管理等方面的能力优势，当好普惠金融服务的主力军，努力构建起社会各类群体的信用体系，将金融资源引流到实体经济真正需要的领域和环节，打通实体经济的"微循环"。

在参与社会治理、民生服务等领域的平台生态构建时，关键是要发现真正的痛点问题，发挥对金融、科技、市场、社会等各类要素的聚合作用，深入具体场景，打造真正有价值的平台。建设银行在参与各地智慧政务、民生服务等平台建设的初步探索中就有这样的体会：要聚焦政府治理难点和民生需求痛点，充分发挥银行在数据洞察、系统整合、互联互通、信息安全、服务渠道、品牌信誉等方面的金融和科技优势，以智慧的方式赋能痛点问题的解决；在此过程中，要积极开展与各行业主体的开放合作，发挥各自在市场、技术、资源等方面的优势，共建"互联网＋金融＋行业"的良好平台生态，形成可持续的运营模式，这样的平台才具有持久的生命力。

下篇

有待验证的思考

相比贸易摩擦而言金融基础的压力更迫切
必须高度警惕的几种致命陷阱
经济长期趋势宜大尺度观察
高收入的争议与财富积累效应

第七章

相比贸易摩擦而言金融基础的压力更迫切①

　　2018 年伊始，中美贸易摩擦风险骤然上升，引起国际社会广泛关注。中国官方和民间研究机构也发表了大量分析报告，但多以就贸易论贸易，政策建议也多集中于"怎样避免贸易战争"和"如何打赢贸易战争"等方面。然而，随着中美贸易摩擦不断加剧，美国不断加码的对华经贸要求已经远远偏离所谓的"贸易摩擦"领域。观察美国与主要国际竞争对手的历次贸易摩擦及其结局，绝大多数场景的战略意图都十分明显，贸易摩擦只是手段，战略遏制是其最终目的。为了达到战略遏制目的，美国有可能视情况采取各种手段，包括比较常见的加征关税、进出口管制等贸易战手段，也不排除在贸易战手段无法达到目的时使用更危险的金融战手段。由于中国在国际商品市场的地位相对有利，单纯中美贸易摩擦的结局应该具有一定的确定性，即美国不可能通过贸易制裁手段达到其预期的遏制中国发展的战略目的；但在金融领域则完全不同，美国的国际金融优势十分明显，而中国的国际金融基础也差距明显，在

---

　　① 参见黄志凌：《贸易摩擦的确定性与强化金融基础的紧迫性分析》，《全球化》2019 年第 9 期。

现有状态下发生金融对抗必然出现不对称性结局。因此，在中短期的策略上要尽可能将中美贸易摩擦控制在"贸易领域"，保持金融领域的积极合作，避免将贸易摩擦扩大至金融领域；同时，立即着眼于长远金融基础设施建设，力争极端情景出现时有较大的回旋余地。

一、充分考虑战略遏制的极端情景，前瞻性思考不确定性很大的金融战

大国之间的战略遏制与反遏制，一般可能出现三种形态：贸易战争、金融战争和军事战争。

作为全球经济总量前两位的经济大国，同时又都是有核国家，加之近年来中国在军队改革、装备现代化以及技术储备等方面取得了重大进步，具备了一定的抗衡美国军事冒险的能力。目前看美国对华军事遏制还只是在战略层面，中美直接发生军事战争的概率较低。

虽然美国针对中国发动贸易战的概率仍在上升，相应地也会对中国经济造成一定负面影响，但由于中国内需市场巨大，经济自我修复能力较强，因而贸易战只会降低中国增速，但不太可能导致中国经济陷入衰退。在全球化的今天，中国已经是全球 124 个国家的最大贸易伙伴，美国已经很难构筑起"铁板一块"遏制包围圈。只要我们积极拓展"非美市场"，就可以有效对冲美国遏制战略的压力。其中，欧洲是中国最重要的贸易伙伴，中国对欧洲的作用也是美国无法完全替代的，即便美国联合欧洲主要国家共同遏制中国，但中国与主要欧洲国家之间的实际交往并不会完全隔绝，预计大型企业间的商业模式创新将极大削弱美国的遏制战略效果；更何况大量欧洲国家对于美国的遏制中国战略并不认同，无论是出于自身利益还是地缘战略考虑，都不可能完全被美国牵着鼻子走。亚洲是全球最活跃的市场，对中国的依赖度已经很高，如果把

"经营好亚洲市场"的策略走好，就能够有效缓解中美贸易摩擦对于中国出口市场的压力；而中东地区、非洲和拉丁美洲与中国经济具有很强的互补性，同样能弥补中美贸易摩擦带来的缺口。

相对而言，或者与贸易战相比，金融战的危害性更大，更容易演变为灾难性危机，最终导致经济倒退。金融战最突出的特点就是破坏性强、隐蔽性强、专业性强、传染性强等，对经济的致命伤害往往是在很短时间内完成的，而危机后经济的恢复通常又是长期的。从以往美国遏制竞争对手的实践来看，美国通常会挑起经济层面冲突，通过金融战最终制造金融危机，来实现贸易战无法达到的效果。

我们还注意到，贸易战与金融战的最大不同之处还在于：对于贸易战双方而言，你少买／不买我的，我可以卖给别人；若你搞贸易封锁，彻底不卖给我，虽然我的经济受到冲击，但如果你找不到下家，你的经济也必将受到同样冲击，总之贸易战的结果是"两败俱伤"。但金融战则不同，只要能够让对手倒下，我就是胜利者；而且如果针对竞争对手实施金融封锁，我的损失充其量只是市场机会和部分利息，而对手方则会被憋死。

因此，相比军事战争和贸易战争而言，我们需要格外警惕金融战。美国应该估计到与中国开打"贸易战"不会从根本上达到战略遏制的预期目标。因为中国经济体量和市场规模巨大，经济韧性很强，远远超越美国过去所有对手。贸易战对中国经济虽有短期冲击，但经过1—2年的市场自发调整，就可以逐渐恢复过来。因此，我们不能排除美国在贸易战无效的情况下启动金融战的可能性，对于这种极端情况的发生一定要有前瞻性认识和充分思想准备，警惕贸易战演变为金融战绝非杞人忧天。

还需要格外强调的是，金融战最终转为金融危机，除了外因诱发之外，内因才是根本。当前我国金融领域的风险隐患还不少，潜在被攻击的薄弱环节也不少，而且这些内因在短期内还很难消除。因此，我们必须在政策上积极作为，阻断外因诱发内因的各种渠道和机制。中央提出三年打好三大攻坚战，尤其是将防范化解重大风险摆在首要位置，是具有前瞻性的战略举措。近两年来，监管机构组合出拳，各类风险尤其是系统性金融风险的防范化解取得显著成效，但市场欺诈与失信、房地产价格泡沫、地方政府潜在债务等风险隐患仍存，必须坚定强化监管的决心，把握化解节奏，做好充分预案。从已发生的一些金融乱象和局部金融风险事件来看，当前金融市场风险呈现出隐蔽性、交叉性、传染性、突发性等特点，金融监管的难度越来越大。因此，更应当继续以提升金融监管能力为抓手，以防范系统性金融风险为底线，用完善的金融监管系统来抵御外部可能发起的金融战争。

商业银行尤其是国有大型商业银行是中国金融市场的基础，是国家信用体系的基石。银行稳则金融稳，金融稳则经济稳。必须充分认识大型银行在金融和经济发展中的重要地位和作用，继续深化金融改革，尤其是银行业改革，优化机制和流程等，引入先进技术手段，继续提升银行的风险经营能力。尤其需要强调的是，近年来中国银行业的国际化布局快速推进，但我们的国际合规意识不强，或多或少地将国内惯性思维带到海外业务拓展中，不符合国际监管规则和当地法律法规，给所在国监管处罚留下口实。而每当监管处罚发生，都会在金融市场引起相应震荡，一旦处理不当有可能引发局部金融风险甚至危机。因此，一定要强化银行业的合规意识，准确理解并严格遵守国际规则，加强行为约束，摒弃国内思维，降低合规风险（零容忍），不给他国监管机构可乘之机。

有人认为，作为全球第二大经济体，中国已经在全球金融生态圈中扮演着重要角色，中国若出现金融大动荡必将引发全球性金融危机，而一旦出现此类危机，其危害程度一定要远远超过 2008 年全球金融危机，届时美国很难独善其身，这种"鱼死网破"的局面也不符合美国遏制中国战略的初衷，所以美国不会贸然发动针对中国的金融战。这种基于理性的分析，是有道理的，但非理性的不确定性风险始终是存在的，对于中国来说，前瞻性金融警戒是必要的。

为此，积极做好金融战爆发的防御预案是十分必要的。如果我们改善了经济和金融体系的薄弱环节，美国将较难找到金融战的切入点。但是，金融战的隐蔽性和专业性不可忽略。一旦美国在中国的经济和金融体系找到了我们尚未发现的严重漏洞，用来发起对中国的金融攻击，我们必须对各种可能出现的情况提前做好准备。我们可以参考美国2009年金融战争演习的形式，组织一次金融战争演习，做好应对金融战争的预案。

美国国防部于2009年发起了全球首次金融战争演习。此次演习将演练人员分为六组，除去裁判组以外，剩下五组分别代表美国、中国、俄罗斯、环太平洋其他国家或地区、欧洲。各组模仿所代表经济体的决策特点，根据模拟的全球性政治、经济和金融事件，采取经济和金融手段，维护各方利益。通过演习，美国发现自身缺乏应对某些极端情况的预案，也推演出一些更为有效的政策方针。[1]

为了洞察我国经济和金融体系中潜在的风险，我们可以借鉴国际经验，召集经济、金融领域的专家学者和企业界高层管理人员进行各种专题性金融战争演习。通过模拟金融战可能受到的各种攻击，进一步弥补已存在的漏洞，布局具有前瞻性的金融安全战略，提升极端情况出现时的应对速度。

最后，我还想分析一下目前市场上流行的几种政策建议。一是中国是否需要沽空持有的美国国债，给美国以所谓的"核打击"呢？坦

---

[1] 郑刚：《金融攻击：一种全新的隐型战争方式》，《竞争情报》2013年第3期。

率说这是"馊主意",也不排除持此建议的机构藏有"借机获利"的私心。目前美国国债依然是全球较为安全和流动性极高的金融资产,也是被广泛接受的储备资产。中国沽空美国国债对于美国金融市场很难造成"核打击"效应,反倒是给我们自己的国际储备增加难题,是典型的"伤敌一千,自损八百"的下下策。二是中国是否通过汇率贬值来化解贸易战带来的不利影响?我认为该策略亦是不可取的,因为中国作为经济大国,人民币国际化是一个战略选择,而稳定的汇率对于推进人民币国际化是至关重要的;同时,一个稳定的人民币汇率更有利于加强外部对中国经济的信心,而"信心比黄金都重要"。我们也注意到,2018 年 3 月白宫国家经济委员会新任主任库德洛就旗帜鲜明地支持稳定和强势的美元,他表示:"一个伟大的国家需要强劲的货币。我没有理由相信特朗普总统不赞成稳定而坚挺的美元。我并不是说美元必须上涨 30%,而只是说让全球其他地方知道我们将保持美元这一国际储备货币的稳定,这将在国内树立信心。"[①] 三是中国是否考虑减少美国服务贸易,来反制美国呢?法律、会计、评估、咨询等现代服务不仅是美国的垄断优势,也被国际金融市场所广泛接受,而中国本土这方面的现代服务能力有限,尚未被国际市场认可。如果中国将减少美国现代服务需求作为应对美国贸易摩擦的手段,其结果比饮鸩止渴还可怕。

因此,我们在中短期的策略上要尽可能将中美贸易摩擦控制在贸易领域,保持中美金融领域的积极合作,避免将贸易摩擦扩大至金融领域;同时,立即着眼于长远金融基础设施建设,力争极端情景出现时有较大的回旋余地。

---

① 《白宫新晋首席经济顾问支持强势美元》,2018 年 3 月 15 日,见 https://www.sohu.com/a/225632794_169427。

二、必须从战略上重视人民币国际化，稳步推进人民币国际化有助于增强中国国际金融安全的价值基础

美国有能力发动金融战，是基于"美元霸权"，中国在金融战中处于弱势地位的主要原因也是因为人民币还不是真正意义上的国际货币。不难判断，美元霸权地位是美国发动并赢得金融战胜利的基础。我们在短期无法改变这种事实，必须从战略上推进人民币国际化，才能从根本上打造中国金融安全基础。因此，人民币国际化不仅具有金融发展深远意义，更具有中国金融安全的国家战略意义。[①] 中国的人民币国际化自 2009 年正式启动以来[②]，取得了很大的进展。但我们应清醒的认识到，人民币国际化只是刚刚起步，不仅与美元相比差距巨大，就是与欧元和日元相比也存在很大距离。我们必须围绕人民币国际化打造中国金融安全基础。

（一）深刻理解人民币国际化的根本目的与客观条件

只要存在国际市场并且自己无论如何也离不开国际经济活动，谁都梦想使自己发行的货币成为真正的国际货币，中国推进人民币国际化也没有什么好奇怪的。

所谓国际化货币，主要是指一国或一个经济体发行的货币在境外作为计价单位、交易媒介和价值贮存并得到广泛使用，具体的货币功能包括：标价货币、计价货币、结算货币、载体货币、替代货币、投资货币、锚定货币、干预货币和储备货币等。

---

① 黄志凌：《经济升级的大国思维》，人民出版社 2016 年版，第 120—127 页。
② 2009 年，我国在上海、深圳地区试点人民币贸易结算项下的自由兑换。

各种媒体间流传着多种关于人民币国际化主要目的的说法。一种说法是人民币国际化能够加强中国央行货币政策独立性，不再受美国等主要经济体货币政策的影响；另有一种说法是人民币国际化能够增强中国金融机构的竞争力和话语权，降低中国企业交易成本；还有一种说法是既可以通过人民币国际化获得铸币税效应，也可以加速在中国的一些重要城市形成具有重要影响力的国际金融中心等。但笔者认为人民币国际化的核心目的是减少外汇储备压力、降低中国在经济发展进程中承担的汇率风险，更重要的是透过人民币国际化建设打造金融安全的基础。这是根本所在，不能舍本逐末。一种货币被公认为完全意义上的国际货币，必须同时具备国际结算货币、国际计价货币和国际储备货币三大功能，而这三大功能的实现对于该国或经济体的国际竞争力和国际经济安全是至关重要的。

一种货币能否实现真正意义上的国际化，需要具备一系列客观条件：(1) 发行国或发行体政治稳定且在国际上的影响强大；(2) 发行国或发行体具有雄厚的经济实力，经济开放程度高且对外贸易额巨大；(3) 发行国或发行体拥有发达的金融体系和完善健全的金融市场；(4) 政府支持本国货币国际化，并推行有利于本国货币国际化的政策；(5) 发行国货币币值稳定，具有较好的信誉。应该说，人民币已经具备了这些客观条件，但在实践中还存在一些亟待解决的问题。

一是境外投资者持有人民币的动机问题。一般来说，境外投资者持有人民币的动机有三个，即购买中国产品和服务、对中国进行直接投资，以及购买以人民币标价的金融资产。其中，中国现行的政策环境虽然能完全满足第一和第二个动机的实现，但激励的力度明显不足；而满足第三个动机所需的条件则较为复杂。如果持币者选择在中国境内购买人民币标价的金融产品，则中国需向境外投资者开放金融市场，即放开资本项目管制；如果持币者选择在境外购买人民币标价的金融产品，则需培育离岸人民币金融市场，为持币者提供充足的人民币金融工具。目前中国资本项目开放程度较低，离岸人民币市场发展深度不足，成为制约人民币国际化的重要因素。从实际情况来看，目前境外投资者持有人民币的主要动机集中在套利方面，这是人民币国际化健康发展所面临的突出问题。

二是人民币可自由兑换问题。人民币自由兑换包括三个层面：其一，境外市场与境内市场之间的人民币自由兑换；其二，境外市场的人民币自由兑换；其三，境内市场的人民币自由兑换。目前的现状是，在不涉及人民币回流的情况下，境外人民币完全自由，境外市场人民币可自由兑换。但由于人民币最终的购买权和收益权对应的是境内市场，如果切断了境内外市场间的自由兑换通道，境外市场的人民币也失去了真正自由的含义，这也是为什么2009年和2010年香港人民币同业拆借利率超低，人民银行为进一步培育离岸人民币市场，设立人民币合格境外机构投资者（RQFII），允许境外三类机构参与境内银行间债券市场的原因。因此，如何实现境内市场与境外市场之间的自由兑换，已经成为提升人民币国际化的关键。

三是提升对外输出人民币的能力。金本位制崩溃的一个重要原因是黄金产量增长幅度远低于商品生产与交易增长幅度，黄金作为国际货币不能满足全球范围内媒介商品交易的需求。"布雷顿森林体系"崩溃后，美元作为国际货币的地位稳固，与美国常年"双逆差"[①]向全球输送美元的局面有一定关系。日本过去几十年一直都在持续推进所谓的日元国际化，但成效不显著，在目前全球储备货币中占比非常低，一个很重要的因素就是日本是贸易顺差国，无法通过贸易赤字的形式

---

① 1971年"布雷顿森林体系"崩溃之后，除少数年份之外，美国基本处于"双逆差"的状态。

对外输出货币，而只能通过金融资本渠道进行货币输出①。人民币要想成为真正意义上的国际货币，不仅要解决境外持有动机、消除持有障碍，还必须提升对外输出供应能力。

（二）历史的发展也证明，成功实现货币国际化需要具备多方条件，人民币国际化不可能一蹴而就

英镑国际化经历了 50 多年的发展。1816 年英国通过了《金本位制度法案》，承认黄金作为货币的本位。1821 年，英国正式启用金本位制，英镑成为英国的标准货币单位。19 世纪 70 年代，英镑成为世界货币。英镑走向全球化，不仅基于世界对英国经济实力的信任，更有赖于英国完善的金融制度和法制化的金融监管。英格兰银行对于信用体系的建设和完善成为英镑不断发展壮大的基础，而 1720 年爆发的南海公司股票事件更是迫使英国用了 100 年的时间来不断完善货币发行、监管制度。

美元国际化进程也经历了 50 多年的时间。1894 年美国的 GDP 就已经跃居世界第一位，到 1913 年美国的工业产值已经相当于英国、法国和德国三个国家工业产值之和。在国际贸易领域，美国也得到了迅速发展。1790—1868 年，美国进出口贸易处于逆差状态，此后美国进入贸易顺差时期，1900—1913 年年均商品贸易顺差已经达到 5.702 亿美元。第一次世界大战帮助美国成为世界最大的债权国。到 1929 年美国在世界贸易中的占比达到 14.2%，第一次超越英国。第二次世界大战结束时，美国工业产值占世界工业产值超过了 50%，进出口贸易占世界贸易总额的 1/3，黄金储备占西方国家黄金储备的 59%。因此，在 1944 年建立以美元为核心的国际货币体系才成为一个必然的结果，经过《布

---

① 为促进日元的输出，日本建立了海外协力基金（OECF）和输出入银行（JEXIM），并在 20 世纪 80 年代开展"黑字环流"计划，向外输出日元。

雷顿森林协定》的签署，美国才确立了美元的国际核心货币地位。

欧元经过 30 多年酝酿和准备，于 1999 年正式启动，并于 2002 年开始流通。流通后的十年间，欧元成就斐然。欧元走出了类似 M 形的走势，反映出欧元从区域货币，到国际主导货币的成长历程。欧元区国家 GDP 占全球 GDP 超过 15%，在全球外汇储备中，欧元所占比重也从 1999 年诞生时的 18%，上升到 2009 年的 27%，而同期美元所占比重，则从 71% 下降到 64%。但由于欧元设计上的"先天不足"，以及相关财政、经济一体化进程滞后，欧元作为超主权的区域货币，只有统一的中央银行提供货币发行、货币政策和金融调控，缺乏完善的区域内财政政策调控和监管。在国际金融风暴冲击下，上述问题恶化为欧债危机，而欧债危机又反过来加剧了欧元危机。

再看日元国际化的进程，在资本项目迅速开放的过程中，日本国内的金融改革非常滞后。20 世纪 70 年代后，日本经济异军突起，成为当时仅次于美国的第二大经济体。在 1998 年的东亚金融危机之前，日元国际化的进程加速，为日元在国际市场上的自由流动创造了有利的条件。但是，随着欧元的兴起、日本经济的急速滑坡，日元国际化的进程在进入 2000 年后不断倒退。日元的国际化进程直接导致了两个空心化——企业资金流出，居民投资国际化。这两个空心化影响了本地市场经济的发展和日本经济实力，进而重新对日元的国际地位产生了影响，并成为日本经济"失落的二十年"的一大推手。日本过去 30 多年一直持续进行的日元国际化之所以成效不显著，在目前全球储备货币中占比非常低，一个很重要的因素就是日本是贸易顺差国，无法通过贸易赤字的形式对外输出货币，而只能通过金融资本渠道进行货币输出。另外一个原因，是日本本地金融市场并未得到发展。在资本项目迅速开放的过程中，日本国内的金融改革滞后，如日本对债券市场的管制直到 1995 年前后才放松，这使得以银行为主导的金融体系没有改变，从而未能给国际化的货币提供一个价值储藏的渠道。

人民币在相当长一段时间内无法成为主要国际储备货币。一方面，目前中国的综合经济实力尚不足以支持重要经济体选择人民币作为国际储备货币；另一方面，中国的金融市场还不够健全，容量与深度也还不够。这两个方面或许能解释为什么各国中央银行不得不大量持有美元资产的原因。

人民币国际计价货币功能是人民币国际化最短的短板。人民币的国际计价功能是指人民币在国际范围内的私人用途和官方用途中，承担价值衡量和记账工具职能。相对于人民币的国际结算职能，目前人民币的国际计价职能严重滞后。例如，虽然我国已逐渐成为大宗商品消费大国、贸易大国，多个品种进口数量高居全球榜首，但全球大宗商品的定价权仍主要集中在欧美发达经济体手中，形成了以 CBOT（芝加哥期货交易所）农产品、NYMEX（纽约证券交易所）能源和 LME（伦敦金属交易所）有色金属为主的几大商品定价中心。这些定价中心基于历史惯性、交易双方接受程度、套期保值途径和容量、理论模型和硬件辅助系统的完备程度等因素，推出了以美元为主的大宗商品定价机制和价格。

通常而言，某一货币是否能作为国际计价货币主要与如下因素相关：一是通货膨胀，通货膨胀率低、币值稳定的货币更有可能被选作贸易计价货币；二是汇率变动，进出口双方选择计价货币时会更多地倾向于选择具有稳定货币政策和汇率政策国家的货币；三是金融市场发展程度，进出口双方更愿意选择兑换成本最低且能被其他国家贸易商普遍接受的货币，这就要求该货币的发行国必须有发达的货币市场、资本市场和外汇市场，以及完善的货币市场工具；四是货币的可兑换程度，如果一种货币还没有成为可自由兑换的货币，那么境外持币的风险与成本就比较高，这种货币在与其他可自由兑换的货币的计价竞争当中，就会处于劣势地位。从这些方面来看，人民币充当国际计价货币的路途还十分漫长。

最后，我们必须认识到，人民币国际化的一个重要前提是汇率稳定，这是国际市场愿意使用结算和持有人民币作为储备的前提之一。有人认为只要是特朗普反对的我们就反其道而行之，他担心人民币贬值，我们就让人民币贬值，让他的贸易战目标不得逞。这样做的结果是短期对冲了贸易战压力，但远期增大金融战的风险。而金融战是比贸易战破坏力更大的国家之间经济对抗。有人疑问，你说稳定人民币汇率很重要，为什么特朗普也反对人民币贬值？其实，特朗普的所有决定都是为了美国的国家利益最大化，只不过是现在和将来不同时间而已。打贸易战时他不希望你的货币贬值，但到打金融战时就不一样了，那时就会以摧毁你的货币为目标。所以，我们现在就必须做好准备。

三、加强金融交易系统建设是一项十分迫切的任务，事关中国国际金融安全的技术基础

基于美国已有金融制裁案例，对比中国金融体系现实，我们在金融交易的基础设施方面存在一些亟待解决的短板：一方面，某些金融产品的交易只能使用美国的交易系统完成交易，比如中国的外币债券交易只能通过美国彭博公司的 POMS 系统完成。另一方面，某些金融产品由于价格、交易活跃度等原因需要使用国外的交易系统，比如中国的外汇即期和远期交易（除人民币兑外币）大多是在 FXall 和 EBS 系统上完成的。虽然 FXall 是汤森路透（非美国）的产品，但开发 EBS 系统的 NEX 集团已被芝加哥商品交易所集团（CME）收购。而中国外汇交易中心开发的 CFETS FX2017 系统由于外汇报价和流动性劣势，在外币兑外币的外汇交易中使用较少（仅有人民币兑外币交易必须通过 CFETS FX2017 完成）。

从技术的角度分析，我们的跨境支付系统还存在以下潜在风险：一

是部分关键领域缺乏备份机制。大额资金的跨境支付清算中，SWIFT
居于绝对垄断地位。SWIFT 网络通过系统工具、报文标准等手段，将
不同国家的银行联系在一起，绝大多数的跨境货币转移均通过 SWIFT
网络发起指令、开展跟踪。一旦 SWIFT 网络因种种原因无法使用，将
导致一国或多国跨境经济金融活动的整体瘫痪。小额支付领域的服务
主体主要是银行卡组织、第三方支付公司等，参与主体较多，冗余程
度较高。经多年发展，目前中国银联已覆盖 170 个国家，但较 VISA、
MasterCard 等覆盖 200 个以上国家的覆盖程度仍有差距。二是金融安全
存在政治干预风险。美元是跨境支付清算的主要货币，导致在美国长
臂管辖规则下，各类主要的支付清算主体频繁受到美国的强力政治干
预，特别是 SWIFT 系统影响力大、杀伤力强，已成为国际自由经济金
融活动的隐患。譬如，大额支付领域：如 2012 年将伊朗排除出 SWIFT
网络，直接导致伊朗石油出口下降 60%，被广泛认为是 2015 年伊核协
议签署的主要推力。美国、欧盟还曾多次威胁将俄罗斯排除在 SWIFT
系统之外。再譬如，小额支付方面：VISA、MasterCard 等卡组织也必须
服从美国制裁，如在乌克兰危机之中，VISA、MasterCard 就根据美国
要求，停止了对俄罗斯的支付清算服务，导致一些俄罗斯客户转而使用
中国银联服务。三是部分跨境数据易被他国掌握。美国进一步扩大了
SWIFT 数据信息的应用范围，不再局限于反恐，而将其与美元清算数
据打通，用于制裁、反洗钱、金融情报等领域。如据媒体报道，美国通
过 SWIFT 数据，全面掌握了澳门汇业银行通过 80 个账户处理 2500 万
美元的涉及朝鲜资金，认定汇业银行涉及洗钱，对其进行了制裁。

为此提出如下建议：

一是必须尽快完善跨境支付清算系统。随着人民币跨境支付系统
（CIPS）二期的投产运行，中国的人民币跨境支付一定程度上脱离了
SWIFT 的掌控，中国可以通过 CIPS 直接完成人民币跨境支付和结算。

截至 2018 年 12 月，CIPS 共有 31 家直接参与者和 818 家间接参与者，其中亚洲 626 家（含境内 349 家），欧洲 102 家，北美洲 25 家，大洋洲 17 家，南美洲 17 家，非洲 31 家。① 但需要注意的是，只有这 31 家直接参与者可以直接使用 CIPS 系统办理业务，其他 818 家间接参与者需通过直接参与者来使用 CIPS 系统。然而除非间接参与者选择用专线向直接参与者传递信息，直接参与者与间接参与者之间报文的传递需要通过 SWIFT 来完成。而绝大多数间接参与者并没有接入专线。因此，这部分人民币跨境支付信息仍将被 SWIFT 记录。如果中美发生金融战，美国有可能假借反恐等名义使用 SWIFT 数据库，利用 SWIFT 分析中国的国际布局。出现极端情况时，美国甚至有可能限制中国金融机构使用 SWIFT，从而限制中国人民币跨境支付。因此，必须尽快完善人民币跨境支付清算系统。

二是推动阻止未经授权的数据开放。跨境支付涉及对外政治、经贸往来，数据高度敏感，欧洲各国已多次呼吁停止与美国的 SWIFT 的数据共享。2013 年 10 月，欧盟议会通过一项停止决议，但为"非强制性"。在《通用数据保护条例》（GDPR）背景下，预计数据共享的反对声音还会加强，建议我国积极加入：明确授权共享规则，清晰划分货币发行国、金融机构所在国、业务所在国等主体间的职责、权限，未经各相关方允许，不得单方面提供；规范数据共享流程和标准，明确数据提供的信息字段、隐私保护、商业秘密保护等规则，限制政治用途；建立数据提供的授权、告知、终止等流程，接受多方监督；明确数据主权，SWIFT、VISA 等系统上的数据应由交易方所有，由交易方全权控制，SWIFT、VISA 等国际组织只有管理权、保存权，并无所有权。

---

① 《CIPS 新增间接参与者公告》（第三十九期），2018 年 12 月 21 日，见 http://www.cips.com.cn/cipsmobile/_2534/_2538/31176/index.html。

三是完善对跨境支付体系的主动监管。建议按照国际监管标准，积极主动参与对跨境支付清算主体的监管。首先，获得监管权限，推动 SWIFT 组织进一步开放监管权限，推动人民银行成为 SWIFT 监督组织（Oversight Group）成员，力争加入监督执行工作组。其次，完善国内立法，明确人民银行作为对人民币跨境业务的监管权力，包括对跨境支付清算机构的现场检查、资料调阅、应急处理等内容。最后，加强跨境监管协调，积极参与国际监管规则制定，建立与美国、欧盟、日本等主要国际货币发行体的监管合作机制，共同维护跨境支付结算体系安全。

四是积极参与或对接国际上正在建立的 SWIFT 的替代系统。伴随着对美国干预的反抗，欧盟、俄罗斯等经济体已开始研究打造 SWIFT 的替代系统。如欧盟计划以特殊目的实体（SPV）方式复制 SWIFT 功能，方便欧洲公司依据欧盟法律，与伊朗展开合法的金融结算交易，并表示将对全球其他伙伴开放。俄罗斯已打造了金融信息传递系统 SPFS，正在积极引入参与主体，目前已有 500 余家各类组织和机构加入。从头打造大额跨境支付信息交换体系面临长期考验，但作为国际冲突中必要的备份机制，建议积极参与或主动对接。

附件：

关于金融战的理解[①]

　　冷战结束之后，各国金融市场之间的壁垒逐渐消除，金融资本对经济的支配能力急剧增强，全球经济的金融化属性日渐显现。与此同时，如果一个国家在国际货币体系中占据绝对主导地位，甚至能够单边地切断其他国家的国际资金流动，就可以通过金融制裁手段强迫他国遵循自己的意志。回顾近几十年来的历史，美国擅长通过金融战操纵全球经济，达成自己的战略目的。为此，以美国曾经发动的金融战为样本，对金融战进行一些前瞻性的分析与研究是十分必要的。

一、怎样理解金融战

　　20 世纪 80 年代起，金融资本对经济的支配能力急剧增强，全球经济的金融化属性日渐显现，主要体现在三个方面：一是非金融的实体经济部门对于金融部门的依赖程度达到了空前的地步，金融体系不仅支撑着实体经济运行效率，而且金融危机成为经济危机的直接导火索[②]；二是金融部门的规模和对 GDP 贡献率等数据显著上升，越来越多的非金融部门通过金融资产而不是工业生产来获取利润，而且依赖金融资产获得收入人群的财富和影响力急剧膨胀；三是金融资产交易严重脱离实体经济，并成为决定国际货币流向的主要因素，金融交易中心高度集中，金融技术也呈现垄断化趋势[③]。不仅如此，经济金融化还改变了国家财富的表现形态，使其从传统的土地、资源、商品等实体资产，转向货

---

　　① 参见黄志凌：《关于金融战的理解》，《全球化》2020 年第 3 期。

　　② 黄志凌：《金融危机扰动下的趋势思维》，人民出版社 2017 年版，第 1—7 页。

　　③ 张成思、张步昙：《再论金融与实体经济：经济金融化视角》，《经济学动态》2015 年第 6 期。

币、债券、股票等金融资产。[①]

　　特别是冷战结束后，各国金融市场之间的壁垒逐渐消除，金融资产开始成为各经济体跨境资金流动和经济活动的主要媒介。同时，信息技术迅速发展，使得金融资产的电子化交易成为可能。全球经济金融化和金融交易电子化进一步扩大了金融资产的规模，提升了金融体系对经济的影响力。正是因为如此，如果一个国家在国际货币体系中占据绝对主导地位，甚至能够单边地切断其他国家的国际资金流动，就可以通过金融制裁手段强迫他国遵循自己的意志。一个开放的国家，离不开全球贸易、清算、支付、投资、融资，一旦被切断与国际金融市场的联系，其整体经济将遭受毁灭性的打击。我们注意到，经济金融化的发展打破了过去国家安全的地缘防线，国家安全的维护不能再局限于领空、领海和领土的空间安全，还要关注经济安全，尤其是预防敌对国家凭借金融战优势引发本国金融危机，破坏本国经济发展势头的可能性。

　　这里所说的"金融战"，不仅是指一个经济体对另一个经济体发动的金融制裁，还包括一个强大的国际金融资本突然对一个金融体系存在严重漏洞的主权国家或关税经济体发动的货币狙击。在货币自由兑换的国际金融市场环境下，一个国家（尤其是金融体系还存在结构性缺陷）一旦被强有力的国际资本盯住并展开货币狙击，自身的金融体系可能随之崩溃，经济也将迅速倒退。短时间内突发的金融交易事件、支付清算事件，以及融资渠道关闭事件都可以引发一国经济的"猝死"，长期的金融战会引发一个国家的金融危机，摧毁这个国家的经济体系，使其经济发展陷入长时间的停滞。这就是市场所理解的"金融战"及其严重后果。

　　当然，深刻理解金融战，人们往往借鉴军事战与贸易战的思维习

---

① 王湘穗：《币缘政治：世界格局的变化与未来》，《世界经济与政治》2011 年第 4 期。

惯。其实，军事战争、贸易战争与金融战争相比，它们之间既有共性，也有各自的特殊性。进行异同点分析，既要基于战争原理来分析一般性，还要深入各自资源特点来分析特殊性。譬如左右军事战争的决策者是总统、政客以及军方，人数有限，因而战争往往可以持续很多年。贸易战争涉及众多经济实体，有各自的经济利益，往往很难长期坚持下去，尤其是市场相互依赖性很强的大型经济体之间的贸易战。观察强国发起的贸易制裁实践，我们发现有时即使是贸易战争（制裁法律没有取消）名义还在，但相关实体出于利益考虑的"商业创新"已经使贸易战争效应大大降低，甚至名存实亡。这方面的例证不胜枚举。而金融战争介于前面所说的两者之间，主导的人数也不多，但多于军事战争的主导人数。而且金融寡头往往与政客的利益观和价值观高度吻合，甚至是政治家的智囊或智库，所以金融战争往往也可以持续很多年。

贸易战争的制约因素，一方面涉及商品生产线的技术约束，即产能过剩的浪费成本以及闲置维修成本和拆除以后技术消亡的战略成本；另一方面涉及商品自身的物理约束，即不可能长期储存，生产出来卖不出去就要销毁，这就决定了贸易资源驱使的贸易战争不可能持续太长时期。而金融战争则不同，不涉及生产线，不涉及卖不出去的储存难题与销毁的问题，尤其是金融的特点是收益风险相匹配，资本借不出去虽然少了收益，但也没有违约风险。因而金融资源驱使的金融战争可以持续很长时间。军事战争资源特点受技术革命左右很大，因而军事资源驱使的军事战争到底持续多长时间具有不确定性。

概括来说，金融战有这样几个鲜明的特点：一是危害性强，实施金融制裁和货币狙击等手段，意在引发相关国家或经济体的金融危机，最终摧毁其经济体系，使其经济发展陷入长时间的停滞，而且危机后经济的恢复通常又是长期的、困难的；二是隐蔽性强，不像贸易战那样透明（譬如加征关税、进出口管制等都是公开的），受到货币狙击的国家或经济体在初期往往不知道具体的"敌人"是谁，金融制裁也是先以合规性理由从个案（有时是关键核心企业或金融机构）入手，具有"温水煮青蛙"效应；三是专业性强，大量操作是通过金融市场进行，尤其是一些汇率异常波动、非正常交易等，有些属于市场投机行为，有些属于有计划的金融战行为，非专业人士很难识别与判断；四是突发性强，一旦爆发，不会给被攻击与制裁的国家或经济体留下充足的应对时间；五是传染性强，透过市场特有的"恐慌机制"由一个具体的交易或具体的市场形态，迅速蔓延至整个金融市场并形成金融危机。

因此，我们对于金融战的特殊性必须予以高度重视，更不能简单套用贸易战或军事战争的逻辑与思维来应对可能发生的金融战。

二、被金融战击败的原因并不复杂

实证观察，金融战的形式多样，但金融制裁与货币狙击则属于发动金融战的重武器。回顾近几十年来的历史，美国是金融战的高手，擅长通过金融战操纵全球经济，达成自己的战略目的，其发动金融战最常用的武器是金融制裁。对于拥有美元霸权和支付清算系统霸权的美国来说，金融制裁是一种更为直接、高效、师出有名的金融战手段。

（一）金融制裁可能源于贸易战手段的失效，但一些金融制裁措施只有美国具备实施能力

金融制裁的发起主体多为主权国家，有时也包括联合国、世界银行等国际组织。制裁方通过阻碍国家、组织、企业、个人等受制裁主体的资产和资金流转，实现"维护国际和平及保护人道主义，满足主权国家自身特定的政治和经济利益，打击国际恐怖主义的需要，打击国际犯罪及毒品活动的需要"等目的。[1]

---

[1] 徐以升、马鑫：《金融制裁：美国新型全球不对称权力》，中国经济出版社 2015 年版，第 5、33—34 页。

　　过去，两国之间如果存在核心利益冲突，无法调和的矛盾时常演化为战争。但随着科技的进步，热武器的杀伤力正在不断增强。即便是国力极为悬殊的两国进行热战，占据上风的国家也难免会出现大量的军队人员伤亡。这会引发优势方国内民众的反战情绪，更会激发敌对国人民的民族仇恨。发动一场军事战争，需要比过去更强的国民基础。因此，国家之间的交锋逐步转向经济领域，进攻方通过破坏敌对国的经济体系来达成战略目的，而贸易战就成为重要工具。

　　然而，传统的贸易制裁难以杜绝受制裁国家通过走私等灰色手段获取商品的可能性，并需要高昂的人力成本确保制裁能够得到贯彻执行。[1] 况且在全球产业链日益精细化的当今，各国经济早已"你中有我、我中有你"，一件出口商品的生产可能涉及处于一条产业链不同环节的多个国家。一国对他国使用贸易制裁手段难免会造成误伤、自伤。而金融制裁具有不对称性、定向性等特征，开始逐步成为个别具备雄厚金融实力的国家实现外交政策目标的重要工具。美国彼得森国际经济研究所的研究显示，在53个单独实施金融制裁的案例、101个贸易与金融制裁相结合的案例和21个实施资产冻结的案例中，分别有19例（36%）、32例（32%）和8例（38%）取得了理想的效果；但在40个单独实施贸易制裁的案例中，只有10例（25%）获得了积极的效果。[2]

　　观察已有案例，现代金融制裁主要通过三大途径完成[3]，其中部分措施只有美国具备能力实施。

　　一是冻结或没收被制裁方的海外资产。制裁方通过冻结其境内被制

---

　　① 徐以升、马鑫：《金融制裁：美国新型全球不对称权力》，中国经济出版社2015年版，第80—81页。

　　② 刘东民、史晨：《美国实施金融制裁的趋势、特征及其依赖的技术平台》，《银行家》2018年第8期。

　　③ 徐以升、马鑫：《金融制裁：美国新型全球不对称权力》，中国经济出版社2015年版，第47—56页、79页。

裁方的资产，甚至联合其他国家在更大范围内冻结被制裁方的资产，限制被制裁方的正常经济活动。第二次世界大战期间，因日本出兵占领东南亚南部，威胁到美、英、荷的国家利益，美、英、荷先后冻结日本的海外资产，封锁日本的石油贸易，遏制日本获得战略性技术、设备和资源的能力。

二是封锁被制裁方美元流通的渠道。美元是国际贸易往来和金融资产交易的最主要结算货币。一旦被制裁方获取或使用美元的能力受到限制，其在国际金融体系中将举步维艰。2012 年 3 月，在美国的压力下，环球银行金融电信协会（SWIFT）取消了伊朗金融机构的会员资格，导致伊朗出口商品的支付结算遇到极大困难，最终伊朗被迫在核武器战略上向美国作出妥协，换取美元的使用权。

三是切断被制裁方与全球金融机构的业务往来。制裁方在禁止管辖范围内的金融机构与受制裁方交易的基础上，还会利用自身的影响力，要求第三方国家的金融机构参与制裁，全面断绝被制裁方进入全球金融体系的渠道。

——朝鲜案例：2002 年朝鲜恢复核计划后，美国开始调查朝鲜的非法金融活动，并于 2005 年 9 月指控澳门汇业银行为朝鲜提供非法金融服务，宣称将在指控声明生效 30 天后的任意时间中断美国金融机构与澳门汇业银行的业务联系。虽然美国并没有对境外金融机构的行动提出具体要求，但大多境外金融机构出于对美国"秋后算账"的担忧，仍主动切断了与澳门汇业银行的往来。

——伊朗案例：2006 年 9 月，针对伊朗铀浓缩技术的成功研发，美国禁止伊朗银行通过第三方国家的银行进入美国金融系统。2006 年后的 2 年内，在伊朗的外国银行从 46 家减少为 20 家。[①]2011 年年底，美

---

① 刘建伟：《美国金融制裁运作机制及其启示》，《国际展望》2015 年第 2 期。

国在《2012 财年国防授权法》中进一步升级了对伊朗的金融制裁措施，规定外国金融机构不得为伊朗中央银行或其他受制裁的伊朗金融机构提供金融服务，否则将受到美国的制裁。许多金融机构为了避免受到美国的处罚而选择放弃伊朗市场，伊朗逐渐被美国排除在国际金融体系之外。

——俄罗斯案例：2014 年 3 月，克里米亚地区宣布独立后被并入俄罗斯，欧美和俄罗斯的外交关系日渐紧张。欧美开始采取金融制裁手段迫使俄罗斯改变外交政策，并逐步升级制裁力度，通过限制俄罗斯企业进入欧美金融市场，禁止境内机构或人员向俄罗斯提供中长期融资支持，实现关闭俄罗斯融资途径的目的①，俄罗斯因此陷入金融危机和经济衰退。

（二）发起货币狙击既取决于自身实力，也取决于发现"鸡蛋缝隙"的能力

货币狙击的发起主体多为实力雄厚的国际金融资本。当这些机构发现某一经济体出现财政和货币政策决策失误、经济发展失衡、金融体系监管失控等致命漏洞时，就会通过金融衍生品放大可控制资产的规模，攻击相应经济体的货币体系和金融市场，人为地影响金融资产价格，从中获得经济利益。1997 年东南亚金融危机就是一个典型的案例。

20 世纪 90 年代，泰国的经济受日本经济泡沫破灭的牵连而走向下坡。为了维持经济发展速度，泰国政府不得不加大吸引外商直接投资的力度，取消了对资本项目的管制。同时由于泰国施行泰铢盯住美元的固定汇率制，在美联储加息的情况下，泰国为了保证固定汇率制，只能维持较高利率，导致泰铢当时的融资利率远超美元，致使泰国银行业纷纷在国际货币市场融入美元，并在换汇成泰铢后，于泰国境内货币市场融

---

① 马鑫、许钊颖：《美国对俄罗斯的金融制裁》，《美国研究》2015 年第 5 期。

出泰铢，实现套息交易。有的泰国银行甚至还在套息交易的基础上，进行期限错配，通过融入短期外币负债，融出长期泰铢资产，进一步放大了风险敞口。久而久之，泰国积累了大量 1 年内到期的外债。同时，泰国工人工资增长率快于生产率的增长率，叠加泰国主要出口产品国际需求降低，导致泰国的经常项目逆差在 1995 年和 1996 年迅速扩大。经常项目逆差本应带给泰铢贬值的压力，但由于固定汇率制，泰铢被动跟随美元的升值趋势，造成泰国的出口进一步受到抑制，无法积累外汇储备来抵御外债风险。泰国短期外债占总储备比例由 1994 年的 96.36% 上升至 1995 年的 119.37%，并在 1996 年进一步上行至 123.47%。[①]

早在 1995 年，乔治·索罗斯就意识到了泰国经济的问题，并试探性地对泰铢发起攻击。虽然此时并没有引起泰铢的汇率危机，但索罗斯坚信泰国资产存在巨大泡沫，并开始为日后做空泰铢积蓄力量。1995 年，索罗斯采取了十分隐蔽的做空行为，没有引起泰国当局的注意。1997 年，索罗斯认为时机已经成熟，索罗斯掌控的量子基金开始散播国际货币基金组织要求泰铢贬值的传闻，并大举抛售从泰国商业银行借入的泰铢。泰国政府试图通过抛售美元并买入泰铢，禁止国际投机资本从当地银行融入泰铢，提升国际投机机构融资成本等手段进行反击。但是，泰国的外汇储备有限，且融资成本的提升使泰国本国经济进一步恶化。为此，泰国中央银行试图在 1997 年 6 月孤注一掷，通过禁止泰国金融机构进行货币互换交易和远期外汇交易等方式，彻底断绝国际投机资金的泰铢来源。但是，量子基金再次通过媒体诱导市场，贬低泰国中央银行的政策，同时继续抛售泰铢，在外汇市场制造了更大的动荡。因为国内外舆论对泰国央行限制金融交易的巨大压力，泰国财政部长被

---

① 数据来源：世界银行。短期债务包括所有原定偿还期一年（含）以下的所有债务和长期债务的拖欠利息，总储备中包括黄金储备。

迫辞职。① 之后，国际投机者加大了抛售泰铢的力度，泰国再也而无力反抗。1997 年 7 月，泰国放弃了固定汇率制，改为浮动汇率制，泰铢迅速贬值。泰铢兑美元年平均汇率由 1996 年的 25∶1 贬值至 1997 年的 31∶1，并在 1998 年进一步贬值至 41∶1，② 量子基金则通过做空泰铢获取了巨额利润。

（三）美联储调整货币政策会引发国际金融市场的连锁反应，甚至会引爆部分地区金融危机，但不能简单理解为"割韭菜行为"

国际金融资本发起的货币狙击是一种主动、直接的逐利行为。但随着全球经济金融化进程的不断深入，主要国际储备货币国家的货币政策调整有时也会被动、间接地引发货币战。由于国际间流通的金融资产多以国际储备货币计价，主要国际储备货币国家自身货币政策的调整会改变国际储备货币的供给和汇率，影响全球汇率走势和金融资产价格。主要国际储备货币发行体掌握全球资本流动，因而有能力在全球金融资产价格异常波动的过程中择机谋取政治或经济利益。

拉丁美洲经济体就曾经历过因美国货币政策调整而引爆的金融危机。第二次世界大战后，拉丁美洲国家的发展战略由初级产品出口战略改为进口替代工业化战略。美元和黄金脱钩后，美国开始增发美元。增发的美元首先流入了离美国较近的拉丁美洲地区。拉丁美洲国家的工业化主要面向国内市场，增发的美元和进口替代工业化战略导致了拉美国家外债的急剧上升。此外，拉丁美洲国家在美国的鼓励下，还积极借债投资石油。而 20 世纪 70 年代的两次石油危机则给了美国进一步布局的机会。美国以低利率的短期美元贷款和浮动利率的长期贷款向拉丁美洲国家提供援助，帮助拉丁美洲国家走出石油危机的影响。但是，拉

---

① 李翀：《金融战争：虚拟经济时代的财富掠夺方式》，首都经济贸易大学出版社 2009 年版，第 26—36 页。

② 数据来源：国际货币基金组织。

丁美洲国家没意识到的是，它们已经欠下了巨额的短期外债。拉丁美洲及加勒比海地区的短期外债占总储备比例，由 1979 年的 87.72% 上升至 1981 年的 193.25%。[①] 当美联储开启加息周期并于 1979—1981 年大幅加息后，大量美元流回美国。美联储多次加息首先导致的就是美元国际借贷成本的上升。不仅新债的融资成本随美联储加息上升，当美元的市场利率达到 20% 时，美国金融机构甚至要求拉丁美洲国家以 20% 的利率偿还浮动利率的旧债。美元走强还伴随着石油价格的暴跌，造成拉丁美洲国家石油出口收入的锐减。在多重因素的影响下，拉丁美洲国家即便耗尽外汇储备也无法偿还所借债务的本息，就此揭开了 1982 年拉丁美洲金融危机的序幕。而美国资本却在拉丁美洲国家金融资产价格普遍处于低位时重返拉丁美洲，在收割拉美国家经济发展红利的同时，通过控股拉丁美洲企业实现在拉丁美洲地区的战略布局。

观察美联储货币政策调整与非美金融市场表现，我们感到虽然时常有美国资本利用美联储货币政策调整的外溢效应，展开针对其他经济体的经济金融体系漏洞发动货币狙击，且华尔街大鳄也伺机在其他经济体的金融市场出现异常波动时谋利，但美国进行货币政策决策的主要依据为自身经济金融体系的运行状况，不会单纯为了操纵其他经济体的金融资产价格而特意改变货币政策。

（四）被金融战击败的根本原因并不复杂

被金融战击败的原因很多，但自身经济结构缺陷则是共性。无论是受到美国金融制裁而陷入困境的国家，还是被索罗斯成功狙击的泰铢，自身经济结构缺陷是被攻击方在金融战中迅速败北的根本原因。

金融战败方经济结构缺陷主要体现在两个方面：一是经济发展依赖

[①] 数据来源：世界银行。短期债务包括所有原定偿还期一年（含）以下的所有债务和长期债务的拖欠利息。总储备中包括黄金储备。

短期资本。金融危机爆发之前，境外短期资本大量流入对经济的刺激掩盖了泰国、拉丁美洲国家出口和工业生产的疲软。当这些经济体受到美元加息、投机资本操纵汇率等外部因素的冲击，或是财政赤字和经常项目逆差持续扩大等内部因素的影响时，此前流入的短期资本极易出现恐慌性外逃，引发外汇市场崩塌，而本地货币的贬值会进一步削弱相关经济体偿还外债的能力，进而导致金融危机的爆发。20 世纪 90 年代以来，10 个国家或地区发生的 11 次金融危机中①，有 4 个国家的金融危机与它们的国际收支或经常项目逆差较大有关，其中 3 个国家爆发的金融危机是因为相关国家的货币在面临较大贬值压力时，受到国际投机资本的冲击所致；同时，有 4 个国家爆发金融危机的原因与外债规模失控有关②。二是经济发展依赖出口贸易。有些金融战败国家的经济发展完全依赖于出口贸易，缺乏内生动力。比如，伊朗的经济发展主要依靠石油出口，绝大多数财政收入来源于石油出口。然而石油贸易的主要计价货币是美元，一旦美国使用金融制裁手段来切断伊朗的美元支付、清算和交易渠道，伊朗的石油出口将无法正常交割，最终导致伊朗丧失经济发展的土壤。

当然，被金融战击败还有一个不容忽视的重要原因是政策决策失误。一个原本平稳运行的金融体系有时会因政策决策失误而出现"自乱手脚"的现象，如 20 世纪八九十年代的日本。尽管《广场协议》签署后，日元兑美元汇率的急速升值是导致日本陷入"长期失落"的导火索，但实际上日本政府在协议签署之前非常乐于见到日元适当地升值，因而积极响应了美国关于签署《广场协议》的倡议。然而日元兑美元汇率的升值速度远超日本政府的预料。为了对冲日元迅速升值造成的出口金额萎

---

① 不包括 2007 年美国次贷危机及其引发的全球金融危机。

② 李翀：《金融战争：虚拟经济时代的财富掠夺方式》，首都经济贸易大学出版社 2009 年版，第 226—227 页。

缩，日本央行持续保持较低利率，放宽货币政策，释放了大量流动性。过剩的流动性涌入日本股市和房市，最终泡沫破灭引发了金融市场动荡和长期经济低迷。

一个经济体的政策决策失误也会放大经济结构缺陷，进一步弱化其防御金融攻击的能力。20世纪90年代，泰国为了刺激经济，在缺乏金融监管能力的情况下，盲目开放金融市场，吸引了大量境外短期投机资本的流入，极大加剧了其经济的不稳定性。

虽然从战争角度分析金融战胜负的主要原因也可能还是攻防双方之间较大的金融实力差距，但金融实力的差距首先体现在获胜方领先的金融专业能力。以索罗斯为代表的国际对冲基金以其专业能力，察觉到了泰国经济的结构隐患和金融市场的薄弱环节，并准确把握时机，通过各类金融工具，在做空泰铢的同时获得了巨额利润。而泰国政府在金融危机爆发前，沉浸在泰国较高的经济增速之中，没有察觉到自己的金融体系漏洞。在泰铢受到国际投机资金攻击时，没有在第一时间发现国际投机资金试探性做空泰铢的意图。在泰铢受到致命攻击后又没有及时、专业地应对，造成了局势完全失控。

三、底气来自于无可比拟的金融基础

美国完善的金融制裁法律体系不仅为美国使用金融制裁手段提供了依据，还迫使境外主体必须在与美国和其对手方之间作出选择，而境外主体愿意遵守美国法律的根本原因是参与美国金融体系能够带来的巨大利益，以及违反美国法律将面对的严重后果。例如，2010年8月，巴克莱银行同意支付2.98亿美元了结美国对其违反针对古巴、伊朗、利比亚、苏丹和缅甸有关金融制裁协议的指控。再如2012年8月，美国纽约州银行监管机构指控渣打银行为伊朗客户非法掩盖大量金融交易，违反了美国对伊朗的金融制裁法规，拟吊销渣打银行在纽约州的营业执照并处以巨额罚款。2012年12月，渣打银行同意支付6.67亿美元罚款，

与美国监管机构达成和解，了结相关指控。还譬如，2014年6月美国司法部宣布，法国巴黎银行承认美国对其利用美国金融系统为苏丹、伊朗和古巴转移资金的指控，认罪并同意支付89.7亿美元罚款。这些欧洲大型跨国银行宁愿接受天价罚款，整顿违规业务，与美国达成和解，也不愿被踢出美国金融市场和金融体系。全球金融体系的主要金融机构之所以都看美国的脸色行事，其根源就在于美元霸权、支付清算垄断与无可替代的发达金融市场。

（一）美元霸权是美国影响全球经济的基石，也美国的核心利益所在

这里，我们借用"美元霸权"这个政治情感词汇，但必须赋予其经济学含义。一是美元几乎等同于"全球大家庭的主权货币"，具备完整意义上的、且被全球认可和接受的价值尺度、流通手段、储藏手段和支付手段的功能，是现今真正意义上的世界货币。二是美国具备了维护美元信用的经济实力、金融技术和金融市场容量，具备了透过美元影响全球金融市场和经济运行的超强能力。三是基于美元的世界货币地位，美国几乎没有其他国家的储备压力，美国企业在国际贸易中的汇率压力很小，美国在国际事务中的话语权也是其他国家无法比拟的。因此，所谓"美元霸权"，也是美国核心利益的集中体现。

第二次世界大战以后，美国取得了世界经济霸主的地位。由于战争降低了各国间的信任度，战后各国倾向用黄金交易，严重制约了国际贸易。在此背景下，美国和英国分别由怀特和凯恩斯提出了各自的国际货币体系，计划将黄金与一种货币（美元／班柯）挂钩。最终，因实力差异巨大使英国无力与美国抗争，英国不得不接受了美国的方案。由于持有世界绝大多数黄金储备，美国推动建立了美元与黄金挂钩，其他货币与美元挂钩的《布雷顿森林体系》，初步奠定了美元较其他货币的优势。美元成为全球贸易计价、支付和结算货币。

　　然而，随着西欧国家和日本经济的恢复，对美国货物贸易出口的快速增长，使得美国贸易顺差的规模逐渐缩小，久而久之演变成大规模的国际收支逆差。同时，由于黄金储备增长的速度低于世界经济增长的速度，美国被迫超量发行美元来满足国际清偿需求。美国长时间的国际收支逆差引发了其他国家对美元贬值的预期，而过度发行的美元又引起了其他国家对美国黄金储备的担忧。《布雷顿森林体系》建立的基本条件受到法国等多个国家的质疑。这些国家纷纷选择将美元兑换成黄金，而美国的黄金储备远远不足以满足市场需求。1971 年，美国宣布美元与黄金脱钩，单方面解除了《布雷顿森林协议》。西方国家在《布雷顿森林体系》解体之后达成了新的国际货币制度协议，即《史密森协定》，但 1973 年美国再次退出该协议，标志着美国正式摆脱了黄金储备的限制。

　　虽然美元的可信度不再像与黄金挂钩时那么高，但短时间内也没有能替代美元的货币出现，美元仍旧作为国际结算货币广泛使用。为了保持美元的霸主地位，美国迅速为美元找到了新的锚定物——石油，并与沙特签订了只能用美元作为石油交易结算货币的协议。因为石油是当时世界上交易量最大的大宗商品，石油美元也带动了其他关键性大宗商品也成为美元的锚定物，美元因此成为大宗商品的计价与结算货币，从而保持住了自身国际首要储备货币的地位，逐步建立起了真正意义上的美元霸权。

　　美元霸权建立后，其他国家不得不继续通过商品和服务换取美元来维持自身的贸易结算需求和国际储备需求。而美国则得以较为自由地发行美元换取其他国家生产的商品或提供的服务，再通过低利息的美国国债换回美元。低息换回的美元一部分以工资、福利等形式流向美国人民，满足美国人民的生活和消费需求，另一部分则有条件地投向海外，通过海外资产收益率与美国国债利息的差额获取更多的经济利益。美国人民日益增加的消费需求和美国投向海外的资产也进一步推动世界经济的增长，从而创造更多的美元需求，因而为美国带来"滚雪球"般的回报。这使美国具备了以美元影响全球经济的能力。

当然美国货币供给也不是随意的，美联储具体掌管着货币政策。理论上看，美联储调整货币政策的主要目的是促使通货膨胀率、失业率、产能利用率等主要经济指标符合其长期政策目标，不会单纯为了操纵他国经济而特意调整货币政策。但美元霸权的存在，使得美国可以在贸易和财政双赤字的情况下，通过控制美元的发行量和流向，间接影响全球金融资产价格。

美国货币政策周期与美国经济周期紧密相连。在经济下行周期，美联储采取宽松的货币政策向国内外输出流动性，助涨自身经济和其他各国的资产价格。但美国对外输出的流动性多以短期资本或中长期浮动利率资本为主，这类资金的期限与成本并不稳定。而待美国经济复苏到一定程度，美联储就会开始加息，收紧货币政策，为将来经济再度下行预留降息的空间。这时，美元将开始走强，吸引资金回流美国。一方面，回流美国的资金在其他国家享受到了经济发展带来的红利，并得以在资产价格高位套现。另一方面，许多被撤资国家的经济难以维持正常发展，本国货币开始大幅贬值，进而引发金融危机。待被撤资国家的资产价格跌到一定程度，撤走的资金又会重新回流，完成对优质资产的抄底。美国通过货币政策影响美元走势，通过美元走势影响美元资金流向，通过美元资金流向影响世界经济。

（二）全球垄断的支付清算系统常常在美国发动的金融制裁中扮演重要的技术基础角色

环球银行金融电信协会（SWIFT）和纽约清算所银行同业支付系统（CHIPS）是美国通过支付清算系统发起金融战的重要武器。

SWIFT是全球最大的安全报文交换服务机构，其网络连接了1.1万家金融机构客户，负责全球几乎全部货币的电子报文交换，是跨境货币能够顺利支付清算的核心前提。美元是国际贸易的主要结算和清算货币，使用量遥遥领先位居第二位的欧元。2015年的一次全球调查显示，超过50%的跨境贷款和存款以美元交易，87%的外汇市场交易以美元为交易对象，美元资产在大多数央行的外汇储备中占比超过60%。①

CHIPS是设立在纽约的私营跨境支付清算系统，美国对CHIPS有着绝对的掌控，而全球90%以上的跨境美元交易都是由CHIPS完成支付清算。② 由于美元在国际清算、支付中的垄断性地位，如果美国禁止一个国家的金融机构使用CHIPS进行跨境美元支付清算，这个国家的对外经济将举步维艰。

2012年3月，为迫使伊朗放弃核工业，美国联合欧盟制裁伊朗银行系统，要求SWIFT停止向被制裁的伊朗金融机构提供跨境汇兑网络。数据显示，2010年伊朗19家银行和25家金融机构通过SWIFT传送了230万份汇兑业务的电子报文③，其跨境汇兑业务完全依赖SWIFT完成。由于支付清算渠道被切断，伊朗与其他国家的贸易往来被迫退化成以物易物等非现金模式，导致伊朗既无法从境外进口必要的生活物资，也无法向境外出口商品换取资金，引发了伊朗经济体系的崩塌。伊朗官方里亚尔兑美元年平均汇率由2012年的12176∶1上升至2013年的18414∶1。④ 但据当时的媒体报道，伊朗人民很难以官方汇率换得美元，伊朗黑市上里亚尔兑美元汇率甚至能达到40000∶1。最终，伊朗被迫放弃了核武器的开发，换取美国暂时解除对其支付清算的制裁。

---

① 刘建伟：《美国金融制裁运作机制及其启示》，《国际展望》2015年第2期。

② 刘东民、史晨：《美国实施金融制裁的趋势、特征及其依赖的技术平台》，《银行家》2018年第8期。

③ 《SWIFT宣布终止对伊朗的金融服务》，2012年3月16日，见 http://world.people.com.cn/GB/1029/42361/17412827.html。

④ 数据来源：国际货币基金组织。

SWIFT 还是美国获取他国的国家和商业机密的数据源。"9·11"
事件后，美国政府根据《国际紧急经济权力法》授权财政部外国资产管
理办公室（OFAC）从 SWIFT 中调取与恐怖主义活动有关的资金流转信
息。2003 年，美国在对 SWIFT 的数据库进行分析时，发现澳门汇业银
行有帮助朝鲜洗钱的嫌疑，并将澳门汇业银行列入了黑名单。各国银行
出于对美国通过 CHIPS 切断美元清算路径的担忧，纷纷主动中断了同
澳门汇业银行的往来，并停止与朝鲜的跨境汇兑业务。该事件造成朝鲜
对外贸易的瘫痪。①

（三）发达且容量巨大的金融市场，成为封锁他国融资渠道的有力
武器

美元霸权和支付清算系统霸权帮助美国铸造了强大的资本市场。
仅以债券市场的容量为例，早在 2012 年美国供全球投资者选择的风
险较小的固定收益市场总额就达 38 万亿美元，占美国 GDP 比例高达
240%。不仅如此，美国还拥有发达而完善的金融市场服务体系，这是
任何区域市场都无法替代的，也是任何投资者与融资者无法回避的现
实。正是因为如此，美国可以通过在资本市场的影响力，影响一国的融
资环境。俄罗斯就曾因为被美国封锁融资渠道而爆发了金融危机，迄今
美国对俄罗斯依然还维持着级别较高的金融制裁。

2014 年 3 月，克里米亚地区就加入俄罗斯进行公投，拉开了美国
对俄罗斯实施金融制裁的序幕。美国对俄罗斯的制裁手段始于冻结高级
政府官员的金融资产，并逐步升级。由于全球投资者对美国进一步制
裁俄罗斯的预期十分强烈，在美国开启对俄罗斯制裁的 2 个月内，已有
500 亿美元的资金逃离俄罗斯。2014 年 4 月底，标准普尔下调俄罗斯的

---

① 张明等：《警惕美国实施金融制裁，中国宜将继续韬光养晦》，2018 年 8 月 18 日，
见 http://www.sohu.com/a/248714878_465450。

国家主权评级，导致俄罗斯发债成本大幅提高，在八周内七次因价格原因取消发债计划。2014 年 7 月起，美国开始将制裁范围扩大至俄罗斯金融、军工和能源部门。美国先是禁止俄罗斯石油公司、俄罗斯天然气工业股份公司、诺瓦泰克公司等能源公司进入美国金融市场，要求美方不得为这些公司提供融资服务。与此同时，美国还与欧盟达成一致，采取协调性制裁行动，将制裁的"战场"扩散至欧洲市场。[①]2014 年 9 月，美国又以俄罗斯继续破坏乌克兰稳定为由，禁止美国公司和公民买卖俄罗斯联邦储蓄银行、莫斯科银行和俄罗斯农业银行等六家大型俄罗斯银行发行的 30 天以上债务，禁止买卖俄罗斯天然气工业石油公司和俄罗斯石油管道运输公司新发行的 90 天以上债券。[②]

美国全面封锁了俄罗斯重要部门的融资渠道，这对美国而言只是富余资金没有被高效使用，损失的只是利息；可是对于俄罗斯而言，则是断绝了营养。2014 年 9 月，俄罗斯的外债达 6808.6 亿美元，而同期俄罗斯的国际储备仅为 4542.4 亿美元。[③] 如果美国长期封锁俄罗斯的国际资本市场融资途径，俄罗斯根本无力偿还外债。

现代经济是信用经济，一个国家大范围的违约将引发该国金融体系的系统性风险，从而使其经济发展受到破坏性的损伤。特别是俄罗斯赖以生存的能源部门属于重资产行业，一旦丧失稳定、低价的融资支持，就极易陷入经营困境。美国封锁俄罗斯的国际融资通道产生了连锁效应，由于投资者担忧预期日益强烈，其股市被腰斩，卢布兑换美元也由 2013 年年底的 31：1 大幅贬值至 2016 年的 80：1，累计贬值幅度

---

① 徐以升、马鑫：《金融制裁：美国新型全球不对称权力》，中国经济出版社 2015 年版，第 147—149 页。

② 《美国宣布进一步制裁俄罗斯重要行业》，2014 年 9 月 13 日，见 http://world.people.com.cn/n/2014/0913/c157278-25653799.html。

③ 数据来源：俄罗斯央行。

160%；而且俄罗斯还由此陷入深度经济衰退，2013 年俄罗斯 GDP 为 2.3 万亿美元，2014 年至 2016 年连续 3 年大幅下降，分别为 2.06 万亿美元、1.36 万亿美元和 1.28 万亿美元。

第八章

必须高度警惕的几种致命陷阱^①

2008 年金融危机之后，全球经济在经历了短暂的剧烈波动之后陷入持续低迷状态，大宗商品需求疲软致使价格持续下行，主要市场经济国家都面临日益严重的通货紧缩困惑，虽然美国经济看上去已经恢复、数字抢眼、美元强劲并不断扬言加息，但仍然缺乏坚强的基础支撑，其通货紧缩趋势长期看并不乐观；新兴经济体更是饱受经济下行之苦，要么受到发达经济体通货紧缩的拖累，经济增长严重放缓，要么经济停滞伴随严重通货膨胀。经济矛盾的长期积累，最终必然反映为社会政治的认识分歧与国家之间的地缘政治冲突。回顾历史、环顾现实，我们担心有几种最不愿意看到的经济发展情景会重现。在这个特殊时期，有良知负责任的政治家必须调动全部的政治智慧，全面评估、慎重选择、积极引导，避免社会经济发展落入一系列致命陷阱。

---

① 纵观世界各国经济社会发展历程，有一部分国家深陷泥潭，无法自拔，而一些国家成功跨越陷阱，不断发展。我在 2017 年就当时市场普遍关注的社会经济发展的几种致命陷阱，从产生条件、作用机制、致命后果以及预防避免等角度深入剖析，认为只有社会各方达成共识、全面评估、慎重选择、积极引导，才能避免悲剧发生，跨越致命陷阱，实现社会经济发展升级。参见黄志凌：《必须高度警惕的几种致命陷阱》，《全球化》2017 年第6 期。

一、流动性陷阱：长期通缩积累的极端情景

长期通货紧缩积累，将产生严重后果。通货紧缩一旦成型，解决起来非常麻烦，解决不好的后果是落入"流动性陷阱"，这是一种很可怕的情景。国际上，日本的教训并没有引起大家的重视，甚至还有不少人认为这种"日本现象"没有什么不好。

流动性陷阱亦即社会资本陷阱、货币陷阱、通货陷阱、金钱陷阱。按照货币—经济增长（包括负增长）原理，一个国家的中央银行可以通过增加货币供应量来改变利率。当货币供应量增加时（假定货币需求不变），资金的价格即利率就必然会下降，而利率下降可以刺激出口、国内投资和消费，由此带动整个经济的增长。但是，当利率降低到一定水平时，投资者对经济前景预期不佳，消费者对未来持悲观态度，人们对货币的投机性需求无限大，此时中央银行靠增加货币供应量再降低利率，人们也不会增加投资和消费，相反会选择持有货币，单靠货币政策就达不到刺激经济的目的，国民总支出水平已不再受利率下调的影响。这种状况经济学家称之为"流动性陷阱"。一旦陷入流动性陷阱，在经济层面，其表现主要有如下三个方面：一是经济出现衰退和萧条，需求严重不足，失业情况严重，企业部门库存增加，私人部门储蓄率上升。二是物价增长缓慢，长期低位运行，出现通货紧缩。三是利率已经达到最低水平，名义利率水平大幅度下降，甚至为零或负利率，货币政策对名义利率的下调已经不能启动经济复苏，出现"货币无力症"，只能依靠财政政策，通过扩大政府支出、减税等手段来摆脱经济萧条。

客观分析世界经济现实，2008 年以后美国、日本和欧盟在内的全球主要经济体，都面临通胀率下降甚至是进入通缩的局面，特别是日本，既是一个更为典型的例子，也是一个深刻的教训。日本可谓第二次

世界大战后在流动性陷阱中挣扎时间最长的发达经济体。自 1985 以来，日本经济规模迅速膨胀，达到鼎盛，位居世界第二经济体。然而，步入 20 世纪 90 年代后，《广场协议》的签订刺破了巨大的资产泡沫，资产价值大幅缩水。东亚金融危机后，经济持续恶化。自 2001 年，日本开始实施量化宽松货币政策，试图通过超常规、大剂量的货币供应，推动经济走出流动性陷阱。事与愿违，由于当局在资产价格泡沫破灭时没有及时对市场加以干预，经济主体已经遭受巨大的净值损失，货币政策未能充分发挥效果，致使积重难返，"迟来"的非常规货币政策并未让日本经济脱离陷阱，日本经济陷入"失去的二十年"。

2008 年金融危机后，美国经济出现通缩，美联储在常规货币政策失灵时采取量化宽松的货币政策，即通过从市场上收购一定数量的金融资产，增加银行放贷，增加基础货币，为市场注入更多流动性，达到振兴经济的目标。之所以说量化宽松是不同于常规货币政策的超常规，是因为其不同于央行在一般情况下通过买入短期国债降低短期市场的市场利率的做法，而是通过购买中长期证券，给市场释放经济长期向好的积极信号，以活跃市场，达到刺激经济增长的目的。2008—2011 年，美国的基础货币增长了三倍，但美国国内物价指数和基于美元的大宗商品价格还是开始下跌。价格长期下跌，影响消费者信心和支出，影响经济增长的实现，一旦低利率成为社会各阶层的固有心态，低利率政策便难以取消。显然美国的量化宽松在一定程度上转移了危机造成的负面影响，美国经济有所复苏，美元在加息中有所反弹，但整体经济仍然缺乏较强的基础支撑，美国经济复苏长期看并不乐观。虽然美国已经退出量化宽松政策，但美元利率依然低迷，美元流动性继续泛滥，通货紧缩压力并没有全部化解。

继美国经济危机之后，欧洲的通货紧缩如约而至。欧洲央行开始的应对策略是采取传统的扩张货币政策——大幅度降低利率，欧洲央行于

2014 年 6 月将商业银行在欧洲央行的存放利率降低到-0.1%，在刺激效果不明显的情况下，2015 年 1 月 22 日，欧洲央行仿效美联储开启量化宽松计划，从商业银行和私人银行机构收购证券，并宣布将证券规模扩大到 1.1 万亿欧元，从 3 月 9 日起开始每月购买 600 亿欧元的证券，一直到 2016 年 9 月底。欧洲央行的量化宽松政策导致资金外流和欧元的大幅度的贬值。受欧元区通货紧缩的影响，欧洲其他国家瑞士以及北欧国家出现罕见的降息大赛。独立于欧元区外的英国也难逃厄运，英国消费者物价指数 2015 年 2 月首次降到零，进入通货紧缩期，英国政府为了摆脱日本式的通货紧缩陷阱，也在考虑执行负利率。

很显然，日本、美国和欧洲央行都采取了相似的量化宽松措施，但基本上还是以货币政策为主，降低利率作为刺激经济的增长的手段，这些都是短期行为，一段时间内制造一种经济复苏的假象，并转嫁部分经济危机，但并没有从根本解决经济发展中深层次的问题。负利率一旦形成，将是一个自我强化的过程，经济体往往会在流动性陷阱中越陷越深，应对之策早已经超出货币政策范畴，也绝非货币政策可以解决的，这种短期行为的结果会给未来几代人带来深远影响。

从这些国家的教训可以看出，流动性陷阱一旦成型，货币政策失效，经济陷落难以自拔，后果非常严重。尤其是低利率和高流动性并存，货币传导渠道出现"三大梗阻"。一是货币市场的梗阻。尽管央行能控制基础货币的水龙头，但却不能强制银行放贷，银行只能将超额的流动性以储备形式继续持有。二是从金融向实体经济传导的梗阻。尽管央行能控制短期名义利率，甚至影响各种利率和相对资产价格，但却无法强制企业和私人部门借款，货币刺激难以转化成私人投资和消费需求的增长。三是政策显效的梗阻。在开放经济条件下，货币政策对本国经济的影响，又受到资本流动的干扰，从而降低了扩张性货币政策的效果。更为可怕的是，增加货币供给而且是不断增加货币供给的刺激性货币政策，只能产生流动性过剩与无处不在的过剩经济现实，这也正是流动性陷阱可以扩大化称之为过剩经济陷阱的原因。没有流动性过剩与随之而来的产能过剩、投资过剩等过剩经济现实，流动性陷阱就不可能出现。

二、过度福利陷阱：高收入国家的经济衰老效应

这是一个与"中等收入陷阱"类似的问题，是一些欧洲高收入国家近年来普遍存在的现象，经济衰老的实质是过度福利，不仅会导致主权债务危机，还会带来社会创新动力衰竭，发展接近停滞也不愿意改革，久而久之可能因为这种经济衰老效应不断积累而形成高收入陷阱。

我们注意到，美国次贷危机两年以后，希腊主权债务危机引爆欧洲金融市场债务危机。尽管以欧盟、世界银行和 IMF 等机构组织和相关债权人主动相助，并期待希腊以此为戒，进行结构性深度改革，但希腊社会对于相关帮助慨然接受，而对于国际社会提出的相关结构性改革却迟迟未能启动，政府频繁换届。2015 年执政的激进左翼联盟直言：希腊人在这项救助计划中遭到压榨，要求国际社会削减债务，否则就不还钱。直至 2017 年 2 月 20 日，希腊和国际债权人的最新谈判中，希腊仍表示无法接受 IMF 提出的应对养老金制度进行更深入改革的方案。根据 IMF 提供的数据，相比于 2010 年，2015 年希腊经济（以不变价计算）实际萎缩 17.93%。

作为发达经济体，希腊深陷经济危机泥潭表是经济周期使然，但深入究其原因，我们观察到希腊的危机形成与修复机制存在着不同于一般国家的"变异"：希腊的高福利远远超过其财富积累水平，过度福利使得财政现了收不抵支，过度借债，超出负债能力，产生危机；与此同时，过度福利致使社会创新动力衰竭所导致的。这种经济衰老效应久而

久之不断积累，便形成了过度福利陷阱。

关于衰老科学研究表明，细胞的衰老性死亡就是细胞凋亡。体内的自由基产生于如脑细胞、神经细胞、心肌细胞等具有重要功能、活动性和耗氧量较高的组织细胞内，这些自由基过度堆积、氧化细胞，对细胞造成损伤，诱使细胞死亡，加速器官老化。放在经济领域，过度福利的低效分配使得整个社会风气散漫，民众精神衰老，心安理得地享受福利，贪得无厌，社会有机体的活力减弱，带来经济衰退，甚至危机。

西欧战后精心地打造了"摇篮到坟墓"的福利安全网，在法国有绿卡就能享受上百种福利，欧洲人为自己的社会福利模式感到自豪，从欧盟的口号就可见一斑："欧洲是提供保护的欧洲"（The Europe that protects）。欧盟虽然不存在一个统一的社会保险体系，各国可以自由决定其社会保险制度，制定不同的标准和享受条件，但为了保障劳动权益，欧盟要求各国采用无差别国民待遇，同时当劳动者前往其他成员国工作后，原属国已有的社会保险资质也不得取消。此次欧洲债务危机前，希腊公共部门的工作人员每年都有 14 个月的工资，并且有 1 个月的带薪休假，一年中几乎有一大半时间是下午 2 点半就下班。58 岁便可退休，退休后仍然有 14 个月的养老金。欧洲的养老金制度是"当代人养当代人"的现收现付制，当交养老金人数和金额大于领养老金的人数和金额时候，这一制度并无大碍。当"婴儿潮"变成"老人潮"时，养老金便出现缺口。根据欧洲议会公布的 2015 年的老龄化报告预测，2060 年欧盟 65 岁以上老人比重为 40%，平均抚养比为 76.6%，这就意味着平均 1.3 个人需要养 1 个老人。以法国为例，2000 年以来，老龄化每年要制造 150 万人的养老缺口。高福利给欧洲国家带来了巨大的债务压力。2009 年，意大利的赤字和债务分别是 GDP 的 5% 和 116%，西班牙是 11% 和 53%，葡萄牙是 9.4% 和 76.8%，德国是 3% 和 73%。而据当年经济合作与发展组织预测，到 2011 年，约有一半以上的欧盟成员国债务比重将超过60%。事实上，截至2015年年底，欧元区和欧盟成员国政府债务比例在较前两年已经有所下滑的情况下，依然分别达到90.7%和85.2%，仍远高于欧盟规定的60%安全比例，仅有卢森堡、德国和爱沙尼亚实现财政收入盈余。①

需要说明的是，老龄化现象和高福利并不会直接导致社会能力的衰老。根据日本总务省数据，截至2016年10月，日本总人口有1.27亿人，其中65岁以上的人口约有3456.1万人，老龄化率27.3%，也就是说每四个人中就一名老人。然而，日本创新实力和经济实力仍居世界前列，很多日本老人仍辛勤工作，退而不休。瑞士作为世界上高福利国家之一，连续四年居全球创新能力排行榜第一，几百年来积累的大量财富所带来的高福利，并没有衰减社会创造力，反而为社会创造力提供强大的财富支持。

过度福利主义一般都会带来以下结局：第一，重新分配既有财富，美国前任总统奥巴马所推行的《患者保护与平价医疗法案》（*Patient Protection and Affordable Care Act*）的核心就是通过全民福利来搞平均主义，其本意是为了扩大医保覆盖范围，让许多原来没有保险的低收入群体也能参保。但该法案所带来的高昂的成本主要由中产阶级承担，而且由于领取免费医保标准过低，很多没有工作意愿、不思进取、贪得无厌的"懒汉"也成了保障对象。第二，印钞模式，这种模式成为全世界几乎都在做得一件事情，其后果也很明显，采取通货膨胀形式发展工业化，不可避免地导致贫富差距加大，资产价格暴涨，以及生活生产成本暴涨，从而窒息了经济增长，这也失去了福利主义的基础。委内瑞拉一升水是一升汽油价格的十倍，民众对此习以为常，一旦汽油涨价，便会

---

① 《欧盟成员国政府债务和财政赤字比例双降》，2016年4月28日，见http://intl. ce.cn/specials/zxgjzh/201604/28/t20160428_10985264.shtml。

引发骚乱，而唯一的办法就是印制钞票。由于通货膨胀极其严重，委内瑞拉已经不再公布任何经济数据。津巴布韦 2012 年通过的《老年人法》规定，60 岁以上老人免交水电等公用社会设施费用，享受免费医疗及其他福利。为保障高福利措施，津巴布韦持续印钞，令人瞠目结舌的是，2015 年 1 美元可以兑换 3.5 亿津巴布韦币。第三，加征税赋。这个模式后果很直接，就是导致企业家精神的丧失，工人失业。经济增长的微观主体积极性丧失，财富从民间大幅度转移到公权力手中，从而导致社会分化严重，经济增长势头被扼杀，其实拉美国家基本上都是这样陷入中等收入陷阱的。第四，靠借债来获得福利资源。这种模式主要是靠借内债和外债两种形式来运作的。葡萄牙（P）、爱尔兰（I）、意大利（I）、希腊（G）以及西班牙（S），被称为欧洲"Pigs"。为了赢得选票，政府许诺高福利，透支几代人的社会财富来兑现竞选承诺，甚至不惜大举借外债，以高负债支撑高福利，寅吃卯粮，最终导致了欧洲主权债务危机。第五，直接采取赤裸裸的掠夺主义来获得福利收入。从古到今，引起大规模战争发生的重要原因之一，便是国内财富已经满足不了过度福利的需求，从而引发对外扩张。这种掠夺行为，给世界各国人民都带来了太多惨痛的教训。

如今，这种过度福利模式并没有消失，而且采取了各种变种形式，比如民族主义、保护主义等形式，对世界和平危险最大。值得警惕的是，这种危险最近又在抬头，而且跟选举制结合在一起，有愈演愈烈的趋势。

三、腐败陷阱：跨越"中等收入陷阱"的重大阻碍

在世界经济发展史上，陷入"中等收入陷阱"的国家很多，第二次世界大战后的案例主要有巴西、阿根廷、墨西哥等拉丁美洲国家，东南

亚各国以及南非、叙利亚等。这些国家很早就跨过低收入进入中等收入阶段，随后长期陷入其中，绝大多数至今还未能实现向高收入国家的跨越。而成功迈过"中等收入陷阱"的国家则相对较少，国际上公认的也就是日本、韩国等国以及新加坡、中国台湾、香港、澳门等少数几个单一城市经济为主体的国家和地区。

"中等收入陷阱"是世界银行在 2006 年《东亚经济发展报告》中明确提出的一个概念，它指当一个国家的人均收入达到世界中等水平后，由于其转变经济发展方式缓慢，导致经济增长乏力和创新不足，无法进入高收入国家行列，这种长时期的发展停滞即为"中等收入陷阱"。尽管有关国家陷入"中等收入陷阱"的原因各不相同，但是概括来看，严重的公权腐败是陷入"中等收入陷阱"国家的共同特征。从统计学意义上来看，透明国际的报告显示清廉指数与人均 GDP 存在着非常明显的正相关关系，清廉指数越高的国家，人均 GDP 也相应越高。从成功跨越"中等收入陷阱"的实践来看，日本、韩国、新加坡等国，以及中国台湾、香港地区，无一例外地遵循了"社会性腐败威胁、强力反腐败、形成社会清廉机制、经济保持快速发展并最终跻身高收入经济体"的共同路径；与此形成鲜明对比的是，巴西、阿根廷、东南亚各国则在反腐败这条阵线上"集体沦陷"。拉丁美洲地区的对比最为明显，该地区是全球腐败重灾区，而唯独乌拉圭和智利两个国家清廉指数排名高居全球第 19 位和第 22 位（2013 年），两国 2012 年人均 GDP 也分别达到14707 美元和 15410 美元，携手成为拉丁美洲地区首批迈进高收入阶段的国家。

从理论上观察，公权腐败及其引发的社会腐败必然导致经济增长乏力甚至产生衰退。首先，公权腐败形成各类特殊利益集团，阻碍改革实施。公权腐败导致国家机器沦为少数特殊利益集团攫取财富的工具，这些利益集团不仅存在于公权人员内部，而且会延伸到社会的各个领域，形成腐败的利益链和分利集团联盟。而任何改革措施均有可能打破这种均衡，从而招致各方的阻挠，这就造成体制机制僵化，此时公权腐败演变为社会全面腐败。正如 20 世纪 70 年代香港广为流传的一种说法："腐败犹如马力强大的公共汽车，面对腐败人们要么是上公共汽车，像车上其他人一样，积极地参与腐败；要么是看着公共汽车跑，做一个不干涉腐败系统运行的旁观者；但挡在公共汽车前抵制腐败则是极其不明智的。"

其次，公权腐败损害市场机制，降低经济要素配置效率。市场和权力是两种不同的资源配置方式，两者之间存在着此消彼长的关系。一方面，公权腐败会内生性地催生公权扩张，从而严重压缩市场配置资源的空间，降低经济要素的配置效率；另一方面，公权腐败导致的权力寻租和特殊利益集团使得市场机制的作用大为降低，大量资源被用于贿赂、游说等非生产性活动，造成资源浪费和经济效率降低。即使是投入生产的资源也并未用于高质高效、能带来最大产出的项目，造成资源的低效使用。同时，"任人唯亲""任人唯钱"的人事腐败也不能做到"人尽其才"，必然造成人力资源的无效配置。

再次，公权腐败影响创新和技术进步，阻碍经济转型升级。公权腐败能为各类分利集团快速带来巨额利益，具有十分显著的"示范效应"，容易诱导各类主体将原本用于新产品、新技术开发的创新资源用于"托关系""行贿"等腐败活动，导致整个社会用于技术研发的资源大幅下降，严重影响创新和技术进步，降低生产力发展速度。而技术革新在一国经济发展尤其是中等收入阶段实现增长动力转换的过程中又尤为重要。

最后，公权腐败损害社会稳定，危及经济持续发展。在中等收入阶段，社会的不公平性本来就会凸显。公权腐败导致政府决策和行为的目标发生扭曲，不再以社会利益最大化为目标，而是将维护和促进各分利集团的利益最大化作为目标。在这种结构下，政府政策往往是为了个别分利集团的利益而损害全社会利益，造成并加深二元经济结构、收入分配和贫富差距巨大，社会矛盾不断积累，造成政治动荡，无法为持续的经济发展提供稳定的社会环境。

在第二次世界大战后的世界经济发展史上，成功迈过中等收入陷阱的国家相对较少，它们在跨越中等收入陷阱以及后来长期的经济发展过程中，均开展了持续性的大规模反腐败运动，相关措施也不断递进、完善、系统化和制度化，保障了经济社会转型升级和国家健康发展。例如日本，人们一般将战后日本经济的成功归因于美国援助、出口导向战略、科教等方面，但如果我们深入分析不难发现，廉洁高效的行政体系是必要条件。战后一开始日本就强调"法治主义"理念，并于1947年在美国的帮助下制定了《国家公务员法》，对公务员日常行为的方方面面都作了严格细致的规定和限制。这部法律对日后公务员体系建设产生了长期深远的影响。后来日本又陆陆续续地出台、修整、完善反腐败法律法规，尤其对各项罪责进行了明确细致的划定，很好地堵住了行贿受贿的法律漏洞。除了完善的法律体系外，日本还有着健全的反腐败机构，这些机构通常都具有很高的独立性，从而保证其行使职能。另外，新闻媒体在反腐败中的作用也很明显，不但揭露了多宗大案要案，而且还对各级公务员行为发挥着持续性的监督作用。日本的政治腐败比较严重。与美国和欧洲都不同，战后日本实行政府主导的市场经济体制，形成政商勾结的"金权政治"，加之自民党长期"一党独大"以及"政治献金"制度，给腐败交易行为提供了温床，导致日本高层腐败问题迭出。党魁、议员、政府高级官员组成各种特殊利益集团，阻碍改革进行，在20世纪90年代日本经济"失去的二十年"中发挥了非常消极的负面作用。世纪之交，日本相继制定实施了《公务员伦理法》和《公务员伦理规章》，除了继续加大对基层公务员的约束外，对高级别官员的约束力也不断增强。至2013年，日本清廉指数排名全球第18位。

　　再来看看韩国。朝鲜战争结束之后，李承晚政权奉行旧朝鲜的官僚体制和作风，加之以政府为主导的经济发展模式造成权力过度集中，催生了以行政腐败为主要形式的公权腐败，经济发展也基本陷于停滞，到1961年，韩国人均GDP只有91美元。后来朴正熙通过政变上台，在其掌权的18年时间里（1961—1979年），依靠坚决的领袖意志和高度集权的中央政府，推行铁腕治腐，开展了自上而下、持续性、大规模的"庶政刷新"反腐运动，维护了经济发展秩序，造就了"汉江奇迹"。人均GDP由1961年的91美元升至1980年的1674美元，增长了近20倍。朴正熙时期的反腐败措施主要表现为"疾风暴雨式的群众运动"，这说明中央政府的坚定决心和强力措施能够在短时间内对腐败起到遏制作用。但是进入中等收入阶段后，一方面，经济发展为公权腐败带来新的寻租机会；另一方面，由于之前的反腐败运动主要是"人治"方式展开，并非"法治"，因此一旦反腐力度减弱，腐败就再次卷土重来。体制机制上的问题并未解决，加之"强政府"的模式也带来巨大的腐败空间，朴正熙被刺后的两任总统（全斗焕、卢泰愚）期间，韩国制度性腐败开始蔓延到社会生活的方方面面。1992年金泳三上台之后，韩国终于开始从制度上来系统性地抑制公权腐败，通过《公务员伦理法》修正案，推行官员财产申报制度、金融账户实名制（之前这些制度屡立屡废），并设立了财产公开真相了解特别委员会，专门保证这些制度的严格执行。实践证明这些制度有效限制了公权腐败，保障了市场机制在资源配置中的主导作用，维护了经济和社会秩序的正常运行。之后的继任者也并没有停止反腐的脚步，继续制定了《防止腐败法案》《腐败预防法》《公职腐败调查处罚法》《反腐败—透明社会协议》等一系列反腐方案，并加大了反腐司法机构的独立性，鼓励更多民众参与监督检察，从制度上形成了预防腐败的长效机制。由于持续有效且不断递进的反腐措施，韩国经济获得长足发展，20世纪90年代中期以后顺利进入高收入国家行列，其后虽然由于亚洲金融危机和 21 世纪的全球金融危机致使经济发展有所波动，但至今仍然稳居高收入国家行列。

新加坡也是如此。1959 年，新加坡获得自治权利时腐败盛行，其中集体性贪污行为尤为严重。人民行动党执政后，政府通过长期的反腐败行动，使得新加坡逐渐成为目前全亚洲最廉洁的国家之一。1960 年，新加坡颁布了《防止贪污法》，从惩罚条款、对举报人的保护、对与代理人进行非法交易的惩罚、调查取证等多个方面对反腐败做了具体的规定，该法案的实行大大减少了腐败行为的空间。此后新加坡又先后七次对法案进行改进，并又陆续颁布了《公务员法》《公务员行为准则》《防止贪污法》《公务员惩戒规则》等一套完整、具体、实用的政府公务员法律法规。另外，新加坡的公务道德考评体系也非常有特色，它将公职人员的日常生活纳入了腐败监管体系内。到 20 世纪 70 年代初，新加坡的腐败情况大为好转。新加坡在加大惩治和监管力度的同时，实行高薪养廉政策。通过提高公职人员的福利待遇，降低贪腐的意愿。1973 年后，通过四次提高公职人员福利，新加坡已成为世界上公务员待遇最高的国家之一。不仅如此，新加坡还从贪污腐败的事后处置入手，在 1989 年出台了《没收贪污所得利益法》，加大对贪污所得利益的处罚力度。这两方面的"组合出击"，使得公职人员腐败行为的机会成本大大上升。另外，新加坡从文化上也对腐败作出了明确的界定。李光耀执政期间，发扬儒家文化，提出了新加坡人的行为八德"忠孝仁爱礼义廉耻"，认为廉耻就是廉洁奉公，并以社区为基础进行提倡，使得腐败在新加坡的文化观念中成为社会公敌。纵观新加坡的反腐历程，不仅社会进步成果非常显著，经济发展和人民生活水平也蒸蒸日上。20 世纪 80 年代末，新加坡就成功晋级为高收入国家；到 90 年代中期，人均 GDP 达到 2 万美元。

相反的案例是拉丁美洲国家腐败蔓延并导致落入中等收入陷阱的历

史教训。学术界一般将拉丁美洲地区落入中等收入陷阱的原因归结为进口替代战略失误、政局不稳定、贫富差距扩大等因素。而实际上，更深层次去分析会发现，公权腐败不仅是直接因素，它还会间接诱发或放大其他因素的影响，可以说其负面作用比一般想象的要更为严重。例如，公权腐败阻碍了拉丁美洲产业体系完善与技术进步，从而使其进口替代战略的目标难以实现。20世纪30—80年代，拉丁美洲国家普遍实施了进口替代的工业化战略，政府采取了高关税、进口配额、产业保护等政策组合，旨在用本国工业生产的产品替代进口。但在公权腐败的环境下，利益集团为了保护自身产业免受竞争、获得更多政府资助，而将更多的资源用于行贿，攫取垄断利润，而不是用于产业体系完善与技术进步或创新上，这使得经济升级难以实现。再如，公权腐败会加剧社会财富分配不公、贫富差距拉大，并使社会陷入混乱。20世纪90年代以后，拉丁美洲国家以新自由主义理论为指导实施市场化与产权私有化改革。但是在此过程中官僚权贵与商人结成利益联盟，部分公权人员为了能够从公共项目中"寻租"，积极推动耗资巨大的政府工程，甚至与国际资本勾结，通过暗箱操作贱卖国有资产、中饱私囊，导致国有资产流失严重，为拉丁美洲国家的债务危机埋下了种子。贪腐泛滥、权钱交易导致社会财富两极分化，拉丁美洲经济社会秩序受到破坏，进而加剧了政局动荡。

诚然，拉丁美洲国家也逐渐意识到腐败问题的严重性，并采取了一系列反腐措施，但总体效果却不理想，其中的教训值得深思。一是在体制转型期的大背景下，拉丁美洲国家对腐败发展形势的严峻性和紧迫性缺乏清晰深刻的认识，致使公权腐败肆意蔓延难以遏制。长期军人威权统治结束以后，拉丁美洲国家处于向政治民主化过渡的体制转型期，经济快速增长与社会体制机制不健全并存，由于缺乏足够的约束与制衡，公权广泛干预经济领域，各类利益集团迅速形成，公权腐败泛滥。更重要的是，拉丁美洲国家并没能清晰认识到体制转型期腐败形势的严峻性和解决腐败的紧迫性。当时的政客们也大多缺乏反腐的政治意愿和有力举措，最终导致腐败泛滥，失去了反腐的最佳机遇期。二是缺乏整体性与系统性的反腐方略，并且具体措施的实际可操作性差。反腐败是一项系统工程，需要一系列的配套改革措施，而拉丁美洲国家应对腐败的政策往往缺乏整体规划，单独出台的反腐措施往往收效甚微。并且，具体政策往往不符合实际国情，在实践中难以有效执行。例如，1993 年巴西仿照欧美国家制定了《公共采购法》，目的是避免政府采购时出现腐败行为，但因相关规定不符合国情、执法人员专业能力欠缺而导致成效不佳。三是反腐机构缺乏独立性且权力有限，难以肩负反腐重任。尽管许多拉丁美洲国家设置了反腐机构，但大多缺乏独立性。即便有的国家设置了独立反腐机构，也往往缺少强制执行能力和权威。例如，阿根廷反腐办公室的权限就十分有限，其负责人任免受制于行政部门，因而很难真正发挥作用。

怎样避免经济发展落入中等收入陷阱？我们可以从国际正反两方面经验教训总结出以下几条。

第一，确保市场在资源配置中的主导作用，尽量减少公权力对经济活动的干预。只有政府逐步减少对经济领域的干预，权力寻租的根源才能真正消除。反之，如果政府主导资源配置，反腐败最多也只能是"治标不治本"。韩国朴正熙时期依靠"铁腕治腐"取得了很大成效，但是"强政府"的体制还是使得腐败问题在其后的两任总统期间死灰复燃，最后只能借助体制革新才得到真正改观。

第二，构建完善的法律法规体系规范政府各项行为，压缩权力寻租的操作空间。虽然政府应逐步退出微观经济领域，但是其在经济社会中的活动不可避免，很多时候甚至是必要的。然而，这些必要的政府行为必须用细致完备的法律法规条款加以规范，使得权力寻租丧失活动空间，日、韩、新加坡等国莫不如此。另外，完善的反腐败法律法规体系在经济体制转型过程中也尤为重要，拉丁美洲地区的教训表明，这一过程会带来巨大的腐败空间，如果没有完善的法律法规加以约束，寻租行为将可能加速蔓延。

第三，加强公务员伦理建设，规范其日常行为，并建立财产公示和金融实名制度。除了政府行为这样显形的干预外，公务员日常行为也能够对经济活动施加间接或潜在影响，从而滋生寻租机会。因此，日、韩、新加坡等都非常重视公务员伦理建设，出台《公务员伦理法》《公务员伦理规章》等相关法律，将公务员日常行为纳入腐败监管体系。另外，建立财产公示制度和金融实名制度也非常重要，比如在韩国，虽然由于推行阻力很大，这两项制度历经几任总统才得以真正实施，但是一经实施它们就对反腐败起到了立竿见影的效果。

第四，加大腐败惩治力度，对于腐败行为决不姑息。各国的历史经验表明，加大惩罚力度对于抑制腐败行为具有较强的预防作用。在日本，"可能一顿不该吃的饭就会导致丢官"，新加坡也是如此；而在20世纪90年代的拉丁美洲地区则是"拿了几百万美元也可能不会丢官"。加大腐败行为惩治力度需要从法律上对各项罪责清晰界定，对惩罚措施进行明确，同时还要能够保证法律条款得到真正履行，做到决不手软、决不姑息。

第五，建立统一的具有较高独立性的反腐败机构，提升其相对权限。反腐败机构不在多，关键要能够真正发挥作用。机构多反而不利于协调，给腐败分子留下钻空子的空间。而要能够真正发挥作用，它就必须有较高的独立性和较大的权限。在这方面，中国香港廉政公署制度是全世界的典范。而一些拉丁美洲国家之所以失败，原因也在于尽管不少国家都相继成立了反腐败机构，但大多缺乏独立性，也不具备法律执行的强制力，在反腐败中缺乏权威，所发挥的作用严重不足。

第六，提高全社会对反腐败的参与度，鼓励媒体发挥监督作用。反腐需要编织起一张发现、揭露腐败行为的恢恢巨网，使腐败行为无处藏身。因此，除了体制机制、法律法规和反腐机构外，全社会的广泛积极参与也非常重要，而媒体所发挥的监督作用尤为关键。日、韩、中国香港等通过立法保证各种媒体能够较为自由地对政府和公务员的各项行为进行监督，日本几任前首相的贪腐大案都是在这一背景下被揭露于世。

第七，适当采取高薪养廉政策，使拥有权利者不愿腐败。公务员建设不能一味要求他们发扬奉献精神，接受较低的收入水平。否则就会出现优秀公务员离职，整体素质降低；或者公务员怠工，政府效率下降；或者公务员在高危高压情况下仍然顶风作案，产生更加严重的腐败问题。治理腐败最终还是要回到公务员建设上来，在这方面，新加坡的做法比较成功，它通过高薪养廉政策，使得公务员在合法收入下依然能够有体面的生活条件，贪腐行为的意愿大为降低。

第九章

经济长期趋势宜大尺度观察

　　2008 年国际金融危机之后，中国经济运行轨迹已发生明显变化，尤其是 2018 年中美贸易摩擦升级之后，引起人们对于中国经济未来走势的高度关注，"唱衰论"与"不变论"，甚至"机遇论"似乎都有根有据。在经济观察实践中，我们越来越感到，短期数据解读无法给出长期增长趋势判断，只有放大观察尺度，并立足于经济增长的本原驱动力才能发现可能的长期趋势。回顾曾经位居全球经济总量第二位但由于出现趋势性增长放缓以至于退居全球主要经济体第三位的日本经济①增长轨迹，以及长期保持全球经济总量第一位的美国经济增长轨迹，在对比分析美国、日本两种典型的经济增速变化模式的基础上，有助于我们把握未来中国经济增长的可能变化趋势。

一、日本长期经济增长轨迹的启示

　　自 20 世纪 50 年代以来，日本经济经历了三个明显阶段：高速增长

---

　　① 如果将欧盟视为一个经济体，则日本经济总量位居全球第四位。

阶段（1956—1974 年）、中速增长阶段（1975—1991 年）、近乎停滞增
长阶段（1992 年以后），如图 9-1 所示。面对日本长期经济增长轨迹呈
现"阶梯状放缓、疲弱难改"的态势，我们需要借鉴什么？

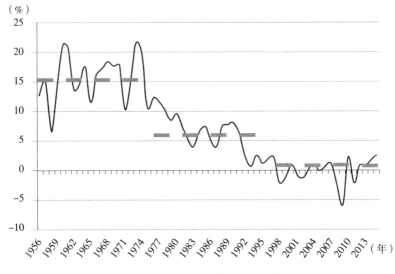

图 9-1　日本经济增长三个阶段

数据来源：Wind。

20 世纪 50 年代中期，日本经济进入年均 15% 左右高速增长阶段，
持续至 1974 年，创造了世界经济发展的奇迹。1968 年，日本成为资本
主义世界中仅次于美国的第二经济大国，70 年代初基本实现工业化，
人均 GDP 迈向高收入国家行列。

大量的文献分析了日本经济实现高速增长的原因：一是政府主导，
实行国家垄断资本主义，集中力量生产；二是大量引进先进技术，并进
行改良，极大提高生产工艺水平；三是确立"贸易立国"发展战略，各
主要资本主义国家 60 年代均获得长足发展，产生旺盛需求，客观上也
有利于日本外向型经济的发展；四是大力发展教育，兼之人口快速增
长，劳动力红利不断释放。

到了 20 世纪 70 年代中期，日本经济增速出现第一次阶梯型下滑，直至 90 年代初大体维持在 6% 左右中速增长。主要原因：一是国内空间不足，投资、出口对经济增长带动作用大幅减弱。经过战后 30 余年高速增长，日本国内基础设施建设、制造业等得到极大发展，投资趋于饱和。而劳动力成本上升，日元升值，特别是《广场协议》签订后，日元急剧升值，兼之日本与美欧等的贸易摩擦领域从钢铁扩大到家电，又进一步扩展到金融以及商业惯例等方面，日本产品在国际市场上竞争力减弱，出口对经济促进作用弱化。二是能源危机冲击。1973 年 10 月的第四次中东战争引发了石油危机，短时期内原油价格上涨了约 3 倍。日本能源极其稀缺，石油危机给日本经济造成了沉重打击，也是日本经济滑向中速增长的转折点。三是技术引进效应逐渐消失。随着不断引进改良，日本与美欧国家之间的技术差距不断缩小。进入 20 世纪 80 年代，日本在机器人、光纤通信等方面的技术已处于世界领先水平，技术引进效应减弱，对经济促进作用下降。四是劳动力红利不断减弱。1975—1991 年，日本人口增长率比高速增长时期下降 0.36 个百分点。1975 年，65 岁以上人口在总人口中所占比重约为 8%，到 1990 年达到 12.1%。同时，日本也没有像德国、新加坡那样通过放宽移民等政策引进劳动力。

与此同时，日本也在不断反思发展方式，加快经济转型发展，并树立"科技立国"发展新战略，推进产业结构升级，促使劳动与资本密集型产业结构向技术、知识密集型产业结构转变。在政策扶持下，半导体、计算机、新型材料、节能技术等众多高新技术产业蓬勃兴起。这也是日本在这一时期新旧增长动能转换、能够保持一定增速的重要原因。

　　然而，日本经济转型也伴随着大量的经济泡沫滋生，20 世纪 90 年以后，这种转型势头随着股市、房地产泡沫的相继破裂而放缓，日本经济增长再次阶梯下行，陷入了所谓的"失去的二十年"[①]经济增长停滞。1992—2018 年日本 GDP 平均增长率、私人消费增长率均在 1%以下，人均 GDP 长期在 4 万美元左右波动。

　　日本经济阶梯下行的增长轨迹，引起了我们的关注。比较 2008 年金融危机以后的中国经济增长轨迹，不难发现与日本有许多相似之处。

　　一是两国经济增速均呈现阶梯下行。1973 年第一次石油危机冲击后，日本结束高速增长阶段进入 6%左右的中速阶段；2008 年金融危机后，中国经由三年反危机调整，2012 年后进入"8%—7%"和"7%—6%"的阶梯下行模式，如图 9-2 所示。

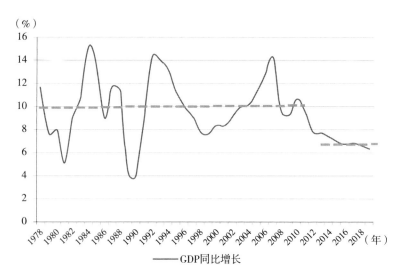

图 9-2　1978—2018 年中国经济增长轨迹

数据来源：Wind。

----

① 媒体还常见"失去的三十年"的说法。

二是经济总量均跃居世界第二位，人均 GDP 也相当。1978 年日本人均 GDP 达到 8675 美元，2015 年中国人均 GDP 为 8034 美元。

三是经济增长的驱动因素类似，均处于经济升级发展关键阶段。1975—1980 年，日本工业占比在 40% 左右，服务业占比上升较快，在 56%—58% 之间；中国 2014 年工业占比 42.7%，服务业占比 48%，2015 年服务业占比闯过 50% 关口。尤其是，在这一发展阶段初期，两国都相继成为"世界工厂"，但一些高端的、技术含量和附加值比较高的工业产品，还没法与美欧相比，而且同样遇到美欧要求本币升值的压力和风险，遭遇到不同经济体对出口的竞争替代。在此阶段日本保持了较为稳健的中速增长，跨越"中等收入陷阱"。当前，中国正处于由投资和出口驱动转向消费驱动，由第二产业驱动转向第三产业驱动，由劳动密集型产业驱动转向资本和技术密集型产业驱动，正值产业结构调整升级、发展方式转变、跨越中等收入陷阱的关键阶段。

四是都是政府主导扩大内需、加速产业结构调整升级政策。20 世纪 70 年代中后期 80 年代初期日本政府实施"阳光计划"和"月光计划"，加速调整产业结构，淘汰高能耗产业，将"重厚长大"的能源密集型产业转向"轻薄短小"，大力发展第三产业，实现产业结构软化、服务化和高附加值化的目标。2008 年以后，中国为应对危机启动了"四万亿"扩大内需计划，2012 年后产业结构升级步伐逐年加快。当前中国各项基础设施存量均位居世界前列，高端制造能力凸显，服务业占比快速提升，但产业结构全面调整升级目标并未完成。

当然，相比日本，中国经济增长存在一定潜在优势，预计中高速增长将延续更长时间。从 20 世纪 70 年代中期至 90 年代初期，日本 6% 的年均增速持续了近 20 年。尽管当前中国经济增长阻力与 80 年代中后期的日本有些相似①，但中国市场纵深、经济增长的回旋余地远非日本所能比。

一是中国自身市场规模、区域梯度开发协调发展、城镇化率较低等经济纵深因素，使其具备内需为主拉动经济增长的大国优势。日本的城镇化率已经超过90%，中国城镇化率2015年为56.1%，与日本1955年一样。中国城镇化率远低于日本，投资基建等空间巨大。

二是虽然当前中国也已经出现资产泡沫累积，但泡沫总体可控，且政府已经意识到资产泡沫的危险性，一直把防范和化解金融风险作为政策的核心，并列为当前"三大攻坚战"之首，资产泡沫快速堆积并破灭的可能性小。

三是尽管人民币汇率升值压力与当时的日元升值有些相似，但日本1971年、1985年两次大幅升值基本上是被动的，对日本经济的负面冲击相当大，中国汇率制度则相对自主，渐进升值、双向灵活波动对经济影响较小。

因此，怎样不被中日简单比较的相似度所迷惑，发挥中国经济特有的优势，在尽量拉长中国经济中高速增长区间的同时，实现经济结构升级，走出一条"激活庞大内需、夯实供给基础、摆脱瓶颈绑架、实现民富国强"的理想道路，是战略决策者与智库专家的共同使命。

二、美国经济"周期性波动、长期持续增长"的密码

20世纪50年代以来，与"阶梯状放缓、疲弱难改"的日本经济变化轨迹相比较，美国经济变化轨迹则呈现出"周期性较大波动、

---

① 例如，日本国内市场饱和出现产能过剩问题，资产泡沫问题，总量基数大，保持一定增速很困难，以及后发优势快速衰减、深层次的结构性矛盾难以解决引致经济增速再下台阶问题等，很可能在现阶段的中国不同程度地提前出现了。

长期持续增长"的总体特征①。一是长期稳健增长。尽管增速时有起伏，但围绕 2.5% 的中位值，经济主要在 0—5% 的区间内波动。二是经济周期不断拉长，经济波动不断放缓。三是经济修复能力强，经济下行多以 V 字形态势迅速反弹，繁荣期相对较长，而衰退期相对较短，如图 9-3 所示。

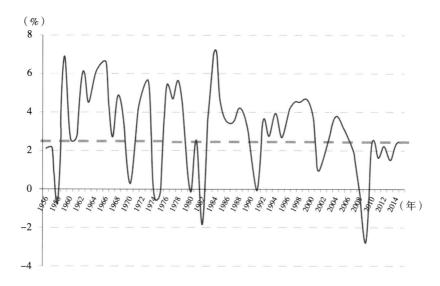

图 9-3　1956—2014 年美国 GDP 同比增长状况

数据来源：Wind。

美国经济之所以能够实现"周期性较大波动、长期持续增长"发展态势，其主要特点和驱动原因不外乎以下几个方面：

1. 以消费为主导的经济增长模式。美国经济增长没有呈现日本式的阶梯状放缓态势，与美国第二次世界大战后基本完成工业化并建立起以消费为主导的经济模式有一定的相关性。美国工业化起始于 19 世纪

①　我们这里观察发现的是美国 20 世纪 50 年代以来的总体态势。2017 年以来美国的战略和政策正在发生明显变化，如果这种现状持续下去甚至不断强化，美国经济长期运行轨迹可能会发生变异，使得美国和全球经济的未来充满不确定性。

20 年代，到第二次世界大战结束基本完成。相比之下，日本直到 20 世纪 70 年代初期才完成这一进程。城市化方面，1940 年美国城市化率达到 56.5%，日本达到这一水平是 1955 年。到 1970 年，美日两国城市化率都达到 70% 以上，日本用 15 年时间完成了美国 30 年的城市化进程。更为舒缓的工业化、城市化进程带来的是产业经济的逐步软化以及投资在经济增长中地位的相对下降，服务型经济、消费主导型增长，支撑美国经济相对平滑增长趋势。

2. 产业持续优化、升级。第二次世界大战后，美国进行了两次大的产业海外转移。第一次是 20 世纪 50 年代将轻纺工业向周边国家转移，本国发展重化工业；第二次是 20 世纪六七十年代将重化工业等传统制造业转移境外，本国集中力量发展高端制造业。产业转移、升级使美国在世界经济发展节点中占据了先机，生产和服务占据国际价值链的顶端。各种分析报告显示，美国实现产业持续优化、升级的主要原因是：

一是政府通过产业、科技、财政金融等政策在宏观领域对经济活动进行管理和调控，优化资源配置。完善市场机制，消除市场失灵和缺陷，促进产业结构调整升级。

二是以直接融资为主的投融资体制对产业投资和发展的支持。相对间接融资，直接融资可以更为明显降低企业的负债水平，提升企业经营的风险偏好水平，激励企业扩大投资，促进产业优化发展。

三是鼓励创新，促进科研成果商业化、产业化的金融业态极大支撑新兴产业的兴起和发展。美国风险投资市场高度发达，规模庞大，经验丰富。风险投资引导和激励科技创新的商业化和产业化，并反过来进一步促进科技创新的发展。

四是产业的高端定位。美国通过在尖端科技产业的高投入，使其在生命科学、信息与通信技术、航空航天、化工与先进材料领域的技术与产业发展占有领先优势。

3.重视基础研究的创新体系。创新在美国经济的长期增长中扮演着关键角色。与其他国家不同，美国更重视原始创新和基础研究。基础研究以新的核心技术要素为基础，建构原创性的技术范式。这些原创性范式具有利润高、影响时效长、竞争力强等特点，对产业和行业发展影响更为深远。

一是企业在这个体系中处于核心位置。它们一方面通过建立自己的工业研究实验室把科学方法和知识投入商业领域，另一方面推动消费者购买和使用新产品和服务。

二是美国政府极力培育促进科技能力增长的社会环境，从战略高度提高政府财政支持科技的强度和规模。建立对科技投入的利益补偿机制，引导科技资源向国家战略性关键技术领域集中。

三是美国的高校多秉承实用主义信条，强调满足社会发展的需要。一方面，实用主义导向的人才培养为新知识和新技术的应用奠定了基础；另一方面，美国的大学还强调与产业之间的合作，通过校企合作来直接实现学校科研与社会产业发展的融合。

4.极具纵深的市场环境。创新是社会发展的根本动力，但即便如此，创新仍然需要劳动力、人才、资本、资源、环境等要素的支撑，也需要市场需求与市场规模的配合。从世界范围看，美国具有无可比拟的长期发展优势——广袤的国土、丰富的人力资源、规模庞大的市场、良好的自然环境。但就经济长期发展而言，三个因素为美国经济发展带来巨大红利：

一是人口的持续增长。美国是发达国家中唯一人口数量仍在以较快速度增长的国家（2018年同比增长0.62%），这使美国得以在较长的时期内保持生产和消费较快增长的势头。与此同时，人口数量较快增长，也推迟了美国的人口老龄化进程（2018年美国65岁及以上人口占总人口比例为15.81%，远低于日本），使美国社会处于一种可持续发展的良性状态。

二是人才的培养和引进。第二次世界大战后，美国形成了一套以政府、企业、高校和非营利研究机构为基本组成单位发达的教育科学研究体系，为美国经济发展提供了大量基础性人才和实用性人才。虽然特朗普政府提高了对国外移民的门槛，但仍然着力吸收高素质人才和紧缺产业人才。

三是对外部资本的吸收。美国既是对外直接投资大国，也是吸收外国直接投资最多的发达国家，如图9-4所示。这些投资不只是惯常的融资意义，而是代表了不同的文化思维、产业视野、经营理念，它们给美国的创新发展提供了新的碰撞和活力。

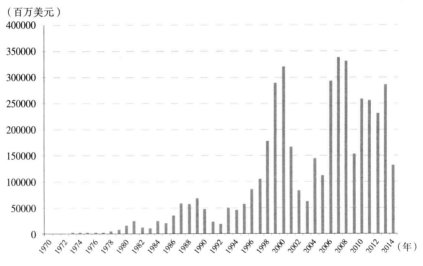

（百万美元）

图9-4 1970—2014年美国外商直接投资净流入

数据来源：Wind。

5.高度发达、完善的要素市场和商品市场体系，尤其是人力资源市场体系。与其他国家国有企业制度、年功序列制对人力资源市场的分割不同，美国人力资源市场具有充分的完整性和流动性。这既是市场经济中重要的激励机制，也是宏观经济凋荣的调节机制，是经济自我修复的重要环节。不仅如此，美国还通过反垄断来防止市场独占、价格操纵。作为世界上最发达的经济体，美国形成了垄断和竞争动态并存的格局。这种格局既创造了资本集中带来的规模效益，又保证让具有创新能力的中小企业有良好生存土壤，为美国经济发展提供不竭动力。美国构建了完善的维护市场运行的法律体系，这些法律保护了私人产权，降低了交易成本，为市场交易的发生提供了有效的长期契约执行架构。

6.国际货币金融体系、国际贸易规则、跨国公司与全球化。这些奠定了美国的国际分工地位，为美国经济的持续发展创造了有利的外部环境和条件。美国的国际金融地位使美国金融服务业服务于全球，这使美国可以有效分享世界经济增长的外部红利。美元霸权使美国可以通过量化宽松等手段转移和稀释自身的金融危机。世界贸易主导权提升美国的贸易条件，剔除、削弱主要战略对手的竞争威胁。跨国公司是全球化时代经济霸权最主要的载体，通过强大的跨国公司，美国可以实现对全球资源的整合运用，可以规避贸易壁垒，有效吸收驻地国发展红利。最关键的是，通过跨国公司对全球供应链的整合，美国可以将自身置于全球产业链的顶端。

从大国经济增长规律来看，当前中国需借鉴发达国家内生内需、科技引领经济增长模式的成功经验。作为经济后发国家，中国一度成功接棒日本，延续了其外生外向型经济增长模式。随着经济实力的不断壮大、后发优势的逐步衰减，中国由外生外向型转向内生内需型增长模式是必然选择。中国作为经济纵深大国，应当根据自身的特点，打造独立的经济体系，打通国内市场，努力在不同经济增长阶段强化科技创新对经济的引领作用。

其一，专注内生内需型增长模式，使美国成为全球经济中心。在美国经济发展史上，成功开发中西部地区，摆脱西方殖民经济地位，形成一个相当稳定和广阔的国内市场，是其经济崛起的关键。尤其是第一次世界大战以后，美国从债务国成为债权国，从资本输入国成为输出国，在试图走向国际政治舞台遭到欧洲列强抵制后，美国选择把精力用于国内发展，开始了史称"柯立芝繁荣"的大转型、大变革、大繁荣时期，为后来美国走向国际中心舞台奠定了坚实的基础。

当前中国也应该加快中西部地区开发带动内需市场的发展，使经济摆脱对外部的依赖，形成自己的内循环系统，促进经济持续较快增长。在这个过程中，中国地理区域之间的差距会不断缩小，经济规模将显著扩大。

其二，专注科技创新对经济增长的引领作用，使美国经济韧性十足。在美国经济增长的不同阶段，科技创新对产业结构升级、熨平经济增长周期发挥了深刻的作用。20世纪高科技领域中的许多成果，从50年代半导体材料、70年代的计算机、80年代的生物工程技术、90年代IT产业的兴起等，无一不是在美国的积极推动下，完成创新技术产业化并创造出巨大经济效益的。2009年美国出台《美国创新战略》，2011年对创新战略进一步调整和完善，2015年再次发布《美国创新新战略》，力挺先进制造、精密医疗、大脑计划、先进汽车、智慧城市、清洁能源和节能技术、教育技术、太空探索、计算机新领域等，更为强调科技创新对经济社会发展的重要推动引领作用。

作为依靠科技创新实现经济持续增长和繁荣的大国典范，美国科技创新经验值得大力借鉴。相比美国，现阶段尽管中国科技创新实力有较大差距，科技创新的体制机制尚待完善，尤其是不具备美国一整套促进科技创新、转化运用的完善市场机制，但中国科技整体水平正从量的增长向质的提升转变，正在步入以跟踪为主向跟踪与并跑、领跑并存新阶段，已稳居世界第二科技创新大国地位。当前，中国已成为互联网技术、航空航天、高铁、桥梁工程、人工智能等领域的技术大国，在一些领域完全存在科技创新弯道超车的可能。

其三，充分发挥多层次资本市场在创新中的作用，为产业升级和国际竞争力提升提供支撑。美国经济呈现周期性增长而不是阶梯式下滑，与美国强大的创新精神与创新能力密不可分。日本也非常重视创新，但模仿性、组合改良型特点，原发开拓性、基础性不足，决定了在各国经济发展差距较大时，日本创新、日本制造在全球具有强大竞争力，一旦新兴经济体经济发展到一定水平，模仿创新能力较强时，日本创新、日本制造竞争力就出现弱化，影响到出口，最终对依赖对外贸易的经济产生严峻冲击。

从全球实践来看，当一个国家的财富不是来自于技术和实业，而是来自金融和房地产领域的循环，这个国家的经济必然走向空心化和虚拟化，产生严重的经济问题。日本经济"失去的二十年"，与经济发展到一定阶段大量资本或者转向国外，更多的是进入国内股市、房地产领域，经济产生巨大泡沫，并急剧破裂有关。

美国总体上较好地处理了实体经济与虚拟经济关系。事实上，美国、德国等都是制造业大国，基本上都是通过立法、税费调节等，严格抑制市场对房地产等的过度投资投机。美国发生金融危机后，提出"再工业化"计划，并取得显著成效。从数据看，1975—2007 年，美国GDP 增长 7.6 倍，同期房屋价格指数上涨 5 倍，道琼斯工业平均指数上涨 15 倍，远比日本平缓。

三、中国经济运行的阶段性特征需要决策者高度关注

2018 年以来，中国经济呈现一些前所未有的特点，我们在研究中特别关注到这些中短期的经济特点可能具有阶段性特征，其中许多特征有可能持续到 2020 年以后相当长的一段时间，应该引起政策制定者的高度重视。

一是世界经济整体走势趋缓，通过外贸结构变化影响中国经济运行。全球经济已显示出新一轮下行周期苗头，国际机构不断下调全球经济增长预期。有人认为2020年全球经济出现萎缩的原因是新冠肺炎疫情影响，是短期经济现象。我们认为，美、日、欧的经济衰退迹象在新冠肺炎疫情扩散之前就已经很明显，尤其是作为制造业信号标的德国数据和作为“国际贸易金丝鸟”的韩国统计数据以及国际组织预期都充分印证了这一趋势。考虑到国际经济危机的周期性，以及中国经济的国际化程度，如果这次全球经济下行走势持续的时间较长，中国经济也不可能独善其身。

虽然近年来中国出口占GDP的比重有所下降，2012年中国对外贸易依存度为45.32%，2019年前三季度下降到33%，但由于出口结构中加工贸易迅速减少，一般贸易迅速提升，一般贸易占进出口比重由52%上升到60%，世界经济下行引致中国出口困难对于中国GDP增长的影响明显大于过去。因为加工贸易在国内的产业链条较短，一般贸易在国内的产业链条很长，前者变动对GDP影响的乘数效应明显小于后者。与此同时，过去中国进出口的主要难点是出口，当前的困难是既有出口问题，也有进口问题，因为西方发达国家对于中国的结构升级越来越担忧，越是经济困难，它们越想保持高技术垄断优势，高端装备与高技术产品对华出口管制就越来越多，对于中国经济结构升级形成一定制约。考虑这种因素，中国宏观政策制定的难度比过去要大得多，既要实现出口对于GDP的足够拉动力，又要实现进口对于经济结构升级的支撑力，不能简单使用过去的政策工具。

二是2011年以来虽然中国经济波动率［(即期经济增长率-上年同期经济增长率）/上年同期经济增长率］很低，经济运行整体平稳，但长期处于下行趋势，形成了较强的市场预期，严重制约了消费与投资，又反过来对经济增长形成趋势性压力。怎样打破这种预期的循环，没有成功的经验可以借鉴，考验宏观经济政策的创新能力。

三是中国经济结构调整仍然处在寻找方向阶段，经济结构的供给侧和需求侧都存在着市场与行业热点迅速变换问题，很难形成过去的经济增长红利效应。同时，经济找方向时期，不确定性很大，意味着风险很大，微观主体的投资决策很谨慎，宏观政策制定与操作如果简单化或草率行事，也会留下很多难以消化的"后遗症"。

针对经济运行出现的新特征，审视既往政策效果，要特别重视我国中长期宏观经济政策的制定。经济观察不仅要分析季度的经济数据，更要看中国经济现在和未来一段时间内阶段性特点。要关注一些这两年出台的、过去很有效的政策在目前环境下作用效果几乎不是那么明显的问题。

首先，关于区域经济分化问题。实际观察表明，区域经济分化的直接原因是资金流向变了，根本原因是决定资金流向的区域环境变化了。已经出台的一些区域经济振兴战略及其政策措施，不可谓力度不大，项目安排也不少，配套资金亦很多，但事后观察基本上没有起到预期的引导资金流向的效果。因此，解决区域分化问题，不能再寄托加大区域政策倾斜，要想办法改变某些地区的营商环境，这才是问题的根本所在。

其次，民营企业投资疲弱虽然有供给侧的原因，但根本原因在于需求端。对于民营企业投资动能而言，资金短缺或政策不公平等，都是应对政府工作人员"劝说投资"的借口，而不想投资的根本原因是缺少可预期的好项目。宏观上推动供给侧的改革，许多方面是必要的，尤其是对国有企业是必要的，但是民营企业更多关注点是需求侧，只要有需求就有效益和利润，就会有投资的跟进。

再次，解决当前经济增长疲弱问题，要加大金融支持力度，尤其是银行支持的力度，但要考虑银行体系的承受能力，要采用正确的金融方式。从中国改革开放 40 多年的情况来看，金融在中国经济快速发展中扮演重要的作用，这是有目共睹的。但未来经济政策在强调金融重要性的时候，必须要考虑金融发展规律，金融不是无所不能，总量上也是有"天花板"的。一方面，要关注金融体系的总体承受能力，意在主动防范系统性金融风险；另一方面，微观金融改革的重点是促进金融机构服务实体经济的能力，加大结构调整，而不是简单考核放款进度。

最后，对于促进产业升级等结构调整政策，也应从中国经济发展阶段着手考虑。对于中国未来的结构调整，不能过分理想化。设计结构调整目标时，既要考虑高收入群体升级需求，也要考虑中低收入群体的基础需求，要立足于中国市场需求特点来把握调整结构的节奏，不仅基础需求要立足于中国自身供给能力来满足，高端商品也不能够过度依赖进口。

第十章

高收入的争议与财富积累效应[①]

    一个中等收入国家要想跻身高收入国家行列，不仅需要在相当长的时间内保持 GDP 较高的增长速度，还必须重视社会经济总量的使用能否形成有效的国民财富积累，以及什么样的产出和使用结构更有助于社会财富的积累。近年来，随着中国经济总量增长，人均 GDP 也快速增加，然而人民与国家的财富积累效应却充满争议。跻身高收入国家行列是我们实现民族复兴的重要目标，实现这一目标不仅意味着较高的人均收入水平，还意味着国民综合财富（物质资本、人力资本、文明水平、幸福指数、国际地位）位居世界前列，包括人均收入水平与社会分配公平、国民教育与国民素质、科技水平与创新能力、资源利用与环境保护，乃至社会清廉与政府效率、国家安全与国际影响力等综合因素。然而，实现这样的战略目标并非易事，不仅要努力探索和熟练驾驭经济增长规律，还要深刻理解并积极借鉴发达国家的财富积累经验，寻找适宜的实现路径。借鉴大国经济的财富积累经验，探讨增强中国财富积累途

[①]   参见黄志凌：《跻身高收入国家进程中不能忽视财富积累效应》，《征信》2019 年第 10 期。

径，让单位 GDP 产生更多的财富积累效应，对于已经处于中高收入国家的中国而言，是一个能否最终跻身高收入国家行列的战略问题。

一、高收入国家不是一个简单的经济水平问题

跻身高收入国家不应囿于"收入"这一概念，更不能将跻身高收入国家战略目标与狭义上的"较高的人均收入或人均 GDP"简单画等号。我们期待的最终目标应当是一个综合性的高收入国家概念，既包括国土面积、资源等先天自然禀赋，又涉及人均收入、人民素质、制造能力、科技水平，乃至政府效率、国际影响力等后天因素。先天禀赋无法改变，那么民富国强的重点就落到提升这些后天能力。结合发达国家的共有特征，我们应当重点关注以下几个方面：

第一，较高的人均收入或者说人均 GDP 水平。这是一个经济增长的概念，也是高收入国家的核心。只有收入水平上去了，国家富强才有坚实基础，不富裕则很难强大。如何持续较快地实现经济增长仍将是今后中国国家发展的核心问题，这一方面需要我们充分挖掘各项潜力空间，认清并利用好方方面面战略纵深带来的机会；另一方面需要提高要素利用效率，提升经济增长质量，从而在有限的资源条件下获得长远持续增长。

第二，人民整体素质。人民素质水平是一个国家富强的根本，人力资本是构成国家财富的重要组成部分。如果没有优秀的人才体系，即使国家富裕了，也是难以持续的。但遗憾的是，由于人力资本方面的投资具有长期性，并且回报难以定量衡量，因此在短期利益驱使下经常被忽视。提升人民素质的关键在于教育，中国对教育领域的财政投入长期低于国际平均水平，未来须着力改变。

第三，科技水平和工业制造能力。在高收入国家中，区分一个国家

是否强大的最重要的标准可能就是科技水平和制造能力。卡塔尔、科威特等中东石油富国人均收入在全球名列前茅，但是它们只富不强，一个最重要的原因就是它们并不具备较高的科技水平，没有建立起真正的国家核心竞争力。

第四，廉洁高效的行政体系。很多关于社会制度与经济发展之间关系的讨论都落到意识形态上，实际上这过于"钻牛角尖"。更务实的做法是建立高效廉洁的行政体系。换句话说，既然意识形态不能随意变换，那么提升政府的行政效率和清廉程度就显得尤为重要。一个国家的发展水平怎么样，政府清廉程度和行政效率是一个重要指标，事关经济社会长期发展能力。

第五，国际影响力。对于中国这样的大国而言，经济发展必须走出国门，充分利用好国际市场。实际上也不止经济方面，像政治、文化、军事等都需要建立起强大的国际影响力，为国家发展获取外部市场、资源、政治外交环境等各方面的战略空间。美国之所以强大，其国际影响力发挥着重要作用。今后较长时期，我们都需要在这方面下更多功夫。

从国际经验分析的角度，任何一项关于国家崛起的研究都不能忽视美国。自独立以来，它在很多方面都做得非常成功。这样一个大国的崛起原因是非常复杂的，而以下几点则十分关键：首先，理想的地理条件和审慎的对外政策。美国远离欧亚大陆，两次世界大战均未祸及其本土。同时，美国在崛起过程中采取审慎的对外政策，一直避免同其他主要大国直接正面对抗。美国 19 世纪中叶就已成为地区大国，但一直小心翼翼地处理同列强的关系，特别是极力避免与英国正面冲突，直到第一次世界大战后才乘机走向世界舞台中心。理想的地理条件和审慎的外交政策使美国经济发展获得了稳定的外部环境。其次，始终引领科学技术创新。美国是发生于 19 世纪 70 年代至 20 世纪初的第二次工业革命的主战场，在这期间，它取代英国成为世界霸主。战后第三次工业革命进一步巩固了该地位。百年多来，美国先后引领了电力、化学、能源、通信、原子能、航空航天、生物工程、计算机、互联网等技术领域的创新，在企业管理、金融创新等方面也处于领先位置。这是其崛起并辉煌至今的关键因素。而自由市场模式和高质量的教育则构成技术创新的关键。自由市场模式带来充分竞争，激发创新动力。而教育则通过提高国民素质提升创新能力。在这方面，美国政府发挥了主导作用，各级政府公共教育支出占 GDP 比重一直处于较高水平。2001—2014 年，美国公共教育支出占 GDP 比重一直保持在 4.94%—5.77% 之间，位于世界领先水平。再次，虽然是自由市场体制的典范，但却从未抛弃政府在经济发展中的作用。实际上，美国更像是一种"混合型经济体制"，美国政府每年都有巨额资金投向经济系统的多个方面，主要包括社会福利、基础设施建设、基础学科研究和技术研发支持等。市场和政府的作用相互补充，支撑了美国经济的持久发展。最后，在资本主义世界拥有强大的国家吸引力。美国在资本主义世界拥有制度、经济、文化、语言等多方位的国家吸引力，其政治领域三权分立和经济领域自由竞争制度一直被看作资本主义世界的典范，文学、影视、音乐、体育、时尚等文化软实力十分强大，"美国梦"以及开放的移民政策吸引了全球各类人才。强大的国家吸引力增强了其在全球配置资源和拓展市场的能力。

再来看看日本：日本作为与中国文化相似的东亚国家，第二次世界大战后通过一系列改革在较短时间内实现了经济腾飞，对中国经济发展具有非常好的借鉴意义。经济学家多把美国的大力扶植作为战后日本经济得以迅速复兴的原因，但我以为更重要的是其自身也采取了非常正确的战略举措：首先，另辟蹊径，由国外引进带动自主创新，提升科学技术水平。与美国不同，几次科技革命都不是发端于日本，但它却能够大量引进国外先进的科学技术和管理经验，并加以吸收和改良。20 世纪 50—70 年代，日本抓住机遇，制定"科技立国"战略，并走出了一条"引进—吸收—改进—创新"的特色道路。这是日本能够在较短时间内提升生产率的关键。1956—1964 年，日本经济年均增长率为 10.1%，其中因技术而增长的部分为 48.5%。其次，紧抓国际市场，推行"贸易立国"的经济战略。日本经济发展条件实际上不如中国，其国内资源贫乏，市场规模也较小。针对这样的缺陷，日本采取外向型的经济战略，促进国际贸易并积极投资海外。该战略在日本战后复兴中发挥了极其重要的作用。再次，在适当的时间成功进行了经济转型。日本政府没有固守促成其早期高速发展的偏粗放的增长方式，适时实现了向市场主导和集约型发展方式的转变，为经济长远发展打下了坚实基础。最后，重视教育。日本是全世界最重视国民教育的国家之一。即使在经济发展速度最快的1961—1970 年，教育经费增速也超过 GDP 增速。

我们还可以回顾一下苏联，其兴衰路径也具有重要的借鉴意义。按照苏联官方统计，1951—1980 年的 30 年时间里，经济平均增速超过 8%，鼎盛时经济总量曾达到美国的约 70%。应该说苏联经济在 20 世纪 80 年代以前是取得了一定成绩的。一方面，高度集中的计划经济体制使得各项资源能够快速实现产出；另一方面，社会意识形态和制度的吸引力为苏联在国际上争取到了很多盟友，从而获得了相对稳定的外部环境。客观地讲，在经济发展的初级阶段，这样的战略方针具有较强的可行性和先进性。但到 80 年代经济发展到一定程度后，计划经济的缺陷愈加凸显，最终导致经济严重衰退和苏联解体。首先，严重忽视市场机制。由于整个国家实行高度集权的计划经济体制，财政资源、经济管理都高度集中，市场在优化资源配置、促进创新、引导消费等方面几乎没有起到任何作用，使得苏联始终停留在粗放的经济增长方式上，技术水平提升缓慢。苏联也曾尝试过进行一些体制改革，但收效甚微，而后期的改革又过于激进，最终导致经济崩溃。其次，经济结构严重畸形。由于长期优先发展重工业，加上与美国军备竞赛，民用工业愈发薄弱，经济结构从失衡走向崩溃。最后，苏联一直奉行的大俄罗斯主义使得民族矛盾激化，加上过于强硬、缺乏弹性的对外政策，其初期所拥有的良好的内外部环境也不复存在。

近期西方学者对于印度给予了广泛关注并寄予了厚望。印度经济成败不好定义。一方面，它取得了很大成就，很多学者都认为它未来能够与中国并驾齐驱；但另一方面，印度建国较中华人民共和国成立稍早，也没有经历大的战争和政治波动，发展至今日，人均 GDP 却只有中国的 1/4。同时，印度经济发展还表现出不稳定的特点，经济危机时有发生。作为在很多方面与中国具有相似性的大国，印度经济发展中的问题对我们具有警示作用。首先，中央政府过于弱势。印度是一个典型的政治权力分散的国家，中央政府难以在经济增长中发挥推动作用，加之过早推行民主化政治，很多发展中出现的问题都不能得到快速解决，严重制约经济发展。比如基础设施建设，由于政府缺乏执行能力，民间协调成本高，使得大规模投资难以实施。其次，糟糕的周边环境。一个国家的发展离不开稳定的周边环境，而印度周边几乎每一个国家都与其有领土冲突。再次，较弱的对外吸引力。印度社会给世人以"脏、乱、差"的印象，没有太多人愿意到印度留学和投资，这对于印度利用全球市场有着很深的负面影响。最后，落后的教育。印度教育属于精英型教育，普通民众受教育程度较低，文盲率达到 26%（2011 年），大学入学率不到 20%（2013 年），落后的教育制约了劳动者素质的提高，经济增长缺乏有力支撑。

大家更熟悉的是拉丁美洲国家：从经济发展的角度来说，大多数拉丁美洲国家都是难言成功的。拉丁美洲国家大多很早就实现了国家独立，两次世界大战均未祸及，同时这些国家资源丰富，人口密度也比较合理，可就是在这样出色的条件下经济发展却十分缓慢。其问题出在以下几个方面：首先，错误地处理了政府与市场的分工。在 20 世纪 80 年代以前，大多数拉丁美洲国家的政府都过多地参与经济活动。在进口替代工业化政策指导下，政府控制大量国有资产并直接参与各类产业的经营。到 20 世纪 80 年代后，拉丁美洲各国开始意识到需要提升市场的作用，但是它们后来的市场化改革却过于猛烈，走向了另一个极端。比如阿根廷，其 90 年代实施的市场化改革却出现了完全相反的效果。当时阿根廷政府以新自由主义经济学为指导，推行完全私有化和全面市场化，排斥政府对经济发展的作用。在短短几年里，将水、电、邮、运等公共基础设施都卖给国内外私人投资者。例如，1995 年阿根廷前十大银行中本地银行有六家，现在只剩下一家。这种大刀阔斧卖掉国资并引入大量外资的方式让阿根廷吃尽苦头，公共外债以每年 100 亿美元的速度递增，到 2001 年攀升至 GDP 的 40% 以上，使得经济陷入更深的危机之中。其次，对外经济战略失误，并未能抓住科技革命的历史机遇。20 世纪 30—80 年代，拉丁美洲国家普遍实施了进口替代工业化政策，目标是用本国工业产品生产替代进口。为达到这一目标，采取了高关税、进口配额、提高本国币值等保护手段，结果却导致了先进技术既不能引进又不能自主创新的局面，错过了全球科技革命带来的生产率提升的绝佳机会，产业未能实现升级，经济增长缺乏后劲。最后，政局动荡不安。20 世纪 80 年代后，阿根廷、巴西等国先后经历政局动荡，直到21 世纪初，情况才有所好转。

二、必须重视 GDP 的财富积累效应

按照世界银行的标准，中国用了 20 多年从一个低收入国家（人均 GDP 低于 1035 美元）变成了一个中等收入国家（人均 GDP 高于 4085 美元）。进入 21 世纪后，又用了十年左右的时间经济再上新台阶。中国用低于全球 1/10 的自然资源养活了全球 1/5 的人口，却提供了全球近一

半的主要工业品。其中，粗钢产量占世界总供给量的 1/2，是美国的 8 倍，水泥产量占世界总产量的 60%，煤炭占世界总产量的 1/2，中国还是世界上最大的高速列车、机器人、隧道、桥梁、高速公路、船舶、机械设备、计算机和手机的生产国。回顾过去 40 年从低收入国家到中等收入国家，再到中高收入国家的两次跨越，可以发现这两个阶段的共同特点是：经济增长呈现高速度，经济总量迅速扩张，GDP 总量 2008 年超过德国，2010 年超过日本，目前居世界第二位，成为仅次于美国的世界第二大经济体。

GDP 衡量的是一定时期内一个国家的产出总量，其高低固然能够体现一个国家的产出水平，但经济学家不仅关心 GDP 的多少，更关心 GDP 的构成以及怎么分配和使用，尤其是作为"流量"的 GDP 能否转化为"存量"的财富积累，使国家"变得更富"。从财富积累的角度讲，高 GDP 当然是财富积累的主要来源，但仔细分析不难发现，同样 GDP 由于分配结构和使用方式不同可能会产生不同的财富积累效果，譬如一个国家或地区资本形成总额所占比例越大，消费中用于人力资本积累等的比例越高，同样 GDP 下形成的财富积累就越快。尤其是最终消费总量里，教育培训、医疗保健、体育文化、甚至信息消费等所占比重越高，人力资本积累越快，社会财富积累也会越快；相反，奢侈品消费比例偏高，公款吃喝的比例偏高，无助于长期财富积累。即便是资本形成，不同的投资结构与投资方式，其财富积累效应完全不同。中国过去不少地方热衷于大拆大建，修路建桥是 GDP，破路拆桥也是 GDP。虽然有着很大的当期产出，但是从社会财富积累的角度看，贡献几乎为零。反观有些国家当期 GDP 水平并不高，但基础设施建成项目在很长的历史时期内依然发挥着巨大的作用，对于社会财富积累和社会福利改进具有很大贡献。据报道：我国房屋建筑平均寿命为 25—30 年；美国为

74 年；英国为 132 年。① 当然，还有更深远的自然资源的消耗和环境成本问题。由于目前 GDP 核算中较少考虑对资源和环境的损耗，但这些却是一个国家或地区财富积累的重要组成部分，那些以资源损耗和环境破坏为代价的 GDP，综合来看对财富积累没有太大作用，长期来看甚至是财富净损耗。

因此，从广义、动态的财富积累角度来观察，GDP 的质量十分重要，高质量 GDP 要重点关注价值链结构、资本形成、消费质量，以及对能源环境的消耗。一方面，一个国家和地区在全球产业布局价值链中所处的位置会直接影响 GDP 质量。中国多处于生产下游，以劳动密集型为主，美国处于上游，借助其知识产权、技术和资本优势，获得高额利润，例如苹果手机，虽然生产线在中国，但主要利润都体现在苹果公司。这必然影响到 GDP 的质量。观察中国和美国 GDP 的构成，不难发现美国在研发支出、知识产权等软实力方面的构成远远大于中国。2016 年，美国和中国的研发支出占 GDP 比重分别为 2.74% 和 2.11%。到底是"硬"的好些，还是"软"的好些，大家众说纷纭，例如美国总统特朗普就倾向于鼓励传统制造业回流美国，而中国则选择结构转型，大力发展新经济和高端装备制造业。另一方面，评价经济增长既要看数量，更要看结构。1840 年，清朝的 GDP 是英国的 6 倍，占世界的 33%，而英国只占 5%，结果第一次鸦片战争，清政府战败求和签订了屈辱的《南京条约》。从当时中英两国 GDP 结构看，英国 GDP 结构中钢铁、机器制造不断增加，向西欧国家输出蒸汽机，各种技术装备，机器制造的棉纺织品。相比之下，中国 GDP 结构中主要是农产品，手工业品（如棉布手工机械纺织），出口的是瓷器、丝绸、茶叶、桐油。目前，我国

---

① 《我国新建建筑寿命 25 至 30 年 英国平均 132 年》，2014 年 4 月 6 日，见 http://news.cnr.cn/native/gd/201404/t20140406_515238502.shtml。

GDP 在总量上已经超过了日本，但是结构上不如日本，日本高新技术产值的比重比中国大，日本很多工业品技术含量比中国高。根据美国《2018 科学与工程指标》报告，尽管中国在许多技术密集制造业中已成为世界最大生产国，但在知识密集型服务业中的地位仍未步入前列。同时，中国高科技制造业仍依赖于低附加值的活动，譬如在智能手机和其他电子产品生产中，中国依赖国外公司提供的半导体；在医药行业中，中国制药企业大多生产非专利药，而生产设施的建设则受欧美企业掌控。

深入分析发达国家财富积累经验，我们发现不同时期的财富积累有不同的重点。18 世纪以前，人类生产财富的主要方式是农业。18 世纪开始，工业革命使制造业迅速取代农业成为人类财富的主要来源。在信息时代，科技、创新成为新经济的代表。与此相适应，GDP 的核算范围和方法也会与时俱进发生变化。最近的一次大的改变是 2013 年年初美国经济分析局将研发投入和娱乐、文学、艺术产业的支出等原本纳入成本的部分，以及养老金赤字、住宅所有权转移成本等计入 GDP 核算范畴，由此美国 2012 年的 GDP 总量增加了 3.6%（5598 亿美元）。在美国 GDP 的新核算方法中，企业、政府和非营利机构的研发费用支出被视为固定投资，有关娱乐、文学及艺术原创支出也将作为固定投资纳入统计数据，另一个类别将包括电影、长期电视节目、图书、录音等，此外，包括房屋交易时的多项税费和固定收益养老金计划赤字等也将并入计算，这些"无形资产"被纳入 GDP 以反映美国经济产出构成的不断变化。在很大程度上，这是在测算一个国家"软实力"投资的价值，符合当代世界经济由知识或创新主导增长的理念与实践，这是美国经济对创新价值的高度重视。美国经济分析局特别将这些"无形资产"称作"21 世纪的组成部分"，反映出美国政府强调知识产权的重要性，同时也是对以创新为基础的知识产权产品的尊重与鼓励。美国将逐步完成经济形态由劳动密集型到资本密集型再到知识密集型的全面转变，按照新的 GDP 统计方法计算，知识产权产品在 GDP 中的比重将高达 40%，预计未来知识产权产品比重还将增加。中国的 GDP 核算中这方面的内容还没有全面考虑，需要在方法上进行新一轮的改革以适应新形势下的竞争。

　　未来中国财富积累应重点关注生活环境的改善、高质量基础设施、人力资本积累，以及以科学技术为代表的软因素。例如，农村基础设施（干净的水、方便的交通、舒适的房屋、丰富的娱乐选择、教育文化设施等）、城镇生活设施（棚户区改造、老旧小区改造、水电气暖供应）、社会保险水平的改善等，都是发展的重点。大力发展教育消费，意在增强人力资本积累能力。德国、日本是第一次工业革命的后发国家，而且都幅员狭小、资源贫乏。两个国家都不约而同地采取了"教育立国战略"，大力发展教育，开发本国人力资本，提升国民整体素质。历史证明，这是一条真正实现"民富国强"的捷径。结果，德国、日本在第二次工业革命期间迅速崛起，一举超越英、法、荷等老牌资本主义国家，跻身世界列强。不仅如此，即便在第二次世界大战后的一片废墟上，德、日两国依旧能够凭借悠久的教育传统和人力资本存量，取得了持久而强劲的经济增长，并重新跻身世界强国行列。从更广泛的视角审视，发展教育不但能够有力地促进经济发展，而且具有显著的社会综合效应。随着国民综合素质的提高，重视教育的国家在环境保护、法治观念、社会公德等诸多方面都积累了巨大的社会资本，极大地提升了软实力，经济社会面貌焕然一新。

　　受收入水平、消费文化、贫富差距、社会保障体系等因素影响，我国居民不仅消费率较低，而且消费层次更低，并同步伴随着畸形消费；相对于发达国家，中国公款消费在财政支出和公司成本中的占比较高，不仅挤占了财政支出中本应该提供给居民的公共服务空间，也带来了中国消费市场"未富先奢侈"的畸形发展,并对居民消费形成了一定的挤出效应;消费浪费虽然也可以拉动 GDP,但无法提供经济发展的持续动力——消费提升的人力资本。

随着中国经济、社会发展,产业界对劳动者素质、能力的要求不断提高,公民群体也自发产生了丰富阅历、开阔视野、增强个人素养的深造需求,由此催生大量潜在的教育消费需求。教育消费政策的重点不应是扩充基础教育、高等教育附带的收费服务(如中小学的课外课程),而是面向有收入人群提供职业教育、文化和技能培训,引导主动消费,确保消费的质量和体验。引导教育消费的目的不仅仅是创造消费需求,更重要的是通过提高人群素质、能力,提高劳动生产率,进一步促进经济持续发展。

研发投入占 GDP 的比重,在一定程度上反映了国民财富的积累能力。多年来,虽然美国、日本、欧盟的经济增长速度低于其他新兴经济体,但社会财富的积累速度并不低,其中的重要原因是研发投入占 GDP 的比重很高。近年来,中国已经认识到其中的意义与差距,正在奋力追赶。据初步统计,2015 年全国研发经费投入总量为 1.4 万亿元,比 2012 年增长 38.1%,年均增长 11.4%;按汇率折算,我国研发经费继 2010 年超过德国之后,2013 年又超过日本,目前我国已成为仅次于美国的世界第二大研发经费投入国家。2015 年我国研发经费投入强度(研发经费与 GDP 之比)为 2.10%,比 2012 年提高 0.17个百分点,已达到中等发达国家水平,居发展中国家前列。我国研发经费投入水平的提高为科技创新实现"并跑"和"领跑"创造了有利条件。

尤其需要指出的是,2015 年我国企业研发经费逾 1.1 万亿元,比2012 年增长 40.3%,年均增长 11.9%;占全社会研发经费支出的比重为 77.4%,比 2012 年提高 1.2 个百分点。其中,规模以上工业企业研

发经费支出首次突破万亿元，达 10150.9 亿元。企业研发人员约为 425
万人，比 2012 年增长 26.2%。截至 2015 年年底，我国累计认定的国
家级企业（集团）技术中心为 1187 家，比 2012 年增加 300 家。截至
2015 年年底，建在企业的国家重点实验室为 177 个，占国家重点实验
室的 36.8%；建在企业的国家工程（技术）研究中心为 144 个，占国家
工程（技术）研究中心的 41.6%。2015 年国家新兴产业创投计划累计
资金总规模 556.8 亿元，比 2012 年增长 92%；累计投资创业企业 1233
家，比 2012 年增加 995 家。

2015 年 11 月 10 日，联合国教科文组织在巴黎总部发布《2015 年
科学报告：面向 2030》。该报告每五年发布一次，由教科文的国际专家
小组编写，报告在大量数据基础上对全球科研与发展趋势进行总结，并
提出针对性建议。该报告中最值得注意的数据是：目前美国用于研发
的投资占全球 28%，中国紧随其后（20%），超越欧盟（19%）和日本
（10%）。占世界人口 67% 的其他地区仅占全球研发投资的 23%。此外，
目前全球约有 780 万科研人员，其中欧盟占比最多，达 22%，其次是
中国（19%）和美国（16.7%）。

中国研发支出的绝对值虽然高，人均却不高。按照联合国教科文
组织的数据，美国、中国、欧盟、日本的研发投资分别占全球的 28%、
20%、19% 和 10%。中国的人口大约是美国的 4 倍、欧盟的 2.6 倍、日
本的 10 倍，所以人均研发支出只是美国的 18%、欧盟的 40% 和日本
的 20%，有非常大的提高空间。此外，中国研发支出占 GDP 的比例
刚刚超过 2%。根据世界银行的数据，以下 10 个科技产出最高的国家
在 2012 年的研发支出占 GDP 比例是：中国 1.98%，美国 2.79%，德
国 2.92%，日本 3.39%（2011 年），英国 1.72%，法国 2.26%，加拿
大 1.73%，西班牙 1.30%，瑞士 3.41%，韩国 4.04%（2011 年）。韩国
的比例最高，所以它在近 40 年来以惊人的速度崛起，从一个历史上默

默无闻的国家一跃成为造船、汽车、手机、面板业的大国，值得我们学习。

三、养老金积累具有"富民强国"的战略意义

观察发现，养老金积累是国民财富积累的重要途径。GDP 大国并不能简单等同于经济富国，甚至人均 GDP 也不代表经济上的富裕程度。一个国家要成为经济上的富裕国家，不仅要看新增财富流量大小（GDP），还要看国民财富积累速度以及存量积累的规模。观察当今世界，高收入国家与低收入国家、中等收入国家的根本区别，不仅仅是人均 GDP 水平上的差距，更重要的是人均国民财富的差距。也就是说，一个家庭比另一个家庭更富有，不仅看当期的货币收入，还要观察家庭财产积累水平；一个国家是否比另一个国家更富有，其实也是同样道理。国民财富积累的途径很多，养老金是其中最重要的途径，而且养老金积累的社会财富规模巨大①。从发达国家实践来看，养老金积累的金融发展支撑与经济发展效应最为显著。

怎样评价一国养老水平？分析现实，决定一国养老水平的主要因素包括：一是人均养老金积累水平，即人均养老财产准备水平；二是即期养老费用给付底线，即当前养老保障最低门槛；三是养老保障提升潜力，即养老金保值与增值、新增收入、未来预期收入增长趋势等，表明提升能力与可持续性。进一步分析，养老水平与养老财产积累有关。广义养老财产由三大支柱构成：一是公共养老金，即法定互助、财政预算的公共准备；二是个人养老账户，即个人与雇主依照法律强制积累、并

---

① 数据显示，美国养老金总规模从 2010 年的 15.27 万亿美元增长到 2018 年的 24.71 万亿美元，复合增长率为 6.2%。

由税收优惠引导的属于个人未来支配的养老准备；三是个人自愿准备，主要是中高收入人群为了保障退休以后的生活水准而在就业期间将收入的一部分储蓄起来形成养老金准备。全国社会保障基金理事会曾经对中美广义养老准备结构进行过比较分析：美国 2016 年养老保险第一支柱占比 10%，第二支柱占比 61.9%，第三支柱占比 28.1%；同年我国第一支柱占比 74%，第二支柱占比 23.1%，第三支柱占比只有 2.9%。这意味着，我国财政的财富积累功能明显强于美国。决定养老金良性循环与否基本因素：效率、效益、安全。之所以称之为基石，是因为三大支柱良性循环都有这些共同要求，而且缺一不可。金融业具有满足养老金良性循环的天然条件：满足效率要求的金融业务逻辑、满足效益要求的金融业务逻辑、满足安全要求的金融业务逻辑。因此，在养老金融发展中必须重点关注三个主要关系：一是信托关系与法律基础设施建设。现代市场经济条件下家庭成员供养的养老模式所占比重很小，主要依靠财产养老（包括公共养老财产积累和个人养老财产积累），养老财产的效率效益和安全性要求必然产生养老金融服务需求，而养老金融不同于其他金融服务，主要业务都是建立在一系列信托关系之上，因而相关法律的基础设施建设就显得十分重要了。二是产品、技术创新与市场监管，主要是安全性关注驱使严格的市场监管，包括监管体制与监管规制怎样既能够满足安全性要求，又能够促进养老金融业务创新，这也是养老金融不同于其他金融服务之处。三是养老金融发展的利益驱动机制与税收政策。从国际经验来看，养老金融发展水平与成长速度对于一国经济金融发展至关重要，而加速发展养老金融业必须解决利益驱动问题，仅仅停留在理论、号召、向往层面是无济于事的。同时，国际上也提供了这样的经验，对于养老金融的利益主体、各类养老金融产品制定相应的税收优惠政策，能够有效引导养老金融业务健康快速发展，还可以增强体制的可持续性、增强国民财富积累能力、增强社会发展能力和社会稳定性。从养老资金属性看，居民和社会储备的养老基金具有长期稳定的特点，更加符合资本市场的资金需求偏好。在发达国家，养老基金往往成为资本市场中最重要的机构投资者。如美国养老金基金的规模较大，并对资本市场发展起到重要作用。1999 年美国政府退休基金与私人养老金的金融资产总值达 6919.6 亿美元，成为资本市场上最大的机构投资者，其占比超过商业银行。截至 2013 年 9 月末，该值高达 16.1 万亿美元，市场占比达 20.5%。另外，寿险公司和共同基金的很大一部分资金也来源于私人养老金计划。累计算来，养老基金的投资占到美国全部机构投资约 50% 左右。

四、黄金的财富积累观正在复苏

作为最古老的财富积累手段，黄金的地位始终没有动摇过，变化的只是表现形式与市场重心。2008 年金融危机后，世界黄金市场重心正逐步从欧美发达国家，转向中国、印度、俄罗斯等国家为代表的"一带一路"新兴经济体。这是一种短期现象还是一种长期趋势？

全球黄金市场逐渐活跃始于 2008 年金融危机，各类市场主体纷纷认识到黄金价值所在，以黄金为载体的衍生工具不断丰富，黄金的货币属性正在逐步复苏。近年来，全球政治经济环境发生细微但很重要的变化，影响着黄金市场。政治上，民粹主义抬头，欧盟面临前所未有的分裂风险，美国出现反移民、逆全球化呼声，全球地缘政治不确定性增加；经济上，美联储货币政策的不确定性将导致非美货币和黄金重新定价，黄金逐渐成为非美货币币值稳定器。尤其是危机后，全球央行成为黄金净买家，全球增量央行储备几乎全部来自新兴经济体。多国经验表明，外汇、黄金储备水平凸显对本币币值和金融市场稳定的重要性，近年发生本币崩盘和国内恶性通货膨胀的国家，普遍不注重黄金、外汇储备。危机后，中国、俄罗斯等增持黄金储备，在全球黑天鹅事件频发环境下，其币值相对坚挺。2016 年，美元大幅走强，上述三个国家的货币跌幅均在 10% 以内，与巴西、阿根廷等国货币 20% 以上的跌幅形成鲜明对比。

我们注意到，2008 年金融危机前的近 20 年，珠宝首饰品贡献了全球黄金消费的大部分，占比始终高于 70%，中国和印度是其中主力，民俗、婚嫁、馈赠等社会性目的支撑了这块需求持续增加；金融危机后，珠宝首饰品贡献快速下降至当前的 40% 左右，与此对应的是黄金 ETF、金条、金币等需求增加很快，其中来自欧美国家的黄金 ETF 投资是一大亮点，这与黄金的金融属性复苏有着直接关联，是规避不确定性风险的投资行为。

美元和黄金都是重要的财富积累工具，到底应该怎样选择？其实，1971 年美国宣布美元与黄金脱钩，结束了"布雷顿森林体系"，美元也开始逐步丧失全球储备货币地位。作为国际货币，美元的发行缺乏约束机制，美国滥用铸币权、过度举债消费的经济增长模式，导致虚拟经济过度膨胀，其实体经济已不足以支撑美元所占有的国际货币地位。美元的严重过剩不仅影响到美国自身的经济发展，还通过逆差向国际输出大量美元，引发全球性通货膨胀，威胁到其他经济体的发展和财富安全。世界经济格局的深刻变化、美国过度消费的经济增长模式，以及由此引发的全球性通货膨胀导致美元储备货币地位的削弱不可避免。

尤其值得关注的是，随着计算机与互联网通信技术进步，出现了去中心化的 P2P 通信技术与区块链技术，比特币、莱特币、Ripple XRP 等区块链货币纷纷出现，使得非国家化未来货币在技术上有了现实可行性，但其在世界范围内推广使用仍然前路漫漫。一是交易具有延时性。区块链记录在所有节点中，依托区块链货币的交易依赖系统中所有节点对交易的确认。如果要确保区块链货币支付交易的不可逆转，还需等待多个数据区块的确认，确认的区块越多，交易被篡改的可能性越低（比特币平均每十分钟产生一个区块，大额交易通常需要至少六个区块确认）。二是交易仍具有安全隐患。区块链货币依赖独立、对等的 P2P 网络节点来保存所有的交易记录，从理论上来说，若有人能控制所有网络节点的半数以上，则可以修改现有区块链货币的交易记录，形成"51%攻击"问题。三是货币系统控制权非国家化。现行大多数区块链货币，货币的生产、转移支付，都由相互独立对等、去中心化的 P2P 网络节点共同完成，没有一个明确的发行、结算、控制中心。四是区块链货币的铸币收益分配与主权信用货币体系有很大不同，主要被用来吸引、奖励本货币的早期应用和生产者，推广本货币的使用与交易，维持本货币运转的系统开销。随着这些技术障碍的不断攻克，可以预期美元的国际货币地位将受到更大的挑战。

非美元货币可能在国际储备、支付清算体系中发挥着越来越重要的作用。当然，非美元货币国际化不仅需要相应的经济实力、政治实力等，还需要增强相应的物资保障，这种物资保障最重要的基础就是国际公认的国际储备资产——黄金，这在 2008 年金融危机中体现得淋漓尽致。当货币危机发生时，人们更愿意接受具有实物价值的黄金。实践反复证明，黄金确实是国家金融安全、经济稳定的"压舱石"，特别是在面对经济危机的冲击时，没有黄金支持的钞票很可能会变成废纸一堆，国家持有足够的黄金才能真正做到"手中有粮、心中不慌"。

要树立和强化"藏富于民""藏金于民"的理念。黄金作为储备资产的重要组成部分，在国家储备资产中的重要作用已经受到广泛重视，在增加国家储备黄金的同时，同步鼓励居民储藏黄金。"藏金于民"为国家实现黄金储备的合理增长提出新思路，是一种具有现实意义的新型储备模式。要引导居民由奢侈品消费向增加黄金储藏转变；引导国民、企业和社会机构广泛持有黄金，增强企业、居民应对外部经济金融冲击的能力。要合理利用国内金矿资源，根据储备量和消费量的需求适度开采，不可竭泽而渔；要抓住人民币国际化和黄金价格走低的重要窗口期，增加实物黄金进口量，提高实物黄金在储备中的占比，同时将存放在境外的实物黄金储备逐步转移至境内，确保国家重要财力储备不因国别风险而流失。

责任编辑：曹　春

封面设计：木　辛

图书在版编目（CIP）数据

困而不惑：辨析中国投资与金融疑虑 / 黄志凌　著 . — 北京：人民出版社，
2021.1

ISBN 978 - 7 - 01 - 022712 - 2

I. ①困…　 II. ①黄…　 III. ①投资 - 研究 - 中国②金融 - 研究 - 中国　 IV.
① F832

中国版本图书馆 CIP 数据核字（2020）第 244408 号

困而不惑

KUN ER BU HUO

——辨析中国投资与金融疑虑

黄志凌　著

人 民 出 版 社 出版发行

（100706　北京市东城区隆福寺街 99 号）

北京汇林印务有限公司印刷　新华书店经销

2021 年 1 月第 1 版　2021 年 1 月北京第 1 次印刷

开本：710 毫米 ×1000 毫米 1/16　印张：17

字数：216 千字

ISBN 978 - 7 - 01 - 022712 - 2　定价：68.00 元

邮购地址 100706　北京市东城区隆福寺街 99 号

人民东方图书销售中心　电话（010）65250042　65289539